民衆と司祭の社会学

近代フランス〈異教〉思想史

杉本隆司

白水社

民衆と司祭の社会学——近代フランス〈異教〉思想史

装幀＝小林　剛
組版＝鈴木さゆみ

民衆と司祭の社会学†目次

Ⅱ 「自由」と「社会」のアリーナ――十九世紀 145

ゴーギャン
『われわれはどこから来たのか われわれは何者か われわれはどこへ行くのか』
(1897−98 年)

序章　社会科学と世俗の宗教性

「オーギュスト・コントとおいでなすった！」ブリュノが猛然と反論した。「人が永遠の生命を信じなくなったその時から宗教はもはや不可能だ。宗教なくして社会は成り立たないと、君はそう思っているらしいが、そうであれば社会もまたもはや不可能なのさ」[1]

ミシェル・ウエルベック『素粒子』（一九九八年）

二十世紀初頭に世に問われた『プロテスタンティズムの倫理と資本主義の精神』（一九二〇年）のなかで著者マックス・ヴェーバーが、神の死んだニヒリズムの時代に世俗内禁欲が宗教的倫理から功利的現世欲に変容した近代の経済秩序を、「鉄の檻」と呼んだことはよく知られている。天職人たらざるを得ない近代人が、化石燃料の最後の一片が燃え尽きるまで逃れることのできない、この「檻」に住まう宗教的倫理を喪失した最後の住人を最終章の有名な一節で彼は次のように描いている。「こうした文化発展の最後に現れる〈末人たち〉にとっては、次の言葉が真理となるのではなかろうか。〈精神のない専門人、心情のない享楽人。この無のものは、人間性のかつて達したことのない段階にまですでに登りつめたと、自惚れるであろう〉」[2]。

二〇一一年の春先に福島で起こった出来事とそれに続く一連の社会的な騒動は、ちょうど一世紀前のヴェーバーのこの結論を――化石燃料がウラン鉱石に代わったという違いはあるが――悲劇的に再確認させるものであった。「想定外」という言葉を繰り返し謝罪に奔走する政治家や学者、そして電力会社の幹部たちの、連日テレビ画面に映し出されるその姿は、破局的事故という最悪の事態を想定することから目をそらし、日本の原発は世界一安全だと〈自惚れ〉てきた、文字通り〈精神のない専門人〉を思わせる光景だった。現代の〈末人たち〉が市民から〝御用学者〟と揶揄される一方で、逆に注目を集めたのが、これまで電力会社の資金力と原発推進の国策のまえにほとんどその存在を知られることのなかった、〝反原発学者〟と呼ばれる研究者たちであった。

震災以降、彼らの発言はメディアで関心を集め、各地で主催される講演会はどこも盛況を博し、その模様はリアルタイムで世界中にネットで配信された。都内のある会場では、定員を超えた数百人の聴衆がその講師の声を聴くまでは帰れないと場外に居残る騒ぎにまでなったこともあった。終戦直後の荒廃のなか精神的な支えを失った人々が西田幾多郎の哲学書を求めて岩波書店前に徹夜で列をなした逸話は有名だが、戦後六十年以上も経た日本の各地でこうした光景が再び広がるとは誰も想像しなかっただろう。長年、研究費や身分の面で冷遇され、その活動にも組織的な圧力を受けてきた反骨の科学者たちの姿は、かつてヴェーバーが描いたような宗教的なエートスを有した聖職者のそれとどこか重なって見えてくる。

都市が大量に消費するエネルギーを過疎の地方が請け負わねばならない構造的な暴力、そして安全神話に支えられた原発政策のあり方に目を向ける必要があるのは当然だが、社会哲学的な視点からこの出来事を問い直すなら、それは何を信じてよいかわからない状況で社会全体が信ずべき根拠はどこにあるのかという社会的な信頼の在りかの問題であろう。日本では科学者倫理の問題が叫ばれてすでに久しいが、これは単に学者個人にとどまらず、科学の専門分化がますます進行する現代において原理的には社会全体にまで影響を及ぼすはずの問題であるにもかかわらず、その社会的責任と影響についての根本的な問い直しはこれまでほとんど生かされてこなかった。

原発関連企業の寄付・便宜供与の報道は枚挙に暇がないが、その一つによれば内閣府原子力委員会の専門委三人が多額の寄付を受けたことを認めたうえで、「会議での発言は寄付に左右されない」と発言したという。[3] だが、寄付に「左右されない」というのは暗黙の前提として、科学的知識が私情に歪められることはありえず、たとえ寄付が公になっても科学者・専門家が下した〝正しい〟判断は、無条件に一般大衆(社会)に速やかに受け入れられるはずだ(逆にいえば受け入れない方が無知＝欠陥がある)と彼らが素朴に信じていることを示している。

しかし、これは社会的影響を無視した大きな誤りにすぎない。人々の信用の可否は、科学者がどのような知識を語るのかではなく(なぜなら端的に「わからない」から)、どのような科学者や組織がそれを語るのかに懸かっているからである。被告から献金を受けた裁判官が法律以外に判決は左右されないなどという主張を誰も信じないように、科学的合理性を盾に利益供与に応じる行為は社会と科学者の信頼関係を破壊し、ひいては社会全体のコンセンサスを混乱に陥れることになる。実際、三・一一以降、日本は〝本当のこと〟を求めて、アカデミズムだけでなく、政・官・財・マスコミを巻き込む世論の全国的な分裂状態に陥った。

今日、原子力の問題に限らず、地球温暖化、BSE、遺伝子組み換え、生殖医療といった大きな問題から耐震や食品の偽装といった身近なものまで、科学技術と産業が緊密になるにつれ、その恩恵と引き換えに予測不能なリスクも市民が背負い込まざるを得ない「リスク社会」(U・ベック)と呼ばれる状況が出現している。専門的な知識と一般市民の理解の乖離を埋める社会的な信頼の構築や、科学的合理性とは異なる社会的合理性に関する研究が各分野（哲学のアウトリーチ、社会学のＳＴＳ、政治学の選挙行動分析、経済学のゲーム理論、医療分野のインフォームドコンセントの取り組みなど）で進められているが、こうした近年の動きも現在のそうした状況への対応を示している。

　しかし、そこで一つ確認しておいてよいのは、「信頼」が原理的に知識の提供者と受容者の間の落差を前提とする限り、専門家やその審査機関が発する意見を「信じる」という人間の態度は、理解の深度にかかわらずどこまでもついて回るだろうということである。なぜなら当然にも、一般市民は科学の権威が下すすべての意見の内容までその真偽を判断する術も能力も持ち合わせていないからである。もしそれを持っているのであれば、そもそも「信じる」必要などないであろう。世俗的な科学の営みといえども、この点では社会的な信頼＝「信じること」の問題から決して逃れているわけではない。ところで、もし社会と科学の関係が常にこのようなものであるとすれば、実は「二十世紀において科学者に払われている敬意は、かつて魔術師や僧侶、共同体の権威者に対して払われていた敬意とたいして違いはないようにみえる」[4]のではないだろうか。本書の問いは、まずはこうした人々の「信じること」の社会性をめぐる問いから出発している。

　近代以前ではそうした敬意や信頼を社会的に集め、人々の信仰の対象の役割を担ったのは、文字通り宗教的な聖職者やその教会組織であった。しかし、科学の進歩と産業社会の世俗化が進行する十九世紀以降、その役割の多くは事実上、宗教から科学へと移行した。かつての宗教的権威の源泉が神や教会だったとすれば、近代社会の権威は誰が担い、何によって保証されるのか。この問いに対する直接の回答は第八章で扱われることになるが、本書は、こうした社会的な「信じること」の対象が神学から科学へと移動した十八世紀後半から十九世紀前半にかけてのヨーロッパ思想、特にフランスの宗教思想に焦点を当て、一般的には世俗化の産物と考えられている社会科学の誕生の知的・政治的力学を明らかにしようとするものである。社会科学が自然科学と同じ資格を有するのかどうかという伝統的な議論はここでは問わないが、十九世紀以降、人々の政治的、経済的、そして社会的な判断や活動の参照基準が脱宗教化していった事実についてはおそらく異論はないだろう。ここでは社会科学成立の精神的土壌として、宗教思想（史）――正確にいえば「宗教／異教」という観念をめぐる世俗の思想家たちの言説――がどのような意味と役割を有していたのかについて、本書が依拠するいくつかの前提的な議論――世俗化と社会科学、宗教と政治の力学、新たな宗教性と異教表象など――の概要を示すことにしたい。

世俗化と社会科学

まず社会科学の誕生と脱宗教化の関係についてその標準的な見取り図から見ていこう。「世界システム」論で知られるイマニュエル・ウォーラーステインは、国際的な委員会の座長として『社会科学をひらく』（一九九六年）と題する報告書を刊行した。従来の社会科学に代わる「史的社会科学」を提唱した前著『脱＝社会科学』（一九九一年）の問いを引き継ぎ、彼は十九世紀の社会科学の確立を、「ヨーロッパとは何か」というその時代の西洋のアイデンティティを再確認する作業の一環として位置づけている。

その第一部によれば、十八世紀から二十世紀前半までの社会科学の歴史の見取り図とはおよそ次のようなものである。[5] 十六世紀まで世俗の知識 scientia として未分化だった科学と哲学は、ニュートンとデカルトの登場以降、自然界の知識の担い手は自然科学へ、人間界の知識のそれは人文学（人間科学）へと知の方法が徐々に「二つの文化」（C・P・スノー）に分かれ、十九世紀には数学、物理学、化学、生物学が前者の系列に、哲学、文学、芸術が後者のそれに完全に区別されることになった。そしてフランス革命以降、知識人の意識のなかで歴史と秩序の「変化の常態化」に突入したヨーロッパでは、近代国家の政策決定に必要な正確な知識の必要から、この自然科学と人文学の中間領域に自然科学に範をとった法則定立的な社会科学（経済学、政治学、社会学）と、個性記述的《イデオグラフィック》で人文学に寄り添った歴史学が新たに要請されることになったという。

さらに彼は、この四科学に植民地政策に出自を持つ人類学と東洋学《オリエント》を加えた六つの社会科学が十九世紀後半の大学で制度化されるに伴って設定された、専門領域《ディシプリン》を相互に横断する三つの構造的区分を指摘している。第一に、近代・文明世界の研究（歴史学と三つの法則定立的社会科学）と非近代世界の研究（人類学と東洋学）の区別。第二に、近代世界内部の過去（歴史学）と現在（三つの法則定立的社会科学）の区別。そして第三に、三つの法則定立社会科学内部における市場（経済学）／国家（政治学）／市民社会（社会学）の区別である。これらの区分は「未開」と「古代・中世」をそれぞれ非近代と前近代のカテゴリーに押し込め、それとの対比から浮き上がった近代の西洋社会内部の法則秩序を明らかにしようとした点で、十九世紀に社会科学を確立しようとした西洋人の企てそのものが、文明ヨーロッパのアイデンティティの再編作業であったとされる。

十九世紀の社会諸科学の線引きと対象化のこのプロセスの大枠に異議を唱える者はおそらくいないだろう。文明ヨーロッパの自己理解としての社会科学というテーマでいえば、それまで西欧の自己理解の鏡の役目を果たしてきたのは、もちろん宗教（キリスト教）であった。社会科学にとって宗教はさらにその境界線の外部に位置するという点で、十九世紀以降、ヨーロッパ・アイデンティティの特権的地位から脱落した（少なくとも非キリスト教的宗教は問題なく過去の遺物となった）とすれば、過去の神学から離脱した社会科学は当然にもこうしたプロセスから産まれた世俗化の産物ということになる。つまり、今日流布している世俗化の物語によれば、超自然的権威に代わって合理性の原理と法の支配を土台とする新科学が成熟した西洋社会を理解する有効な手段となったというわけである。

しかし、この世俗化の物語で着目すべきは、科学の進歩と宗教の衰退というおなじみの「ゼロ・サムゲーム」の図式の再確認ではなく、社会科学の確立が「西洋近代」のアイデンティティの再構築の試みであると同時に、自らの外部に超自然的宗教を位置づけ、科学との線引きを明確にしたことによって、逆説的に「宗教」の領域を浮き上がらせてきたという事実である。十九世紀ヨーロッパの「世界宗教」の概念史を丹念に追跡した増澤知子は、ウォーラーステインの社会科学の分類から「宗教学」が省かれている点を指摘したうえで、次のように述べている。

現代人のイメージする「宗教」が認識されるようになるのは「何よりもこの宗教が、近代人を自認する多くのヨーロッパ人の視点において、彼ら自身の周囲から消失しつつあるものと——完全な消失ではないとしても、外堀を埋められつつあって、最後には画然と限られた一個の現象として識別できるようになると——考えられるようになった時期」であり、その意味で「宗教及び諸宗教に関する近代の言説は当初より〔…〕世俗化の言説であり、かつまた明らかに他者化の言説だったのである」[6]。

近代の世俗化とともに浮上してきた「宗教」概念を、それ以前の前近代社会や「未開」社会に無批判的に持ち込むことを時代錯誤とみなす増澤の認識の前提にあるのは、十九世紀以来の古典的な世俗化論に対する近年の見直しの議論である。つまり「宗教」Religionという概念自体が西欧の近代化の過程で作られてきた歴史的・構築的概念だとする、その近代的性格をめぐるさまざまな問いである。宗教学にとどまらず、社会諸科学の各分野において「世界の脱魔術化」、「宗教から科学へ」という伝統的テーゼの再考が語られてすでに久しいが、例えば福音派やイスラム回帰に象徴される今日の宗教復興の潮流を承けた「ポスト世俗化の社会」[7]的状況に対して、ハーバーマスやテイラーのような政治哲学者が従来のポスト・モダン論では周縁にとどまった宗教への問いを中心に据え、公共圏の宗教の位置づけをめぐる議論に従事せざるを得ない現在の状況もそうした世俗化概念の再考という広い文脈で理解することができるだろう。

世俗化をめぐる議論は現在も各分野でそれぞれ継続されているとはいえ、しかしそこには論者ごとに何を基準に当該の現象を「宗教」と呼ぶかに応じて世俗化の可否が主張されるという一つのジレンマが常に潜在している。非キリスト教世界（アジアやアフリカ、イスラム世界）の人間からみて、西洋世界で教養を積んだ論者が無批判的に自身の考える「宗教」観（それは往々にしてカトリック的ないしプロテスタント的なそれである）に依拠するような議論に出会うことも稀ではない。科学と宗教の領域の線引きの問題は単に社会科学の誕生物語に解消されるものではなく、そのまま「宗教」の定義をめぐる政治的な力学と直結しているとすれば、十九世紀以降のヨーロッパの宗教と政治の領域はどのような力学によって分離していったのか。その問いに答えるために、次に今日の宗教回帰の流れを承けたベックとアサドの世俗化論を例に論点を整理していこう。

宗教と政治をめぐる力学

リスク社会論で知られるウルリッヒ・ベックによれば、十九世紀の世俗化論者（コント、マルクス、デュルケム、ヴェーバー）らは、世俗化の運動自体が宗教性の活性化と連続している点を見落としてきた。世俗化とは科学と宗教の相克ではなく「次第に個人化へ向かう宗教性の形成(8)」であり、それは宗教と科学、宗教と国家の分離を目指してきた世俗権力の成果（政教分離）であると同時に、国家や科学といった宗教の非本来的な役割から宗教を解放した点で宗教権力にも有益であったという。新宗教運動の土壌が非近代社会ではなく、常に高度に近代化された社会環境にある点を指摘したうえで、彼は現在のイスラムや福音派の復興は決して伝統宗教の回帰でも反近代運動でもなく近代の自己運動の産物だと規定する（いわゆる再帰的近代化の理論）。

そのうえで世俗化の正確な理解には、既存の組織的「宗教」（教会）と宗教性やスピリチュアリティの総称である「信仰《ビリーフ》」（形容詞「宗教的な」）を区別する必要があるとする。つまり一神教を掲げる世界宗教が前提とする「宗教」理解は伝統的な教義や領属性、信仰者／不信仰者の線引きが明確に行われるのに対し、〝自分自身の神〟を選択可能な「信仰」は、グローバル化時代に対応したコスモポリタン的な公共圏（宗教の脱領属化、コミュニケーション・メディア化、混合宗教化《エキュメニカル》）を形成する重要なファクターとなる。

「自分自身の神はもはや歴史を独占し、歴史に不寛容と暴力を許すことで救済を保証する唯一神ではない。これが私のテーゼだ。宗教的な混合原理によって、主観的多神教の人道主義的原則が生かされることになる。それを古代多神教と取り違えてはならない。〔…〕なぜなら宗教的境界を越えた混合的宗教性が持つ個人化した諸形式はなによりもまず絶対性に固執する制度への抵抗として信者を獲得していくからである」

（九五、強調ベック）。宗教の個人化は単なる私事化ではなく「諸宗教の共存の前提条件」（例えば人権個人主義）であり、「いまや重要なことは［ノスタルジーではなく］信仰の個人化を現実として受け入れること」（二一九）だというのである。

これに対してイスラム系の人類学者タラル・アサドは、ベック同様、二十世紀後半以降の宗教復興は世俗化の産物だとしつつも、宗教の個人化（世俗化）の過程を権力関係の歴史のなかに探る点で違いを見せる。彼によれば、この過程は決して受け入れるべき前提事項ではなく、宗教改革以降の近代ヨーロッパが宗教権力から世俗権力を解放するに際し、宗教を私的領域に回収してきた政治的リベラリズムという特殊西洋的な文脈にすぎない。そしてこの過程で生まれたのが、啓蒙理神論やプロテスタンティズムによって教会制度や儀礼、教義を剝奪した「信仰」を宗教の本質とする《宗教》概念である。

「宗教には科学や政治や常識などの本質と混同してはいけない独立の本質があると主張するならば、その先に来るのは宗教を超歴史的で超文化的な現象として定義することであろう。宗教を定義しようということの努力は、宗教を法、政治、科学、経済から［…］きれいに切り離しておきたいという今日のリベラルの要求と目指すところを同じくしている。この定義は（世俗的リベラルにとっては）宗教を閉じ込めてしまう戦略に、（キリスト教系リベラルにとっては）宗教のガードを固める戦略に同時に資するものなのである」(9)。

この議論にしたがえば、全世界の崇拝慣行が一つの「宗教」という普遍概念で括ることができる（つまり同じ本質を共有している）という考え自体が近代的な認識形式にすぎず、近代の啓蒙的理性によるキリスト教の相対化を介してはじめて「発見」された概念だということになる。ここに見られるのも、「宗教」というカテゴリー自体がそれを私的空間に囲い込むために近代以降の脱キリスト教化の流れの中で浮上してきた世俗化の産物であるという、あの逆説である。ただアサドが宗教概念にこだわるのは、ヨーロッパ人が人権概念を含むこうした西洋的規範を、政治と宗教が分節化されていないイスラムの解釈に暗黙裡に適用してきたことへの批判がある。

「多くの論者がアナクロニスティックに《宗教》と呼んでいるものはある意味で、常に権力世界に関わっていた。世俗化のテーゼがかつてと同様の信頼を勝ち得ることができないとすれば、その理由は《政治》と《宗教》という二つの範疇が私たちの考えていた以上に深く結びついていることが見えてきたためである〔…〕。世俗の概念は宗教の概念なしでは成り立たないのである」[10]。

既成宗教に抗する「宗教の個人化」という現実を受け入れるべきだと説くベックと、イスラム（オリエント）というヨーロッパ（≒キリスト教）外部の視点からそれを批判的にとらえるアサドの議論は、ある意味で政教分離やライシテをめぐるポスト世俗化時代のデモクラシーの可能性と限界をそれぞれ示しているように見える。

とりわけ宗教と政治の区別を前提としてきた近代の西欧的価値観に根底から揺さぶりをかけるアサドの弁証法的な議論が提起する問いの射程は広く、それを忖度するには彼が指摘するように「宗教」と「政治」という西洋的範疇の歴史的な深い結びつきを改めて対象化していく作業がまずは必要となるだろう。例えば、ルネサンスや宗教改革からすでに胎動していたとはいえ、ウォーラーステインが社会科学の第三区分として示したように、宗教や政治をはじめ法、経済、文化といった領域の棲み分けが決定的に進行したのが十九世紀のヨーロッパであったとすれば、各領域に対応してその時代に誕生した社会科学もそうした特殊西洋的なカテゴリーを前提として形成されてきたことになる。この時代の宗教と政治の領域の浮上と社会科学の登場をめぐるこの対象化の力学を、次にレンズの焦点を多少絞って、本書が対象とする十九世紀フランスの知的空間と社会学誕生の現場に即して概観していこう。

フランス社会学と世俗の宗教性

十八世紀の啓蒙思想と大革命を経た十九世紀前半のフランスは、社会的・学問的にキリスト教の影響力から徐々に解放され、それまでの巨大な知識体系であった神学を資源ないし批判的契機としてさまざまな人文・社会科学が現れはじめた時期に当たる。簡単に社会学の系譜を辿るなら、第三共和政期のデュルケムの実証的社会学を到達点としてタルドやル・プレー、さらにはド・クーランジュやエスピナスを経て、世紀前半のオーギュスト・コントやその師サン゠シモンの実証主義へと遡行してゆくのが定石であろう。デュルケム自身、サン゠シモンの研究を手がけているのをみても、フランス社会学の知的起源として実証主義の系譜を辿るのは伝統的かつ正当でもある。教会権力とそれを基盤としたフランス王権の地盤が揺らぎ、七月王政以降に決定的となる社会の世俗化の流れの中で、科学に基づき社会を再組織するためにサン゠シモン（派）やコントといった実証主義者たちが〝ソシオロジー〟という学問を提唱したことはすでに常識として定着している。さらに彼らの知的起源（進歩や法則の観念）を啓蒙思想に求める場合にも、遠くパスカルからモンテスキュー、コンドルセ、イデオローグといった「前期実証主義」[11]（アンリ・グイエ）と呼ばれるいわゆる「実証精神」や「科学的精神」を培った人々からの影響がこれまでも指摘されてきた。

しかし、社会学の系譜を辿るこの伝統的な見方にはいくつかの弱点がある。一つには、二十世紀初頭に制度的に成立した社会学が受け継ぎ、発展させてきたいわゆる「実証主義的」な思考はコントやサン゠シモンの思想のなかに「発見」されるが、それ以外のファクターはその圏外に取り残されることになる。例えば、この時代の社会改革者たちが「実証精神」や「社会科学」を提唱したのと同時に、ある種の宗教論を熱心に著し、人類教やサン＝シモン教といった自ら創設した教団の司祭やメシアを自任するに至る事態は無視されるか、学説史の単なる逸話として語られてきた。またコントの実証主義が当初ある種の政治学を標榜していたにもかかわらず、実証主義以外の知的系譜（コンスタンやトクヴィルの政治学、ミシュレの歴史学）や、社会学と対照的な流れに位置づけられるスピリチュアリスム（ビランからベルクソンへの形而上学）との知的関係も、その系譜から予め弾かれてしまうという憾みがある。

社会学に限らず、こうした捨象は学説史を辿る作業にとって不可避であり、政治学説史でコントやベルクソンに、社会学説史でコンスタンやミシュレに出会うことがないのは相応の理由がある。しかし、彼らは十九世紀フランスという同じ知的空間で同様の問題意識を共有していたはずであり、今日のような確固とした学問の対象領域をアプリオリに確保していたわけではない。むしろ当時の共通した現実問題に対するアプローチの相違や実践的論争《コンフリクト》のなかから各専門領域が生まれ、分岐していったというのが実情であったとすれば、学説史の通時的な系譜関係だけでなく同時代的な問題意識とその共時的な競合関係からも〝ソシオロジー〟という学問の輪郭を浮き上がらせることができるのではないだろうか。ある意味では素朴ともいえるこの方法論から本書の目的を改めて述べれば、狭い意味での社会学の体系的な史的系譜に対する関心というより、その時代の共通のテーマを当時の思想環境と照合しながら、当時未分化だった専門諸科学が相互に境界線を引き始める、その政治的な力学の一端を明らかにすることにある。

それでは十九世紀前半の知的空間に共通する問題意識とは何か。旧体制の崩壊とナポレオン戦争によるポスト革命期の社会的無秩序と、脱キリスト教化の動きにともなう学問の再編をめぐる諸問題がそれである。実証主義はこの時代の危機に最も敏感に反応して登場してきた思想潮流の一つであり、社会と学問の再編という目標を掲げ、新たな「世俗」宗教を創始するところまでいった。かつてのようにこの事態を実証精神からの「知的堕落」（J・S・ミル）として切り捨てるか、あるいはマルクス主義の立場から「科学的」社会主義の前史としての「ユートピア」思想に位置づける研究は現在ではほとんど見られなくなったとはいえ、今日ではコントやサン゠シモンの思想を扱う場は社会学や経済学といった専門化の進行するハードな社会科学の領域から、哲学や文学、政治思想等のソフトな（？）人文科学の領域へ事実上撤退ないし拡散しているというのが実情であろう。[12]

だがこうした〝撤退〟が消極的な意味しか持たないかといえばそうではない。文芸批評家ポール・ベニシューが「預言者の時代」と形容した十九世紀前半のフランス社会には、実証主義に限らず様々なメシアニズム運動や神秘主義思想、世俗宗教が出現した。[13]ルソーの市民宗教をモデルにした革命期の「革命宗教」（A・マチエ）を皮切りに、のちの社会主義思想の母体となるフーリエ主義やサン゠シモン主義、政治的自由主義の精神的土壌を育んだ近代プロテスタント思想やスピリチュアリスム、共和主義思想の流れを汲むユマニテール思想、そして保守主義の源流の一翼を担うネオ・カトリック思想まで、現代の政治的イデオロギーのほとんどがこのロマン主義の時代にその出自を持ち、カトリック゠王権体制の瓦解した革命後の社会の宗教と政治のあり方をめぐる問題群にコミットしていた。

これらの思想潮流はそれぞれキリスト教や教会を批判——カトリックさえ一枚岩ではない——しながらも、その政治的立場を超えた共通の態度としてベニシューの壮大なロマン主義研究が析出するのが「世俗的《ライック》な精神的権力の到来」[14]という現象である。旧体制を支えてきた霊的な権力の場からのカトリック教会の退場を承け、その空白を埋めるべく新たな精神的権力による社会秩序の再生というある種の聖務《ミニステール》を担いつつ、司祭に代わる十九世紀の「預言者」として新たな精神性を追求したのが、この時代に〝聖別〟された世俗の作家や思想家たちの知的・実践的営為であった。ロマン主義運動を主に文学や芸術、宗教の領域に係留し、その外部に（科学的）社会（主義）思想を位置づけて両者の影響関係を精査する古典的な研究態度[15]に対し、政治権力と宗教権力が分離しはじめるこの時代の思潮を「世俗的でありながら精神的なもの《スピリチュエル》」の希求としてとらえるベニシューの包括的な見立ては、実証主義の〝宗教的〟傾向もロマン主義への変節ではなしに、この時代に通底する幅広い精神性のなかでとらえ直す視点を与えてくれる。

しかし、それはこの時代の宗教や政治の構造に何の変化もなかったことを意味するのではない。例えば政治哲学者のマルセル・ゴーシェがそこに指摘するのが「宗教からの脱出」というプロセスである。だがそれが意味するのも決して宗教的信念の終焉ではなく、共同体を構造的に支える宗教の伝統的な機能の終焉であるにすぎない。[16]「宗教からの脱出とは宗教を信じなくなることを意味するのではない。それは宗教が世界を構成する力を持ち、社会の政治形態を定め、社会関係の組織構造を規定する世界があるが、そうした世界からの脱出を意味している」[17]。

ゴーシェによれば、宗教権力に支えられた他律的な伝統的社会の崩壊から、その根拠を内部（社会自体）に求める自律社会の登場こそ厳密な意味での「政治」の誕生であり、宗教ならぬ「宗教的なもの《レリジュー》」は個人的信仰として十九世紀の三大政治信念（自由主義、保守主義、社会主義）へと受け継がれることになった。これらイデオロギーは外見的には「宗教」の顔を持たないにもかかわらず、精神的権力の空位状態に対する様々な代替案（革命宗教、芸術宗教、市民宗教、共産主義など）を繰り出す点で、「宗教の脱出」には「宗教の再発明」が伴うことになった。その一つが共和国という〝新宗教〟なのだが、旧宗教の衰退はそうした新宗教の衰退も伴わざるを得ない。なぜならもはや「信じること」一般が公共的に衰退しているからであり、現代のデモクラシーの危機（「政治（家）に対する信頼＝信じること」の危機）もこうした社会的・宗教史的な大きな枠組みのなかで考えるべきだとゴーシェはみるのである。

ロマン主義時代の文芸思潮や十九世紀の政治・社会思想をひろく世俗的な宗教性という歴史的な問題圏のなかでとらえようとするベニシューやゴーシェの関心のうちに見て取れるのは、やはり次のような命題である。すなわち、「宗教を批判すればするほど逆に宗教の必要性を認識し、宗教を排除すればするほどその〈不在〉を認めざるを得なくなる」[18]（宇野重規）という十九世紀のフランスが経験してきた一つの逆説である。ベックやアサドの議論にも示されていたように、フランスの経験もこうした宗教と宗教批判の弁証法的な逆説に向き合うことだったとすれば、社会学思想の形成の土壌を実証精神や合理主義の思想的系譜だけでなく、十八世紀啓蒙期からすでに胎動していた世俗的な宗教性の系譜のなかに求めることも可能であり、また必要であるように思われる。のちに見るように宗教を中心にそれをとりまく民衆・権威・歴史・科学といったテーマに対して、現代まで命脈を保つ各種の政治的イデオロギーは、そうした精神的土壌で互いに議論のアリーナを形成し、そのダイナミズムのなかから〝ソシオロジー〟という社会・歴史・人間認識の教義《ドクトリン》も立ち上がってくるからである。

異教表象への着目

ところで、このような社会科学誕生の背景にある政治と宗教をめぐる思想的な動きは、もちろん十九世紀に突如現れたわけではない。その前段として本書の第I部では、ロマン主義の時代に現れるような世俗の宗教性の来歴を十八世紀の啓蒙思想まで訪ね、当時のキリスト教批判の思想的文脈からその具体的な内実を明らかにする。しかし、その系譜を辿るには、啓蒙理性や近代科学にその時代のキリスト教や教会を対置させ、前者から後者への一方向的な批判だけを考察の対象とすることはできない。啓蒙の世紀に宗教や迷信から科学や理性への認識の転換が決定的に進むとはいえ、そこでも何らかの宗教性が常に存続しているからである。そこで本書の全体でキリスト教と啓蒙思想を横断する補助線としての役割を担うのが異教表象、つまり偶像崇拝やフェティシズムという概念である。

十九世紀の新たな精神性《スピリチュアリテ》の由来を訪ねるうえで思想史上の異教表象に着目する利点は、宗教を批判しながらも既存の宗教には収まらない世俗的な宗教性という概念に対するアポリアをあらかじめ回避できる点にある。例えば〝世俗〟的な〝宗教〟性（あるいは〝世俗宗教〟）とはその概念からしてそもそも形容矛盾であろう。それは世俗的なのだからもはや宗教とは呼べない（疑似宗教）という立場もあり得る一方、世俗的とはいっても宗教と呼ばれる以上はやはり宗教（迷信）の一つにすぎないとみなすこともできる。多少図式的にいえば、前者の立場は「真の宗教」をすでに保持している既成宗教の信仰者（ここではキリスト教徒）からの、後者の立場は一切の宗教・信仰を拒否する科学主義者ないし唯物論者からの批判だといってよい。また歴史認識においても前者は近代史を宗教的・霊的世界から世俗的・近代的世界への退廃の過程とみなすのに対し、後者は――十九世紀後半の社会論者たちはその代表であった――それをむしろ近代化（脱魔術化）のプロセスとしてとらえるであろう。

しかしこの二つの立場はそれぞれ見方が鋭く対立するとはいえ、あらかじめ区別された世俗（啓蒙理性）と宗教（キリスト教）の領域を設定し、両者の力関係に議論の照準を合わせる点では同じ問題設定を共有している。異教表象への着目は、世俗者はもちろん信仰者側も巻き込まれざるをえないこうした世俗化論の前提に頼る必要がない点で有益だと考える。例えば現在まで人文・社会科学の領域で命脈を保っている異教表象の一つにフェティシズム（物神崇拝）概念がある。この概念は近代ヨーロッパ外部の古代・野生に共通する普遍的な礼拝を表すために十八世紀中葉に啓蒙思想家シャルル・ド・ブロスによって創始されたが、十九世紀末のアルフレッド・ビネやフロイト以降、性科学《セクソロジー》の領域でこれまで特権的例外とされてきたヨーロッパ人自身の内面的心理（あるいは『資本論』のマルクスにおいてはヨーロッパの資本制商品経済）の解読ツールへと変貌し、そこでの関心はもはや人間の宗教性の出現が「いつか」ではなく「なぜか」という問いへと転換する。[19] その時代の合理主義を体現していたフロイトにとって、それは近代人の「病理」、「倒錯」であったとはいえ、十八世紀の民族学的言説から十九世紀末の心理学的言説へのこの概念の移動は、社会内での宗教の個人化の進展を示していると同時に、既成の宗教概念には収まらない新たな精神性、世俗的な宗教性の出現のひとつを例証している。

思想史の解釈ツールとして異教表象を用いる主な理由は、このように異教はキリスト教ではないが、そうかといって無神論＝唯物論でもなく、キリスト教にも唯物論にも回収されないという（ヨーロッパ人から見て）両義的な性質を持ち続けてきたがためである。周知のように彼らの歴史のなかで異教はキリスト教によって常に非難の対象とされてきたが、むしろその異教を武器としてキリスト教の相対化とその批判を敢行したのがド・ブロスやヒュームに代表される啓蒙主義者たちであった。世俗の宗教性の系譜を辿るには、宗教／科学、信仰／理性という二項対立には収まらない異教というヨーロッパにとっての「他者」に対する彼らの視線の検討が不可欠となる。

異教表象をキーワードに据えるもう一つの理由は、キリスト教が思想的・制度的に瓦解した革命後に、社会の紐帯原理として革命宗教や新宗教を立ち上げた十九世紀の革命家やロマン主義者の多くが、キリスト教の理神論的亜種《ヴァリアント》も含め多様な異教的信仰にそのモデルを求めたことにある。世俗宗教や新たな精神性といってもむろんまったくの無の状態から構想・創始されたわけではない。宗教の最も〝自然な姿〟を求めて、十八世紀までは主に古代エジプトやグレコ・ローマ、ケルトやガリア、しばしば中国や新大陸、アフリカの異教が召喚されたが、十九世紀に入ると仏教を代表とするインドやアジアのオリエント宗教の知見がヨーロッパに流入し、キリスト教＝真の宗教という構図が——たとえ偽装されたキリスト教＝普遍宗教であったとしても——そのままのかたちでは維持できなくなる。例えば、革命直後に登場した革命宗教は、「神」から「祖国」へと崇拝対象を転換させてキリスト教の装いを徹底して棄て去る代わりに、理神論という非歴史的信仰の装

リヨンの革命祭典（1790 年）

“キリスト教への異教の逆襲”。ギリシア神殿を模した山岳の上に自由の女神が立つ。仏革命は政治革命と同時に宗教革命だった。（BNF）

いを古典古代の神々に新たに纏わせ、それを国家レベルで礼拝したおそらく最初の〝近代的異教〟であった。[20] その後に登場する世俗宗教や第三共和政期に成立する世俗の共和国はもちろん、カトリック教会でさえ、それをどれほど非難しようとその異教モデルから完全に逃れることはできなかったのである。

十九世紀の社会科学が宗教（キリスト教）から離脱を開始し、思想運動として立ち上がってくる現場に立ち会うには、こうした宗教批判と新たな宗教性の擁護という弁証法的な展開を遂げるこの時代の異教表象の変容に無関心でいることはできないのである。第I部では、ド・ブロスが創始したフェティシズム概念を導きの糸として、この啓蒙の弁証法をヨーロッパの異教思想史のなかに読み解いていく作業から始めよう。

註

（1）ミシェル・ウエルベック『素粒子』野崎歓訳、ちくま文庫、一九九八年、三五三頁。
（2）マックス・ヴェーバー『プロテスタンティズムの倫理と資本主義の精神』大塚久雄訳、岩波文庫、一九八九年、三六六頁。
（3）「原子力委三人に業界から寄付　五年間で一八〇〇万円」二〇一二年二月六日、朝日新聞ネット版。
（4）イマニュエル・ウォーラーステイン『知の不確実性――「史的社会科学」への誘い』滝口良、山下範久訳、藤原書店、二〇一五年、五一頁。
（5）ウォーラーステイン、グルベンキアン委員会『社会科学をひらく』山田鋭夫訳、一九九六年、一五―六七頁。
（6）増澤知子『世界宗教の発明――ヨーロッパ普遍主義と多元主義の言説』秋山淑子・中村圭志訳、みすず書房、二〇一五年、四一頁。
（7）ユルゲン・ハーバーマス、ヨーゼフ・ラッティンガー『ポスト世俗化時代の哲学と宗教』三島憲一訳、岩波書店、二〇〇七年、二〇頁。
（8）ウルリッヒ・ベック『〈私〉だけの神――平和と暴力の狭間にある宗教』鈴木直訳、岩波書店、二〇一一年、四三頁。以下、本文に頁数を示す。

(9) タラル・アサド『宗教の系譜——キリスト教とイスラムにおける権力の根拠と訓練』中村圭志訳、岩波書店、二〇〇四年、三三頁。
(10) 同『世俗の形成——キリスト教、イスラム、近代』中村圭志訳、みすず書房、二〇〇六年、二六二頁。
(11) H. Gouhier, *La jeunesse d'Auguste Comte et la formation du positivisme*, t. II, 1936, J. Vrin, p. 2.
(12) とりわけコントに関しては九〇年代以降、科学哲学や政治哲学といった哲学方面からの研究が顕著である。Cf., R. Scharff, *Comte after positivism*, Cambridge, 1995; J. Grange, *La philosophie d'Auguste Comte*, P.U.F, 1996; B. Karsenti, *Politique de l'esprit : Auguste Comte et la naissance de la science sociale*, Hermann, 2006; M. Bourdeau, *Les trois états : science, théologie et métaphysique chez Auguste Comte*, Cerf, 2006; J-F. Braunstein, *La philosophie de la médecine d'Auguste Comte : vaches carnivores, Vierge Mère et morts vivants*, P. U. F, 2009. またこの期間にコントの伝記研究の決定版として次の著作が完結した。Mary Pickering, *Auguste Comte : An Intellectual Biography*, Vol. I-III, Cambrige University Press, 1993-2009.
(13) Cf., P. Bénichou, *Le temps des prophètes : Doctrines de l'âge romantique*, in *Romantismes français I*, Gallimard, [1977]2004.
(14) Cf., Ibid., *Le sacre de l'écrivain 1750-1830 : Essai sur l'avènement d'un pouvoir spirituel laïque dans la France moderne*, José Corti, 1985.〔『作家の聖別——近代フランスにおける世俗の精神的権力到来をめぐる試論』片岡大右・原大地・辻川慶子・古城毅訳、二〇一五年、水声社〕
(15) 例えばハントの研究を参照。H. J. Hunt, *Le socialisme et le romantisme en France : étude de la presse socialiste de 1830 à 1848*, Clarendon Press, 1935.
(16) M. Gauchet, *La démocratie contre elle-même*, Gallimard, 2002, p. 102.
(17) Ibid., *La religion dans la démocratie*, Gallimard, 1998, p. 13.〔『民主主義と宗教』伊達聖伸・藤田尚志訳、トランスビュー、二〇一〇年、三三頁〕
(18) 宇野重規「二〇一一・三・一一から十九世紀フランスへ」、宇野重規・伊達聖伸・髙山裕二（編著）『社会統合と宗教的なもの——十九世紀フランスの経験』白水社、二〇一一年、一一頁。
(19) Cf., P. L. Assoun, *Le fétichisme*, 2e ed., P.U.F, [1994]2002.〔『フェティシズム』西尾彰泰・守谷てるみ訳、白水社、二〇〇八年〕
(20) Cf., A. Mathiez, *Les origines des cultes révolutionnaires, 1789-1792*, Paris. 1904.〔『革命宗教の起源』杉本隆司訳、白水社、二〇一二年〕

I　異教とキリスト教の精神史——十八世紀

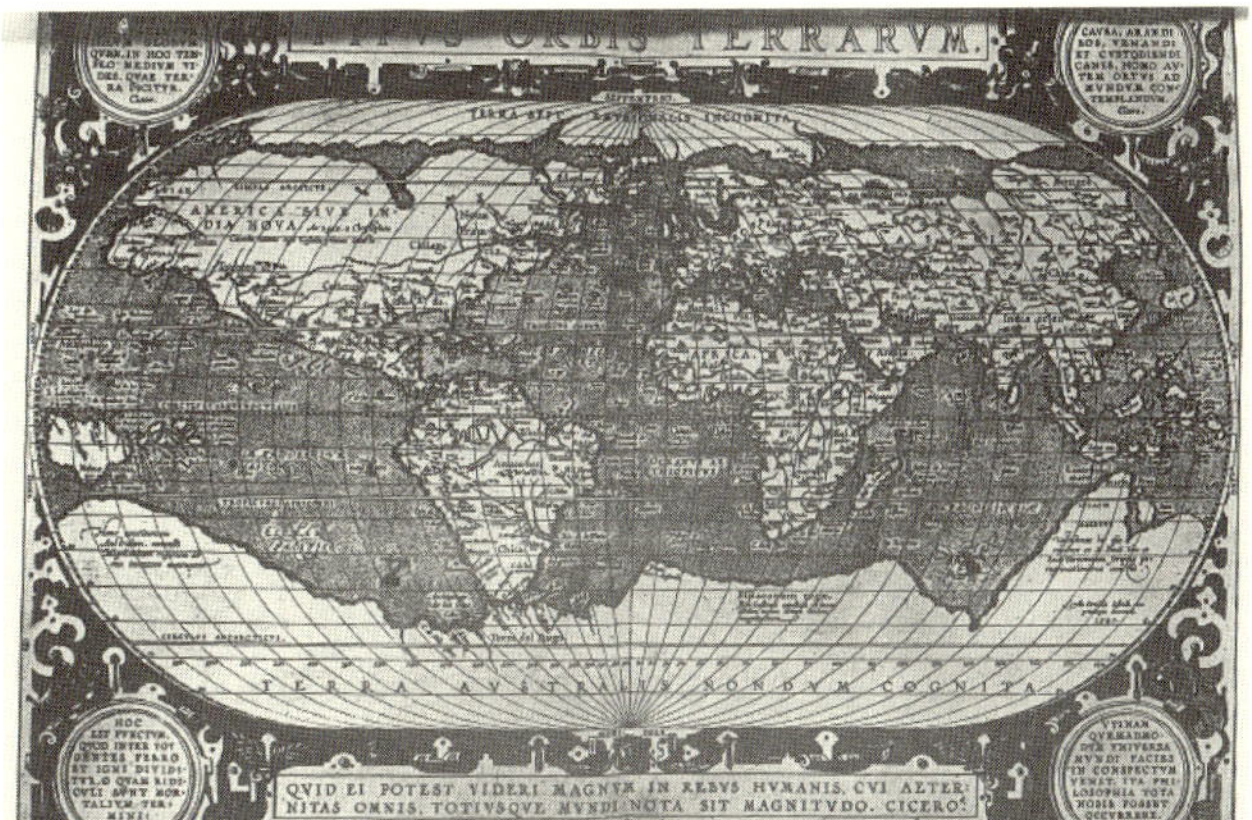

南方大陸の描かれた世界図（16 世紀ごろ）

第一章　一神教原理と近代異教主義の相剋

十六世紀のフランス・ユマニストの一人、ジャン・ボダン（一五三〇―九六）は、十九世紀半ばにはじめて公にされた『七賢人対話』（一五八七年）のなかで、キリスト教徒フレデリックの「キリスト教が真で唯一の宗教ではないなどと疑うのは誰か？」という問いに、友人オクタヴにこう返答させている。「ほぼ地球全体、つまりアジア、アフリカのほぼ全域、それとヨーロッパの大部分であります[1]［…］」。

当時のヨーロッパ人が一様に唖然としたのは、その情報の増加とともに明らかとなった異教の数の多さとその多様性であった。このカオスの海を整理するために彼らは数世紀にわたり、キリスト教、ユダヤ教、イスラム教、そして異教（しばしばこれに自然宗教が加わった）の四つに宗教を分類することを習わしとしてきた。しかし、十九世紀初頭まで保持されるこの伝統的な四分法は、実際には儀礼や習俗に応じた地理上の民族の分類にすぎず、現在のわれわれが「宗教」という言葉で理解するような神聖の宇宙論や信仰体系の複数の形態を並置させたものではなかったのである。[2]

この四分法の衰退とともに現れてきたのが、（事実上は）キリスト教をモデルとして各民族の儀礼や信仰に共通する要素を取り出し、一つの普遍的概念で包括できるとする近代的な《宗教》Religion 概念である。序章で述べたように、いわゆる世俗化とは宗教（信仰）／科学（啓蒙）の単なる領土争いというより、《宗

教》という普遍的なカテゴリーが近代以降にはじめて浮上し、それが問題化され、そして学問の対象になるという「宗教の脱自明化」の事態を指していた。すでに多くの研究者が指摘するように、[3] この事態そのものが宗教の自明性を前提とした前近代的世界観からの離脱を端的に示しているとすれば、十九世紀の社会諸科学の成立を考えるうえでも対象化の問題は無視できない。

　例えば、十九世紀後半のフランス・アカデミズムにおける「宗教学」や「宗教史」の呼称問題は、この対象化の問題が学問の制度化の争点の一つであったことを示している。[4]「自分の宗教しか知らない者は宗教を知っているとは言えない」という格言を同時代のイギリスで発したのは〝宗教学の父〟ことマックス・ミュラーであったが、ヴィクトリア朝期の人類学、フランス第三共和政期の宗教社会学、そしてファン・デル・レーウを始祖とする宗教現象学を含め、ヨーロッパ圏外の諸宗教の研究は当時の植民地政策の功罪を背負いながら、アカデミズムのなかに制度化されていくことになる。

　フランス革命以降のロマン主義や実証主義を経由した宗教学や社会学の成立過程のなかで異教の対象化はこのように自明視されてゆくが、この《異教の台頭》の背後にはもちろんキリスト教批判の長い歴史がある。宗教の対象化の問題に引きつけるならば、近代の異教問題がキリスト教に突きつけてきた歴史的な問いは二つある。第一に、宗教（神の観念）の唯一性・単一性の問題、つまり〝キリスト教だけが真の宗教か〟という問いである。ユダヤ・キリスト教は伝統的に異教を迷信・悪魔崇拝として否定してきたが、十九世紀以降、「宗教」概念は宗教の複数性とそれらに共通する本質を前提とし、宗教一般に対する「真偽」の判断は原則的に無効となる。宗教学の形成には、キリスト教＝真の宗教という前提が脱自明化してゆく近代の新たな「宗教」概念の誕生（対象化）が条件となるというこの点はすでに述べた。

第二に、宗教史と宗教起源の問題、つまり〝キリスト教は宗教の起源か〟という問いがある。キリスト教は聖書の普遍史を前提に異教を一神教からの堕落とみなしてきたが、〝諸宗教の歴史〟という認識と進歩の観念が拡がる十八世紀の啓蒙期に普遍史は決定的に衰退へ向かう。「われわれはどこからきて、現在どこにおり、将来どこに向かうのか」という歴史の意味をこれまで与えてきた普遍史の崩壊により、それを世俗の思想家たちが新たに引き受けることになった十八世紀後半から、進歩に依拠した歴史哲学が西欧世界で同時多発的に登場する。先の「宗教」概念の誕生が「神学」から「宗教学」への転換に対応するとすれば、「普遍史」に代わる「宗教史の発見」[5]に対応するこの起源問題も《宗教の本来の姿》への遡行を目指した点で概念問題（＝本質論）と切り離すことはできない。十九世紀末から宗教の起源論と進化論がほぼ同時に疑問視されてゆく事態を省みても、[6]この一連の問題群はこの世紀の一つのエピステーメーであったといえる。

十九世紀以降、このようにキリスト教は全世界の多様な諸宗教の一つへと格下げされ、新たな「宗教学」や「宗教史」が誕生することになるが、それは一言でいえばキリスト教の相対化の帰結であった。この長いプロセスのなかで神学者や思想家を悩ませてきたのが異教の歴史的な位置づけの問題である。中世にも古代多神教や異端との論争、イスラムの出現に伴う様々な出来事があったとはいえ、この問題がキリスト教世界のアイデンティティに深刻な問題を突き付け、ヨーロッパ規模ではっきりと意識されはじめるのは、やはり十七世紀後半の「ヨーロッパ精神の危機」（ポール・アザール）に先立つ、ルネサンスや宗教改革の時代である。事実、この頃からおもに次の三つの観点から〝異教〟との接触によって中世キリスト教世界は揺らぎ始めるからである。

まず歴史的観点でいえば、中世に抑圧された異教の、ルネサンスにおける復興がもたらした影響（ユマニスムやユートピア思想など）が挙げられる。次に地理的な観点として、大航海時代の到来と野生人の異教との接触が西欧世界にもたらした影響、そして最後に同時代的観点として宗教改革によるカトリック＝異教論の噴出が与えた影響を指摘できる。もとよりこれらの三つの観点は実際には個別の事象というより互いに融合した関係にあったことは言うまでもない。

第Ｉ部の目的は、十九世紀の社会諸科学の前史として、西欧近代の宗教思想史を世俗化論が前提とする《宗教／啓蒙》、《宗教から科学へ》という宗教と科学の闘争史ではなく、《キリスト教／異教》、《唯一の宗教から複数の宗教へ》という視点から世俗の宗教性が立ち上がってくるプロセスを捉え直すことにある。ここでは十六世紀から十七世紀までの異教主義の展開を跡付け、次章以降で十八世紀の啓蒙思想家たちの異教、とりわけ野生の信仰（偶像崇拝やフェティシズム）に対する視線のなかから十九世紀の社会科学誕生の思想的諸条件を探ることにしたい。

一　「真の宗教」の公準――近代以前の偶像崇拝批判

最初に、本書で用いる「（近代）異教主義」という言葉にある程度の定義を与えておく必要があるだろう。ここでいう〝異教主義〟（paganism）とは、通常「異教」と訳されるが、-ismという語尾が示しているようにそこにはある一定の動きや傾向の意味が元来含まれている。かつて歴史家ピーター・ゲイは、啓蒙思想家《フィロソーフ》たちの宗教批判が唯物論や無神論というより――いわんやカール・ベッカーのようにキリスト教の救済観との連続性を見るのでもなく――古典古代の異教哲学・宗教を思想的資源としていた点を明らかにし、啓蒙の世紀の反キリスト教運動を「近代的異教主義の台頭」[7]と形容したが、いわばこの異教主義の動きをさらに十六世紀周辺から辿ることがここでの目的である。その輪郭をつかむには、キリスト教の側からの積極的な異教排除の論理の理解が不可欠であり、さしあたり異教主義とはこの排除の論理が徐々に崩れてゆく過程と運動だということができる。まずは異教とキリスト教の分水嶺をなす異教批判の基本的な論理を歴史的に概観しておきたい。

「異教」という言葉は自らが帰依する宗教以外のものを指す点で、異端宣告に主流派教会の存在が前提となる「異端」概念とは異なる。現代西欧語の「異教《パガニスム》」の基となったラテン語の paganismus は「異教徒」を意味する paganus から作られたため、この語彙本来の二つの意味（〝田舎者〟と〝文民〟）に応じてこれまでその語源が争われてきた。都市宗教（キリスト教）に対する田舎者《パガヌス》の崇拝とする説と、神の軍隊たる初期キリストの戦士との対比で文民《パガヌス》たるローマ人の崇拝とする説がそれある。近年では paganus に〝私人〟という意味もあることから、神の国に所属していない私的な人々《パガヌス》の崇拝とする説が有力だが[8]、いずれにせよ paganismus 概念は元来キリスト教以外の崇拝を指す言葉であり、キリスト教の出現以降に登場した。それゆえ四世紀後半から使用されるこの概念は聖書には存在せず、聖書がユダヤ・キリスト教（ヤーヴェ崇拝）以外の崇拝を呼ぶ際に用いるのが偶像崇拝《イドラトリ》という蔑称である。

旧約聖書の偶像崇拝批判の典型は十戒の第一、二戒律（「私をおいてほかに神があってはならない」、「あなたはいかなる像も造ってはいけない」『出エジプト記』二〇・三）が知られるが、後世に繰り返し参照されることになるのがソロモンの「知恵の書」（前一世紀頃）である。それによれば被造物（自然物）をさらに被造物（人間）が加工した偶像への礼拝は二重の罪であり、死者崇拝（エウヘメリズム、神人同型論）を起源とする偶像崇拝は自然崇拝（天体・動物崇拝）よりも罪の重い「諸悪の根源」とされる。「実体のない偶像を礼拝することは、諸悪の始まりと源、そして結末である」（「知恵の書」十四・二七）。「知恵の書」はギリシア語版の七十人訳聖書（前三―一世紀頃）から加わった文書であったため、ユダヤ教はヤムニア会議（紀元後九〇年頃）でヘブライ語聖典に存在しない文書を排除したことから、この批判は中世までキリスト教の文脈でのみ利用されていく。これらの文書からキリスト教の偶像崇拝禁止の論理をまとめたいところだが、聖書解釈には時代の制約や正・偽典の問題が伴うため、後世への幅広い影響力の点で古代と中世の教父や聖人の主張を一瞥しておくべきだろう。

その主著『神の国――異教徒論駁』（四一三―？年）の副題も示すように対異教論争に力を注ぎ、後世に絶大な影響力を持ったのが教父アウグスティヌス（三五四―四三〇）である。彼は偶像崇拝の原因を失楽園後の神の忘却と悪魔の導きによる原始一神教からの堕落に求め、それを可視物と空想物の崇拝に区別している（『真の宗教』第五部）。前者には「知恵の書」の分類にもある被造物の崇拝を、後者には色欲（肉欲）、現世欲（傲慢）、好奇心（目の欲）の三つの邪欲を充て、これらの特徴を御利益崇拝、つまり迷信として断罪する。

偶像としてこしらえ、拝むために人間が考え出したものはすべて迷信である。神に捧げるのと同じ礼拝を一被造物に捧げることや、悪霊たちに伺いを立て、暗黙・明示を問わず、なんらかの契約やしきたり――例えば魔術で用いられるような――を彼らと行うことは、すべてそうである。(9)

それゆえ偶像を媒介にして、それを住家とする悪霊に加護を求めることも偶像崇拝のカテゴリーに含まれた[10]。そしてこの迷信と対極に位置づけられるのが「真の宗教」である。「われわれが唯一の神に向かい、われわれの魂を唯一なる神に結びつけ、すべての迷信から遠ざかる」こと、つまり「神に結びつけ《レリガーレ》るということから宗教《レリギオ》といわれるのだと考えられる」[11]。これはReligare《レリガーレ》からReligio《レリギオ》を導き出す有名な「宗教」定義だが、指摘しておいてよいのはアウグスティヌスがそこで古代ローマの哲学者・異教徒キケロ（前一〇六―四三）の別の定義を批判しながら、それを提起している点である。

キケロによれば、レリギオの語源はRelego《レレゴ》（〝読み直す〟）にある。「神々の祭祀に関わるものすべてを再検討し、いわば読み直すことを行った者たちは、この〝読み直す〟行為にちなんで〝敬虔な者〟religiosiという言葉で呼ばれた」[12]。〝読み直す〟というのは曖昧な定義に思えるが、二十世紀の言語学者エミール・バンヴェニストは、二つの理由からキケロの定義を支持している。まず古代人のReligio概念は祭祀の手引きを何度も見返して「神々の儀礼に細心の注意を払おうとする不安や恐れの感情」を表していた点。そして決定的な第二の理由はレリガーレ語源説を唱えた者はキリスト教作家しかいない点である。実際、アウグスティヌス以前のラクタンティウス（二六〇頃―三三〇頃）やテリトゥリアヌス（一六〇？―二二〇）もこの定義を採っており、彼らがレリガーレ説を採る理由としてバンヴェニストは「人間が神との関係を結ぶという考えは、〝信者の神への帰依の義務〟というキリスト教独自の教えが反映された」ためであり、古代ローマのReligio概念からかけ離れたこの定義は「近代的語義の先駆け」であるとしている。[13]

Religioの語源については現代の辞典類もこの二説を併置しており[14]、確かに論争的概念だといってよいが、古代異教との対比でみた場合、特にキリスト教の公認以降、その定義が独占的に強調されるようになったのは疑いない。というのもローマの多神教を前提としたキケロの定義は神格自体よりも儀礼の配慮を重視しており、これでは教父たちが「迷信」と呼ぶものさえ「真の宗教」に含まれる恐れがあるからである。[15]

　キリスト教の教えに即した「宗教」と「迷信」のこの線引きはその後の中世の神学者にも受け継がれる。中世最大の神学者トマス・アクィナス（一二二五―七四）は古代教父から多くの教義を受け継いでいるが、迷信批判の適用範囲はここではさらに拡大する。[16]『神学大全』（一二六六―七三頃）によれば、「神」の観念は「複数の太陽がある」という言い方が矛盾であるように唯一であり、「神」という名称を複数の被造物に与えることは罪である。ゆえにこうした崇拝が「迷信」と呼ばれるわけだが、彼はそれを二つに区別している（第二編二部九二問題）。まず偶像崇拝と悪霊との契約（占術）を主とする「崇拝対象自体の誤り」である。その内容はアウグスティヌスを踏襲しており、キリスト教の異教排除の公準としてまずこの一神教原理を挙げることができる。

　そしてアクィナスが特に強調するもう一つの誤りが「神への崇拝方法の誤り」である。「教会によって確立され、習慣化された神的権威の命に反する崇拝様式を捧げる聖職者は虚偽の罪を負う[17]」。崇拝対象だけでなく崇拝方法や場所さえ規制の対象となるには中世を通じた教会職制の確立が前提だが、特にその直接の契機となったのが、十二世紀後半から正統派の脅威となったカタリ派やワルド派といった清貧主義運動である。[18]教区聖職者によらない教会外の秘蹟執行を是認する異端の教えに対し、アクィナスが「崇拝方法の誤り」を強調するのも異端者たちが論争で自己弁護に使ってきた次の理屈を反駁することにあった。すなわち、仮に崇拝の形式が違っても心のなかや偶像の背後で真の神を崇拝していれば、異端・異教の徒も真の信仰者と違いはないとする主張がそれである（第二編二部九四問題）。崇拝対象が真の神であれば偶像崇拝も迷信には当たらないとするこの弁明は、崇拝対象と崇拝形式の絶対的一致（以下「崇拝一致論」）を唱えるアクィナスからすれば不遜であり、この一致論により異教はもちろん異端も決定的に迷信（不信仰）へと追い込まれることになったのである。

この「崇拝一致論」と「一神教原理」こそ、その後のキリスト教による異教排除の前提となる二つの公準であり、これらが崩れてゆく動きをここでは《近代異教主義》と呼ぶことにしたい。結論を先にいえば宗教改革以降、まずは「崇拝一致論」から崩壊するが、「一神教原理」の方は少なくとも十八世紀後半まで事実上温存される。この二つの公準は啓蒙理性や近代科学によって否定されてゆくというより、「一神教原理」が強調されるに比例して「崇拝一致論」が弛緩してゆくという構図をとるからである。以下ではまずこの「一神教原理」の強化と「崇拝一致論」の弛緩の相補関係を概観する。この問いの出発点は、アクィナスが「崇拝一致論」から唯一例外としたキリスト教の聖人像や聖遺物への崇敬に対する宗教改革以降の周知の批判である。

二　宗教改革とユマニスム——十六世紀の異教主義

プロテスタントの一神教原理

まず、「一神教原理」の強化へと向かったのがプロテスタントである。十六世紀初頭の贖宥状問題を契機としたルターの宗教改革は最終的に秘蹟を担う教会の社会的役割やヒエラルキー構造までも否定し、ローマの権威から解放された改革者たちは聖書の自由検討を駆使した聖書注釈学を発達させ、聖書の偶像批判には一切の例外もないことを根拠に「異教《パガノ》＝教皇主義《パピスム》」批判に力を入れた。彼らによれば、神の認識に至る手段はあくまで聖書のみであり、聖人像や聖画を用いるカトリックは原始キリスト教からの堕落である。もし異教のあいだにカトリックと似たような儀礼が見つかるとすれば、それらはことごとく異教徒たちの剽窃にほかならない。フーゴー・グロチウス（一五八三―一六四五）、サミュエル・ボシャール（一五九九―一六六七）、トマス・ゲイル（一六三五―一七〇二）ら聖書本来の教えへの回帰を説いた新教聖書解釈者たちは、カトリックを含む偶像崇拝の原因を原始一神教からの堕落に求め、原始キリスト教の純粋な崇拝との相違を強調していった。[19]

この時代の聖書研究を丹念に調べたピナール・ド・ラ・ブーレイによれば、異教の神話は旧約聖書の剽窃、ないしその退廃的派生物だとする考えは、その時代に反対者を見出すのが困難なほど異教の出現を説明するための支配的見解であったとされる。[20]それまで異教とは古代ギリシアやエジプトという時間的に、あるいは同時代の新大陸やアフリカのような空間的に遠く離れた崇拝を指していたものが、ここにきて「諸悪の根源」が実はカトリックといういわば身内に巣くっていたことになったのである。

こうした批判をかわすために当時カトリックが用いた反論は主に二つあった。像や画像を文盲民衆のための教化の方便・教材とみなす「文盲の聖書説」と、像崇拝といっても決して像自体の崇拝ではなく像は真の神の象徴にすぎぬとする、第二回ニケア公会議（七八九年）以来唱えられてきた「画像象徴説」である。対抗宗教改革の起点であるトリエント公会議（一五四五―六三年）でも後者の説が再確認されている。「キリスト、聖母、諸聖人への聖画像を教会内に置き、それにふさわしい崇敬を捧げるべきである。しかし聖画像の中に神性または神の能力があるかのように表敬してはならない」、なぜなら「聖画像に対する表敬はそれによって表された原型〔神〕に向けられるもの」[21]だからである。要するに間接的に神を象徴している聖画像に対しては崇敬、直接の神に対しては礼拝《ラトリア》という具合に祈りの種類を区別することで聖人像崇拝は偶像崇拝《イドラトリ》に当たらないとしたのである。

一五二一年、ドイツのヴィッテンベルクの改革者カールシュタット（一四八六―一五四一）が霊肉二元論を根拠に肉的な聖画像崇拝を否定し、聖画像破壊運動《イコノクラスム》まで発展したこの過激な理論を結局ルター派は断罪するが、逆にこの路線をさらに徹底させたのがカルヴァン派であった。領邦教会制で保守化したルター派が十戒の第二戒律（「偶像を崇拝してはならない」）を戒律自体から外していったのに対し、ジャン・カルヴァン（一五〇九―六四）はむしろそれを根拠に聖人崇拝や秘跡、聖遺物崇敬を迷信・呪術の印としてミサや教会から徹底的に追放した。

> 教皇主義者が確かな公理として決定していること、すなわち『像は書物の役を務める』という主張〔文盲の聖書説〕を、預言者が全く断罪したのはすべての人に明白になっている〔…〕。少なくとも私は次のことを固持する。われわれは『人間が神をその似姿をもって模写しようと試みることは、虚妄であり、詐欺である』と教えるが、それは単に預言者らが伝えたことを一字一句改めて述べているだけにすぎないのである、と。[22]

カルヴァンはこのように「文盲の聖書説」を論駁したうえで、さらに「画像象徴説」にも批判を加える。トリエント公会議でカトリック側がこの説の支持を再確認した直接の契機こそ、『キリスト教綱要』

（一五六〇年）の次のカルヴァンの批判にあった。「像そのものを崇めるのか、あるいは像のうちに神そのものを崇めるのかは大した違いではない。いかなる口実にせよ、像によって神の栄誉が表されるとすれば、それは常に偶像崇拝だからである」[23]。これは〝外見は偶像崇拝にみえるが像の背後に真の神を崇めている〟とする異端・異教の徒の弁明を許さない「崇拝一致論」と同種の批判であるが、カルヴァンがアクィナスよりも徹底しているのはこの批判を異教だけでなくキリスト教（カトリック）にも例外なく適用した点にある。

カルヴァンによれば異教の出現は人類の失楽園とともに古く、「知恵の書」の死者崇拝起源説は虚偽である。「というのはモーセ〔五書〕によって明らかだが、死者の像の祭りが好んで行われるようになる以前に偶像は用いられていたからである。〔…〕偶像崇拝の起りは、神の臨在が肉の目に示されない限り、彼が自分の近くにいましたもうということを信じないことにある」[24]。彼にとってヘブライ語聖典に含まれていない外典「知恵の書」に権威はない。先の公会議でそれを第二正典化したカトリック側はあくまで「知恵の書」を伝統的にノアの大洪水後に神の観念を忘却した末裔の史実とみなしてきたのに対し[25]、原罪による本性の根本的壊廃以来、人間は「永久に偶像の製造工場《ブティック》」だとするカルヴァンにとって、偶像崇拝の原因はノアの大洪水や悪魔の導きといった外的な要因というより、人間の「精神的な弱さ」、すなわち「神の代わりに虚妄なこと、空しい空想を心に描く」[26]人間の邪欲（目の欲、肉の欲）に求められるべきものとなったのである。

ユマニスムの儀礼主義批判

このように宗教改革以降、偶像崇拝に陥らない試金石は崇拝の外面だけでなく、たとえ偶像が眼前になくとも心のなかの〝イドル〟に屈しない内面的な純粋性にまで追求されることになった。プロテスタントは呪術・迷信の追放とキリスト教の純化を目指したにもかかわらず、のちにヴェーバーが論じたように禁欲的倫理から結果的にキリスト教の脱魔術化と資本の蓄積を促し、さらには近代科学的な思考を醸成することになった。カルヴァン主義の思想風土で教養を積んだフランシス・ベーコン（一五六一―一六二六）が、『ノヴム・オルガヌム』（一六二〇年）で近代科学の方法として示した有名な「幻影」（idola）批判はこの逆説を典型的に示している。カトリック内部でもこの時代にアウグスティヌス主義へ回帰したジャンセニズムが登場し、「一神教原理」を強調しながら儀礼主義を批判する一方、プラトン主義という逆方向から同様の批判を加えたのがユマニスム（人文古典主義）であった。エラスムスやラブレー、モンテーニュやボダンたちは新旧両派に内在する信仰至上主義《フィディスム》から距離をおき、宗教戦争ではその偏狭な宗教的狂信をこぞって非難した。

早くからその世俗の風刺精神を発揮して、ユートピア島民の口を借りて儀礼主義に一撃を加えたのが、トマス・モア（一四七八―一五三五）であった。その著『ユートピア』（一五一六年）によれば、島民はキリスト教を知らないが、それに近いミトラス神と呼ばれる最高神を崇拝する点では一致している。だがその崇拝形式は多様であり、崇拝対象と崇拝形式が一致する必要はない。「なぜなら神は多様な崇拝形式をお望みになり、様々な人間の心に様々な照らしを与えた」とすれば、他人に「自分の信仰を脅迫や暴力で強要するのは傲慢な愚行(27)」だからである。モアは自分の好む崇拝形式を選択できること、そして他者の改宗は暴力ではなく平和的であることの二つを島の掟に数え上げた。

新大陸の「発見」から四半世紀が経過したこの時代、すでにインディオ虐待の情報が西欧各地に知られていた一方、ユマニスムの思想が逆に新大陸の宣教師たちに伝わるのもさほど時間はかからなかった。[28] 征服戦争の正当化のために、アリストテレスの先天的奴隷人説やアクィナスの権威を盾に〝インディオは邪悪な偶像崇拝者である〟と主張する征服者たちに対し、ドミニコ会士ラス・カサス(一四八四—一五六六)は反論する。

彼ら〔インディオ〕がいわば偶像を崇拝していたのは事実である。〔しかし〕彼らが偶像をもっているのも稀有で、あっても偶像が崇められたのは神々としてではなく、神官が民衆に、そして悪魔が神官に告げた作り話のためだった。〔…〕主として彼らの宗教は心の中に宿っていたらしい。換言すれば、それは一つの神を尊崇することであり、彼らは心の中で密かに神を信仰していたのである。[29]

偶像崇拝の原因は神与の理性を曇らせた悪魔の仕業であり、アダムの末裔である限り実は彼らも心の中では唯一神を崇めていたのだ——こう主張することでラス・カサスは偶像崇拝を根拠にした武力による改宗の不当性を力説した。だが彼がいうように、もし偶像を前にした異教徒でさえ内心では唯一神を崇拝していたとなれば、異教とキリスト教の違いは一体どこにあるのか? この問いを突き詰めれば、それが意味するのはスコラ神学からカルヴァン派までが一貫して唱えてきた、真の崇拝対象と崇拝形式のあの絶対的一致論が破綻する危険である。

のちに〝高貴な野蛮人〟伝説として知られるこうした思想源流のうちに「崇拝一致論」を揺るがす異教主義の最初の動きを認めることができるのだが、しかし、その論理自体は決して目新しいものではなかった。

なぜなら、それは対プロテスタント論争のためにカトリックが利用してきた画像象徴説を、実は異教の解釈に応用したものにすぎないからである。ラス・カサスやアコスタ以降、イエズス会をはじめ世界中に渡った宣教師たちは、聖書の原始的啓示の普遍性を立証するために先住民の崇拝に次々とノアの末裔の痕跡を「発見」し、異教徒たちをキリスト教に取り込むためにこの理屈を利用してゆくことになる。(30)

しかし、宣教師たちは、異教の神格は本来はキリスト教の神の象徴だと言い張っているが、なぜその逆がありえないだろうか？　本来の真の神をめぐるこの問いは聖職者から世俗の思想家へと議論が移動するにつれて、十七世紀になるとキリスト教と異教の間で真の神の帰属権や歴史の古さの優先権をめぐる論争が生じることになる。

三　自然神学から理神論批判へ——十七世紀の異教主義

異教擁護論

カルヴァン主義が「一神教原理」を強調し、ユマニスムが「崇拝一致論」を弛緩させることで、両者ともに儀礼主義批判という共通要素を持ったが、「一神教原理」の強調はもちろん「崇拝一致論」の弛緩とそのまま重なるわけではない。そのメルクマールこそアウグスティヌス主義とプラトン主義を分かつ異教の扱いであり、十七世紀は異教をめぐる対立が哲学的経験論と理神論の間で表面化することになる。

まず、それまでいわば論敵だったユマニスムの寛容論をプロテスタント神学に統合したのがイギリスの自然神学（合理主義神学）であった。特にエラスムスが一五〇九年に招聘されて以来、イギリス・プラトン研究の拠点となったケンブリッジ大学はフィレンツェのプラトン・アカデミーを範にギリシア哲学とキリスト教（ピューリタニズム）を一致させる研究で知られ、十七世紀にはベンジャミン・ウィチカット（一六〇九―八三）やレイフ・カドワース（一六一七―八八）らを輩出する大きな学派を生むことになる。

〝キリスト教の信仰とプラトン主義の理性の融合〟を理念に掲げたケンブリッジのプラトン主義者たちは厳格な救済予定説と人間本性の根本的壊廃を主張するカルヴァン主義に反対し、信仰と理性の調和や人間の自由意志による救済の可能性を説く自由主義者として世紀半ばからひろく知られていた。[31] 理性とは神の真理を認識するために神自身が人間に授けた道具であり、この理性による自然の探究は聖書とともに神の摂理を知る崇高な使命であるとするその神学的理念（いわゆる「神の描いた二つの書物」論）は、〝科学革命の時代〟といわれるこの時期も、ボイルやニュートンをはじめ自然科学探究の背景に強力に作用していた点については、今日ではよく知られている。[32]

ところで自然神学がいうように、もし理性を持った万人が神の救いに与れるなら教会や秘跡を持たない異教徒にもその可能性があるのではないか？　異教の出現を悪魔の導きや聖書の剽窃に帰すかつての悪魔学的《デモノロジー》解釈に異議が唱えられはじめた十七世紀前半から〝異教徒の救い[33]〟をめぐり、自然神学をさらに脱神学化した自然宗教論が登場する。ジョン・トーランド（一六七〇―一七二二）、マティウ・ティンダル（一六五七―一七三三）らいわゆる自由思想家《フリーシンカー》たちが唱えた理神論がそれである。彼らにとって唯一神はヤーヴェの神を意味せず、この唯一神の分派にすぎない既存のあらゆる啓示宗教に先行する「最も単純、最古で、真である自然な宗教[34]」（J・ボダン『七賢人対話』一五八七年）であり、世界の創造とともに人間本性に普遍的に内在する同意の観念である。自然宗教の「五つの信仰箇条」で知られる『真理論』（一六二四年）のエドワード・ハーバート（一五八一―一六四八）によれば、それは万民が自国の「神」の名で呼ぶことのできる唯一普遍の至高の力が存在すること、そしてこの観念は司祭の導きが不要な生得観念であり、しかもカルヴァン派の予定説とは違い誰もが普遍贖罪に与れるといった特徴を持つとされる。いわば全宗教の公分母たる普遍宗教の存在を論証しようとしたこの〝理神論の父〟にとって、ローマの自称普遍的《カトリック》という名称はむしろこの宗教が担うべきであり、その証拠として彼は遺稿『異教論』（一六六三年）でインカ帝国における自然宗教の存在を肯定した。[35]

　当時の旅行記に精通していたガッサンディはすぐさま自然宗教の実在を否定したが、ハーバート以降、自然神学や理神論の考えはイギリスから大陸、特に同じ新教国にして多くの亡命者を受け入れたオランダで開花する。ハーバートのテーゼのうち贖罪の問題を啓示と信仰の領域として除外し、無神論者の説得のために唯一神の生得性を「自然の理性」だけで論証しようとしたのがルネ・デカルト（一五九六―一六五〇）であった。[36]『省察』（一六四一年）によれば、人間の持つ観念はどれも無から生じえず、必ず次の三つのうちいずれかに原因を持つ。（一）感官を通じて経験的に獲得される外来観念。（二）外界の実在物を想像力で複合した作成観念。この二つの観念は結局はともに外部の原型の映像《イメージ》にすぎないが、これらと質的に異なるのが第三の生得観念である。この観念は、幾何学と同様、経験（外来原因）によらず、想像力とは区別される理性だけで論証可能であり、「存在」を唯一の本質的属性とする〝有りて有るもの〟、すなわち神にあたる。神はそれ自体で原因を内包している万物の第一原因である以上、複数ではなく単一、しかも有限ではなく永遠無限の不可視の存在とされる（「第三省察」）。

　デカルト以降、神の観念の問題は哲学的認識論の次元へと移動する。だがそれは理神論の議論を補強すると同時にその盲点も暴露することになった。なぜなら「真の神の観念」へと至るその厳密な省察は、排除すべき「誤った神の観念」も同時に明らかにしてしまったからである。もしデカルトがいうように感官を介した外来原因に基づく想像の産物が虚像だとすれば、姿かたちを持つ偶像を崇める異教徒は一神教徒であるどころか、想像上の映像《イメージ》を物質に投影した神人同形論者ではないのか？　もし世界中の偶像崇拝者がこれに該当するなら、どうして「神」の観念が生得といえるのか？　万人に理性を認め（『方法序説』）、旅行記や歴史書の一切を懐疑にかけたデカルトにとってそもそもこうした問いは愚問だったのかもしれない。しかし、のちにロックが蒸し返すこの難問をまえに、本能と情念に身を委ねる自然状態の人間は本性的に悪であり、異教徒に理性はないと悲観的に断定したのがデカルトの不肖の弟子トマス・ホッブズ（一五八八―一六七九）である。

異教批判論

清教徒革命の影響でフランスに亡命した際にデカルトの知遇をえて、『省察』研究から学究生活を開始したホッブズが、ローマ教会のあらゆる原則の批判を通じて英国国教会の弁護に力を注いだのが『リヴァイアサン』（一六五一年）である。この書は政治的主権とローマ教会の権限を峻別し、後者の権力の限界を聖書を通じて明らかにすることで近代主権概念を提示したことで知られるが、ローマ教会批判の武器としてそこで用いられた論拠こそ「カトリック＝偶像崇拝」論であった。ホッブズによれば、ローマ教会の偶像崇拝は単にイエス以前の多神教の残滓にすぎない。

救世主が説教する以前は、異教徒の一般的宗教は、外部の諸物体が彼らの感官に与える印象から頭脳に残る幻を神々として崇拝することだった。こうした幻はそれらを生んだ外部の諸物体の再現として一般的に観念、偶像、幻影、幻想と呼ばれ、そこに現実的なものは何もない。(37)

ホッブズはこうした観念・偶像・幻影を一括して映像《イメージ》とよぶ。異教の神々はまさに自然の脅威を目撃した人間の恐怖心が生みだした映像の産物にほかならず、偶像《イドル》の語源がギリシア語エイドー（＝見る）に由来するように、外部から感官を通じて現れる「頭脳の諸偶像」を崇める偶像崇拝《イドラトリ》とは、厳密にいえば物質に描かれたり、彫りこまれる前にすでに心理に浮かんだ映像《イメージ》に対する崇拝なのである。こうした議論のうちに、ホッブズが若き日に秘書を務めたベーコンの「幻影《イドラ》」批判、さらには両者の思想的土壌だったピューリタニズムの「心的妄想」批判の伝統的議論を見て取ることも可能であろう。(38)

デカルトの合理主義とホッブズの聖書批判の系譜を引きつぎ、人格神批判から理神論になおも残る神人同形論的残滓を徹底的に洗い流したのが、バールーフ・デ・スピノザ（一六三二―七七）であった。彼は『神学・政治論』（一六七〇年）でカトリックの異教的迷信の原因が旧約聖書の誤読にあると断じ、イエス以外の預言者たちが「想像力、〔…〕つまり言葉と映像だけを介して」神の啓示を伝えた過ちを理由に、聖書に見られる神人同形論的表現はすべて迷信だと主張した。なぜなら「外的感覚によって想像力を掻き立てられては、神が身体を持ち、この世を王のように支配していると想像してしまう」(39)からである。もし神を擬人化するなら絵画や彫刻、イコン、要するに信仰のスペクタル化とその舞台装置（儀礼）を容認する映像の崇拝へと転落するであろう。『エチカ』のスピノザが神に意思を否定するのもキリスト教批判というより、直接には神人同形論への徹底した批判を主眼としており、のちに汎神論と呼ばれるスピノザの神は多神教や映像＝偶像崇拝の複数神に対置されるものとして提起されているのである。

十七世紀末にこの議論に駄目押ししたジョン・ロック（一六三二―一七〇四）は、『人間知性論』（一六九〇年）でいわゆるタブラ・ラサ論を展開し、ハーバートの生得観念論を否定した。唯一神のような最も抽象的な観念が生得的に子供や野生人にみつかるはずはなく、神与の「理知と手と材料」を上手く使いこなす賢者（預言者）がまず神の御業（自然のデザイン）から神の存在（デザイナー）を論証し、その後、民衆や異教徒にこの真理が伝えられたはずだからである。[40] それゆえ異教民族は単にまだ真の神の観念を知らぬ人々であり、彼らの複数神の存在自体がまさに神の観念が生得でないことの証拠だとすれば、かつて唯一神の教義が部分的にさえ異教徒たちに知られていたこともありえない。

> もし異教世界が崇める多様な神々はあの測り知れない存在〔神〕のさまざまな属性あるいはその摂理の様々な部分の象徴的な表現〔figurative ways〕にすぎなかったという者があれば、私はこう答える。すなわち、私はいまここで多様な神々の起原がなんであったろうか、探究しようとは思わない。けれども、世間一般の人々の思想のなかで多様な神々がそのよう〔に唯一の測り知れない神の象徴的な表現〕だったとは誰も肯定しないだろうと思う。[41]

このようにロックは異教の象徴的解釈を拒否するのだが、ここでロックが棚上げにした問題、つまり「多様な神々の起原」を辿る作業は十八世紀に『宗教の自然史』のヒュームによって遂行されるだろう。

『続・彗星雑考』（一七〇四年）でこのロックの議論を踏襲したピエール・ベール（一六四七―一七〇六）は、〝万人が普遍的に同意できる神の観念〟というカドワースが説いた「万人の一致」論を否定した。カルヴァン主義者ベールによれば、野生人や古代人の神格は唯一神どころか偶像崇拝にほかならず、自然宗教を擁護する理神論者はもちろん、同じ論拠でキリスト教を擁護するカトリックも同罪である。「キリスト教の作家たちは、われわれの偉大な真理〔唯一神の教義〕が異教徒にも知られていたのを立証しようと、その種の文言を天の賜物のようにすべて拾い集めてきますが、かかる表現がどれも実に不敬な原理に基づいていることに用心すべきでしょう」[42]。このような〝唯一神の観念なき民族が地上に存在する〟という主張が災いし、十八世紀にベール（とロック）はカトリックと理神論者の双方から無神論者扱いされてゆく。皮肉にも、唯一神を崇める宗教はユダヤ・キリスト教以外にはない（「崇拝一致論」の主張！）、換言すればそれ以外の異教民族は唯一神の観念などみじんも懐いていないと主張すること自体がもはや無神論者の危険思想とみなされてゆくことになるのである（その経緯は次章に譲る）。

このように十七世紀を通して複数の儀礼を認める理神論やその無用を説くホッブズ以降の哲学的経験論によって対象と形式の「崇拝一致論」はほぼその論拠を失う。だが崇拝形式の否定と引き換えに強調されたのが崇拝対象の明晰化、つまり「一神教原理」の強化であった。デカルト主義を批判的に吸収し、それとカルヴァン主義が合流した哲学的経験論は認識論の次元で徹底的に偶像崇拝を排除し、その結果、理神論がダブらせてきた理想上の自然宗教と実際の野生宗教がはっきり区別され（自然観の転換による自然宗教の意味の分裂）、理神論が持っていたユマニスム＝プラトン主義的側面が削ぎ落とされたのである。[43]

とはいえ理神論やユマニスムの原理がこれで根絶されたわけではない。同時代にこの対立と並行して、キリスト教内部でもカトリシズムとカルヴァン主義（ないしジャンセニズム）の対立が続いていたが、実は理神論は《無神論》批判のためにカトリックに取り込まれてゆくことになるからである。理神論がカトリックと結びつくのは一見すると奇妙にみえるが、カルヴァン主義、デカルト主義、ホッブズ主義、ジャンセニズム、哲学的経験論が程度の差はあれ、おしなべてカトリック＝偶像崇拝批判を軸に展開してきたことを押さえておく必要がある。[44] 理神論とカトリシズムの思想的融合、それに対する経験主義からの再批判、さらにはその経験主義自身も依拠していた「一神教原理」が崩壊していくのが次章で検討する十八世紀啓蒙思想の展開ということになる。

† † †

この章では宗教改革から十七世紀末まで西欧近代の異教との接触をめぐる思想史の流れを概観してきた。まず古代教父の迷信批判から「真の宗教」の公準として一神教原理と崇拝一致論の二つの論理を取り出し、この公準が弛緩する運動・論理を近代異教主義と規定した。このうち先に揺らいでいったのが崇拝一致の公準であった。十六世紀のプロテスタントとユマニスムに共通する儀礼主義批判を契機として、十七世紀の自然神学や理神論はユマニスムの立場から自然宗教論や生得観念論を展開し、実践的な異教寛容論を唱えたのに対し、デカルトを起点としたホッブズ以降の経験論者は自然観の転換を背景にプロテスタントの偶像崇拝批判を認識論の次元に移動させ、真の神とともに偽の神の論証に力を入れた。この二つの潮流は異教評価の点で対立するとはいえ、「一神教原理」の強調と儀礼批判を共有し、ここに「真の宗教」の公準としての「崇拝一致論」の論拠が失われることになった。ただ、そこで興味深いのはこの「崇拝一致論」の弛緩が常に唯一神崇拝の真理性ないしその合理性に依拠して展開されていたことである。ラス・カサス、ユマニスム、自然神学の議論までは、異教徒でも賢者であれば創造神の認識は可能だとする点で、あくまでキリスト教の枠内の議論であった。その一方で理神論や哲学的経験論はもはやヤーヴェの神に回収できない、いわば《神の観念X》(最高存在、哲学者の神、自然そのものなど万人が一致できる観念)を想定し、ヤーヴェですらこの観念の現象の次元に格下げしている点で、確かに両者には大きな隔たりがある。正統派神学からみれば確かに後者の議論は総じて無神論と呼ばれるに値する要件が揃っていた。

しかし十七世紀のデカルト、ホッブズ、ロック、スピノザ、ベール、そして次章で検討する十八世紀のモンテスキュー、ヴォルテール、初期ディドロ、ルソーらも、「唯一神」の存在や真の宗教を否定したり、無神論を自称した者はまずいない。理性に基づく神の単一性、普遍性、生得性、永遠性、不可視性、本源性、不可分性という彼らが主張する一神教の公準は理神論から哲学的経験論を貫くエレメントであり、その一方で想像力に基づく「偽りの神」の有限性、複数性、可視性、可分性、後天性、堕落性、そして恐怖起源説をことごとく拒否する点においては、実はキリスト教の公準と一致、ないしそれ以上に徹底していたからである。彼らの登場でキリスト教の相対化・聖書の脱神聖化への回路が開かれたのは確かでも、その際の異教弁護の基準はあくまで一神教原理がモデルだったのであり、認識論の次元を含めた映像＝偶像崇拝そのものが容認されたわけではない。

こうした認識を根本的に転換させるのが、一神教原理自体を懐疑にかけた十八世紀後半の宗教進歩論者である。次章では西欧の異教思想史に新たな展開を与える「フェティシズム」概念の創始者シャルル・ド・ブロス、宗教進歩論を展開したヒューム、そして十八世紀の代表的理神論者ヴォルテールを中心に啓蒙の世紀における「一神教原理」のその後の盛衰と《異教主義の台頭》の現場に向かうことにしよう。

註

（1）J. Bodini, *Colloquium Heptaplomeres de rerum sublimium arcanism*, Ludovicus Noack (ed.), Parisiis-Londini, 1857, p.125.

（2）増澤、前掲書、九五頁。

（3）例えば次を参照。藤原聖子『「聖」概念と近代──批判的比較宗教学にむけて』大正大学出版会、二〇〇五年、二四六─二四九頁。深澤英隆『啓蒙と霊性──近代宗教言説の生成と変容』岩波書店、二〇〇六年、特に第四部。

（4）伊達聖伸『ライシテ、道徳、宗教学』勁草書房、二〇一〇年、三一九─三五六頁。共和派とカトリックの「二つのフランスの争い」のこの時代、カトリック側は護教学として「カトリック学」（Science catholique）の言葉を一貫して用いたのに対し、リベラル派は「宗教学」（sciences des religions, sciences religieuses〔諸宗教の学〕）や「宗教史」（histoire des religions〔諸宗教の歴史〕）という用語で対抗し、結局、後者がコレージュ・ド・フランスの宗教史講座（一八八〇）や高等研究院宗教学部門（一八八五）の創設名に採用される。

（5）ハンス・キッペンベルク『宗教史の発見──宗教学と近代』月本昭男・渡辺学・久保田浩訳、岩波書店、二〇〇五年。

（6）竹沢尚一郎『表象の植民地帝国──近代フランスと人文諸科学』世界思想社、二〇〇一年、九七─一一二頁。

（7）Cf., P. Gay, *The Enlightenment : The rise of modern paganism*, Weidenfeld and Nicolson,1966.

（8）馬場智一『倫理の他者──レヴィナスにおける異教概念』勁草書房、二〇一二年、五七─九八頁。それによれば、「異教徒《いきょうと》」を意味するラテン語にはもう一つ gentilis（仏語 gentil）という語彙があるが、その語源にあたるヘブライ語 gōjīm は、元来「ヤーヴェと契約していない民」、つまりユダヤ教からみた〝異教徒〟を意味していた。だがキリスト教のローマ国教化を経た五世紀前半から gentilis は徐々に paganus（仏語 païen）に置き換えられ、キリスト教の伝統用法として後者が流通することになった。

（9）Saint-Augustin, *Œuvres complètes*, t. 6, Paris, 1873, p. 489.〔『著作集六　キリスト教の教え』加藤武訳、教文館、

一九八八年、一一一頁〕

（10）ただし、呪文（まじない）のような下層民の〝無益な迷信的習慣〟に関しては、どこまでを〝真正の〟偶像崇拝に含めるか（例えば悪霊との契約を前提とするか否か）について、この時代の教父たちの間に共通了解があったわけではない。Cf., W. Pietz, « The problem of the fetish, II », in *Res*, Cambridge, Mass., No. 13, 1987, pp. 24-31.

（11）Saint-Augustin, *op. cit.*, t. 3, pp. 667-668.〔「真の宗教」『著作集二　初期哲学論集（二）』清水正照訳、教文館、一九七九年、三九八頁、四〇七頁〕

（12）Cicero, *De Natura Deorum*, Harvard University Press, 1951, p.193.〔「神々の本性について」『キケロー選集十一　哲学』山下太郎訳、岩波書店、二〇〇〇年、一三四頁〕

（13）エミール・バンヴェニスト『インド＝ヨーロッパ諸制度語彙集Ⅱ』前田耕作監訳、言叢社、一九八七年、二五六―二七〇頁。

（14）« RELIGION », in *Encyclopedia of Religion, Second Edition*, Vol.11, Macmillan, 2005, p. 7702.

（15）M. Despland, *La religion en occident: évolution des idées et du vécu*, FIDES, 1979, pp. 41-59.「宗教」概念史の研究で知られるドイツのカトリック神学者E・フェイルは、レリギオを「人間が創造神 God ないしは神々 gods に負っているすべてのものを注意深く、畏敬すらもって遂行すること」と定義し、十六世紀までこの古典的語義が根強く踏襲されてきたという（E. Feil, « From the Classical *Religio* to the Modern Religion: Elements of a Transformation between 1550 and 1650 », in *Religion in history : the word, the idea, the reality*, M. Despland and G. Vallée (ed.), 1992, pp.31-43）。この定義は崇拝の対象を問わない（つまりレリギオ概念は具体的な生活態度の表現であって、vera religio／falsa religio の用例のように、神格の真偽自体には関わらない）限りでは妥当であろうが、異教や迷信の対比からみた場合、創造神と神々の区別はやはり必要である。

（16）上山安敏『魔女とキリスト教』講談社学術文庫、一九九八年、一一九―一二一頁。アクィナスの「レリギオ」解釈は『神学大全』第二編二部八一問題を参照。

（17）Th. Aquinas, *Summa theologie*, Blackfriars, 1968, v. 40, Sec-sec. q. 93, p. 13.〔『神学大全』第一九分冊、稲垣良典ほか訳、創文社、一九九一年、三〇〇頁〕

（18）この時代の秘蹟論争をめぐる正統派と異端派の議論については次を参照。堀米庸三『正統と異端――ヨーロッパ精神史の底流』中公文庫、〔一九六四〕二〇一三年、二一五―二二六頁。

（19）H. Pinard de la Boullaye, *L'étude comparée des religions*, 3e Ed., 1929, t.1, p155-191.

(20) *ibid*., pp. 178-180.

(21)「一五六三年一二月三日の第二五次総会議決議」、デンツィンガー編『カトリック教会文書資料集』浜寛五郎訳、エンデルレ書店、一九八二年、三一五頁(強調筆者)。

(22) J. Calvin, *Institution de la religion chrétienne*, Genève, 1888, p. 48.〔『キリスト教綱要I』渡辺信夫訳、新教出版社、一九六二年、一二二―一二三頁〕

(23) *ibid*., p. 50.〔前掲訳書、一二七頁(強調筆者)〕。論争文書としては次も参照。カルヴァン「教皇派の中にある、福音の真理を知った信者は何をなすべきか(一五四〇年)」『カルヴァン論争文書集』久米あつみ編訳、教文館、二〇〇九年。

(24) *ibid*., pp.50-51.〔前掲訳書、一二五―一二六頁〕

(25) 例えば、アクィナス『神学大全』第二編二部九四問題四項を参照。

(26) J. Calvin, *op. cit*., p. 50.〔前掲訳書、一二七頁〕

(27) Th. More, *Utopia*, Cambridge University Press, 2002, pp.97-98〔「ユートピア」『世界の名著エラスムス、トマス・モア』渡辺一夫編、沢田昭夫訳、中央公論社、一九六九年、四七一頁〕

(28) この時代の新旧両大陸の思想的交通および新大陸征服の論理については次を参照。増田義郎『新世界のユートピア』中公文庫、一九八九年、一八六―二二五頁。イス・ハンケ『アリストテレスとアメリカ・インディアン』佐々木昭夫訳、岩波新書、一九七四年、六二頁、一〇四頁。岡田裕成、斎藤晃『南米キリスト教美術とコロニアリズム』名古屋大学出版会、二〇〇七年、二九三―三〇三頁。

(29) ラス・カサス『インディオは人間か』染田秀藤訳、岩波書店、一九九五年、一二三―一二四頁。

(30) 齋藤晃『魂の征服』平凡社、二〇〇四年、一〇八―一三七頁。レオン・ポリアコフ『アーリア神話』アーリア主義研究会訳、法政大学出版局、一九八五年、一七四―一九二頁。

(31) 新井明、鎌井敏和共編『信仰と理性――ケンブリッジ・プラトン学派研究序説』御茶の水書房、一九八八年、三一―一二三頁。

(32) 例えば次を参照。マーガレット・ジェイコブ「キリスト教とニュートン主義的世界観」『神と自然――歴史における科学とキリスト教』リンドバーグほか編、渡辺正雄監訳、みすず書房、一九九四年、二六三―二八二頁。ジョン・ブルック『科学と宗教――合理的自然観のパラドクス』田中靖夫訳、工作舎、二〇〇五年、六二―九二頁。

(33) 山田園子「異教徒の救い――自然の光とキリストへの信仰」『廣島法學』第一六巻、第三号、一九九三年、五三―九五頁。

(34) J. Bodini, *op. cit.*, p.351.「自然宗教」naturae religionem という概念の初出はこのボダンによるものであり、「理神論者」déiste という言葉もハーバートよりも前に改革派牧師ヴィレ Viret が『キリスト教教育』(一五五九年)で最初に用いた。Cf., L. Ducros, *Les Encyclopédistes*, Honoré Champion, Paris, 1900, p. 40.

(35) バジル・ウイレー『十七世紀の思想的風土』深瀬基寛訳、創文社、一九五八年、一四五―一六一頁。

(36) ハーバートに対するデカルトの評価については次を参照。エルンスト・カッシーラー『デカルト、コルネーユ、スウェーデン女王クリスティナ――一七世紀の英雄的精神と至高善の探求』朝倉剛・羽賀賢二訳、工作舎、二〇〇〇年、六〇―六一頁。

(37) Th. Hobbes, *Leviathan*, London, 1914, p. 353.〔『リヴァイアサン』水田洋訳、岩波文庫、第四巻、七五頁〕

(38) デカルトから経験論者まで、想像力の行使と抽象化の失敗を神の観念の誤謬とみなすその一貫した論理については、次を参照。ハルバータル、マルガリート『偶像崇拝――その禁止のメカニズム』大平章訳、法政大学出版局、二〇〇七年、一六六―一八三頁。

(39) B. Spinoza, *Œuvres de Spinoza*, t. II, trad., par Émile Saisset, Paris, 1861, p. 120.〔『神学・政治論(上)』吉田量彦訳、光文社文庫、二〇一四年、二八九頁〕

(40) J. Locke, *An essay concerning Human Understanding*, in *The Works of John Locke*, London, 1794, v. 1, p. 68.〔大槻春彦訳『人間知性論』岩波文庫、一九七二年、第一巻、一一八頁〕

(41) *ibid.*, p. 66.〔前掲訳書、一一五頁(強調筆者)〕

(42) P. Bayle, *Œuvres diverses*, t. 3, La Haye, 1727, p.332.〔『続・彗星雑考』野沢協訳、法政大学出版局、一九八九年、四三三頁〕

(43) この時代の経験論とピューリタニズムへのプラトン主義者やユマニストたちの理論的抵抗については、次を参照。カッシーラー『英国のプラトン・ルネサンス』花田圭介監修、三井礼子訳、工作舎、一九九三年、第三―四章。

(44) Cf., P. P. Gossiaux, « Image des Religions Noires dans la littérature occidentale classique (1530-1730). Introduction » (Suite), in *Revue Universitaire du Burundi*, 3er Trimestre, No. 2, 1972, pp. 85-89.

第二章　啓蒙思想としてのフェティシズム概念――ド・ブロスとヒューム

Fétichismeという概念が十八世紀の中葉、フランスのディジョン高等法院院長シャルル・ド・ブロス（一七〇九―七七）によって創始されたことは比較的よく知られている。『南方大陸航海史』[1]（一七五六年）ではじめて用いたこの用語に明確な定義を与え、野生社会の崇拝の分析に集中的に従事した著作こそ、その四年後に出された『フェティシュ諸神の崇拝――ニグリシアの現在の宗教と古代エジプト宗教との比較』（一七六〇年、以下『フェティシュ神』）である。表題にある通り、この著作は当時のニグリシア（現在のスーダン一帯）の崇拝慣行と古代エジプトの宗教儀礼の比較検討に多くを割いている。それゆえ古代の著述家や神学者、探検家、宣教師の名前は数多くでてくるが、彼の同時代人である啓蒙思想家への言及がまったく見られない。このような事実がこの著作への関心を人類学や宗教学の学史的研究に、あるいはマルクスとフロイト以降の経済学・精神分析学の領域に長いあいだとどめてきた。だがこの著作の成立過程においてデイヴィッド・ヒューム（一七一一―七六）の思想と繋がりがあったことが、すでにいくつかの研究により指摘されている。[2]

　ヒュームがイギリスで『宗教の自然史』を出版した約四カ月後、一七五七年五月に三週にわたりド・ブロスは出版前の『フェティシュ神』の原稿をパリの碑文・文芸アカデミーで朗読する。だが聴衆の失望を前にアカデミーの慣例に反して印刷に付さず、のちの著作として利用するために彼は原稿を回収している。そしてこの発表後に、同郷のビュフォンを介して数年来既知の仲であったディドロへ原稿を渡して個人的に意見を求めているのだが、ここでド・ブロスはヒュームの宗教論との類似性をはじめて指摘される。(3)

「ムッシュー、ここに原稿をお返しします。ところで口では言い表せぬほど私はこの論考に満足しました。貴方のいうとおりです。間違いなくフェティシズムは一般的で普遍的な原初宗教です。事実は必ず哲学と合致せねばなりません。アカデミーの仲間たちが会場の各所で鼻を鳴らしていたことなど私にはさして驚きではありません。貴方はヒュームの『宗教の自然史』で行われた例証を完全なものとされた。この書をご存知でしょうか? それは完全に貴方の原理と一致しています」(4)。これによりド・ブロスは『自然史』をもとにして第三部を中心に原稿の手直しを行い、一七五九年の秋頃には現在の著作の内容をほぼ完成させていたものと推定されている。

ところでド・ブロスはどの程度ヒュームの議論を取り入れたのだろうか? この書の出版直後に早くも両著作の類似性に気づいたグリムは、『文芸通信』で『フェティシュ神』のオリジナリティーを否定している。「ド・ブロス氏の論考はいくつか興味深いものがあるが、それは散漫としていて、大部分が冗長にすぎる。諸君がそこで目にする的確な哲学的考察のすべては、ヒューム氏の『宗教の自然史』で採用されている」(5)。アカデミーの朗読原稿は今日残されておらず、ド・ブロスが具体的にどのような修正を加えたのかわからない。だがディドロの指摘にあるようにヒュームとの接触以前からド・ブロスは独自の原理をすでに築いていたのであり、その著作を『自然史』の単なる模倣と見るのは性急であろう。しかし、いずれにしてもディドロのいうド・ブロスとヒュームの原理的一致の意味を明らかにする必要がある。この問いを導きの糸にしてヒュームとヴォルテールの宗教論を一瞥しながら啓蒙思想のなかに再び「フェティシズム」概念を置き直し、十八世紀における宗教進歩思想の射程を明らかにするのが本章の目的である。

一　ド・ブロス『フェティシュ諸神の崇拝』

フェティシズム概念の創始

ド・ブロスが創始した「フェティシズム」概念は一部の思想家を除けば当時はほとんど流通しなかったが、その一方でこの新語の基礎となった「フェティシュ」[6]という用語は単に野生人の崇拝を指すだけでなく、十八世紀後半から十九世紀初頭にかけて哲学や文学の領域へとその用法の広がりを見せている。[7]実際、この「フェティシュ」崇拝や「未開」社会の原始崇拝のイメージは、この時期、フランスやドイツの思想家や文人たちによって歴史哲学や文学的題材としてひろく利用され始めた。ルソーの『エミール』、カントやヘーゲルの「未開」宗教論、あるいはヴォルテールやシャトーブリアンの文学の中にも「フェティシュ」という用語は見出すことができる。「教会史」(普遍史)から「信仰史」(宗教史)への歴史的視線の変化がみられたこの時代はキリスト教の権威が失墜し、同時に人類学的観察の誕生から宗教学、社会学、心理学の創成期とも重なっている。[8]こうした人文・社会諸科学が出現する歴史的転換の前夜に『フェティシュ神』は登場する。

この書の大きな特色として次の二点を挙げることができる。まず現代でいえば比較民族学とでも称すべきその研究方法である。ド・ブロスによれば、フェティシズムは当時までもっぱらアフリカでの崇拝だけを指していたフェティシュ崇拝にとどまらず、「選民」ユダヤ民族を除くという留保はあるものの、「フェティシズム」という語尾が示しているように地上のあらゆる野生社会と歴史上の古代社会全般に見出される普遍的現象である。そして時間的・空間的に異なるこの二つの信仰を比較して、古代エジプトの信仰はアフリカ黒人の物質・動物崇拝と同じものであり、彼らはともに「フェティシスト」であったという結論に達する。(9)フォントネルとラフィトゥにもすでにみられた比較法をド・ブロスは受け継ぐのだが、彼の議論は現象の単なる記述や旅行記の次元から脱出させ、普遍的信仰という明確なテーマ設定の下で分析を行っているという点で際立っている。モースが『フェティシュ神』を「比較宗教学の最初の著作」(10)と呼んでいるゆえんである。

だが野生に関する言説がこうした比較民族学のバイアスによって十八世紀の知的空間に入ってきたのは些細なことではない。フェディが指摘するように、人類の歴史的発展段階を地理的空間へと投影することで、野生人と古代人の間の類似性を察知できる解読グリルが当時のヨーロッパ人にもたらされ、彼ら自身の来歴やその文明段階がそれを介して理解――ヨーロッパ中心主義的な理解――されるようになったからである。(11)すでに十七世紀のデカルトは漠然とこの考えを口にしている。「旅をするのは、他の時代の人々と対話するのとほとんど同じことである」。(12)なるほど観察者が他民族・異文化を観察「データ」とみなし、自らの精神・文明状態とは独立したものとして考えようとする態度や、比較法を敷衍させて幼児と野生人・古代人の精神構造を同一視し、人類史の「理性なき段階」を彼らに押しつけるという意味で、これは一つのイデオロギーに違いない。(13)「野生人を原初の人間に重ね合わせることの姿態の変化は野生人がこれにより歴史的な存在となると同時に人類学的射程を可能にした」(14)とすれば、比較法に依拠する人類学や民族学の成立根拠も問われてしかるべきだろう。(15)だが十九世紀に顕在化する西欧中心主義・植民地主義の問題を意識しつつも、十八世紀思想圏においてこの比較主義が要請された意味をもう少し掘り下げて検討してみる必要がある。

この書の特徴の二点目はいうまでもなくフェティシズムという概念の創始にある。だがド・ブロスはあらゆる物質崇拝をそう命名したのではない。彼は二つの異なった崇拝形態を区別しながら、読者に対して両者の混同に注意を促している。「先に進む前に今一つ注意しておかねばならないことがある。それは特定の自然の産物に対するこの崇拝〔フェティシズム〕が俗に偶像崇拝《イドラトリ》と呼ばれる、人工物に対して表される崇拝とは本質的に違うということだ。というのもこのような人工物は崇敬の念が本当に差し向けられる別の対象〔神〕を表象しているに過ぎない。だがこれに対して、ここでの崇拝は生きた動植物そのものに対して直接に向けられているからである」（CDF. 64：三二）。直接崇拝であるフェティシズムは、語源的に偶像《イドル》を神の媒介表象とする偶像崇拝とは本質的に違うのである。だがド・ブロスは単に異教のうちにある二つの異質な形態を区別するだけでなく、両者の歴史的な発生順序を問題にしたいのである。『フェティシュ神』の意図は、当時の宣教師・探検家の話や旧約聖書、古代の著述家の歴史書を基にフェティシズムの普遍性を立証するだけでなく、独自の歴史観を明らかにすることにあった。すなわち人間精神の進歩史観である。

フェティシズム概念が包含する歴史観

ド・ブロスは第一部と第二部でそれぞれアフリカ人のフェティシュ崇拝と古代人の崇拝を検討した後、第三部で結論にはいる。ここで彼は、エジプトの神格であった動物や星辰は神の観念のアレゴリーにすぎず、間接崇拝から直接崇拝へと堕落したという「昨今の学者たち」の説を批判する。

このような題材を扱った昨今の学者たちは、事実は認めるものの結論については否認する。彼らは動物に敬意の払われる崇拝が直接崇拝であったことを認めようとせず、聖なる動物はその動物によって表象され、その動物が充てられる神の象徴とはどれも別のものと見なされていたことも認めようとしない。〔…〕彼らの見解によると、エジプト信仰は開始当初は純真にして知的な宗教だったとのことである。ところが抽象的で精神的な崇拝を意に介さず、自分たちの感覚に直に印象を与える対象物にいとも簡単につき動かされる人々は、不可視の崇拝対象の可視的表象として星辰をまず受け入れたが、ためらいもなくそれ自体をすぐさま崇拝してしまった、と。〔…〕以前は知的であった宗教がほとんど物質的なものになってしまったのだ、と。以上、彼ら昨今の学者たちによると、異教はこうした進展を示してきたとのことなのである。

（CDF. 189-190：九〇―一）

「昨今の学者たち」の脚注で、ド・ブロスは神学者ゲラルト・ヴォシウスの『偶像崇拝論』（一六四一年）と神話学者アントワンヌ・バニエの『神話学』（一七一一年）を挙げている。バニエによれば、当初は唯一神だけを崇拝していた最初の人間は、これを忘却して太陽が異教の最初の迷信的対象となったが、最後に登場した偉人（預言者）により宇宙の創造神を再び見つけるものとされる。[16]このような「骨董的」知識（聖人の遺物や礼拝所、古銭学や文字の起源に関する研究など）と神学者の憶測が入り交じった見解は、十七世紀から十八世紀初頭にかけて広く出回っていた見方だった。[17]ド・ブロスが問題とするのは、神を認識するために抽象的能力を必要とする知的な間接崇拝から、感覚的能力しか必要としない物質的な直接崇拝があとから蔓延ったという彼らの主張である。多神教や偶像崇拝からフェティシズムへと堕落したのではなく、フェティシズムから多神教へ、そして最終的に有神論（一神教）へと進歩するのだと彼は反論する。

無知な民衆はある崇高な力に関する若干の些細で粗野な観念をわずかに抱き始めてから、その後自然全体に秩序と形式を付与する完璧な存在〔唯一神〕へと自らの観念を拡張させたことは、疑いない。〔…〕人間精神は段階をなして低次から高次へと上昇する。この精神は不完全なものから抽出した抽象的諸観念によって完全なものの観念を形成してゆく。また人間精神は或る存在の最も崇高な部分をゆっくりと最も粗野な部分から分離させる。そうしてこの精神はそこから作り出した観念をさらに高め、強固にすることによって、この観念を神へと転化させるのである。（CDF. 206-207：九八）

この箇所は、この著作のなかで人間精神の進歩の観念が最も明確に述べられているところであるが、実はこの引用こそヒュームの『宗教の自然史』から匿名で借用されている文章の一つであり、またその核心部分なのである。(18)

進歩の観念は、十七世紀後半からの新旧論争を通じてペローやサン＝ピエール（ド・ブロスの叔父）、チュルゴ、あるいはイタリア人ヴィーコらによってその理論的展開をすでにみていた。十八世紀末のコンドルセまでいくと、キリスト教そのものが知性と相容れない過去の遺物として扱われるが、ド・ブロスにとってキリスト教的一神教こそが進歩の最高段階である「知的」宗教であった。ところで一神教を「知的」宗教とするこの点は、啓示を認める神学者からそれを否定する大方の啓蒙思想家《フィロゾーフ》まで基本的に当時の共通見解であり、『フェティシュ神』の議論もこれを共有している。だがド・ブロス（とヒューム）が唱えた宗教進歩論こそ彼らの主張と決定的に異なる点をなした。啓蒙思想家たちが主張するような、科学、技芸、政治、つまり社会全般にみられる知識の進歩が同じように宗教にも認められるのではないのか。『フェティシュ神』の議論を背後で支えているこの問いの意味を浮かび上がらせるために、次に十八世紀における理神論の展開を一瞥することにしたい。

二　啓蒙の世紀と異教問題

ヴォルテールのキリスト教批判

第一章で観てきたように、大航海時代が幕を開けた十六世紀初頭の神学者たちの大きな関心の一つに新大陸の偶像崇拝の起源をめぐる問題があった。聖書注釈学者らは偶像崇拝を創造神の崇拝からの堕落とみなし、迷信を奉ずる異教徒や古代多神教徒の「生き残り」であるインディオの改宗・撲滅を正当化してゆく。彼らによれば、全能の神から生まれた原初の民族は唯一神を崇めていたが、原罪により神の怒りに触れ「諸悪の根源」である多神教や偶像崇拝に陥り、創造主の観念を忘却したものとされる。十七世紀のヴォシウスまで続くこうした悪魔学《デモノロジー》解釈に異議を唱えたのが、ケンブリッジの新プラトン主義に代表されるイギリスの自然神学者や理神論者たちであった。

カッシーラーの簡潔な定式を借りれば、理神論はいかなる民族にも普遍的に変化しない「人間本性」が存在すること、そして人間本性は啓示に頼ることなく唯一神（最高存在）を認識できる基本能力を備えており、しかも無条件で信頼に足るものだという前提から出発する。[19] イギリスで花開いた理神論は、ルイ十四世がナントの勅令を破棄し（一六八五年）、プロテスタントが再び迫害を被る十八世紀フランスにおいて、宗教的不寛容に対する戦いのなかで多くのフィロゾーフによって自然宗教論として啓示宗教批判に利用されてゆく。一口に理神論といってもフリーメーソンの穏健な議論から自由思想家《フリー・シンカー》の過激な理論まで多様な様相を含んでいたイギリス理神論を「濾過」し「純粋透明リキュール」[20]にしてフランスで普及させた人物こそ十八世紀啓蒙思想を代表するヴォルテール（一六九四―一七七八）である。

カラス事件の翌年に出された『哲学辞典』（一七六四年）の「偶像、偶像崇拝者、偶像崇拝」項目――『百科全書』にも収録[21]――の彼の主張をみてみよう。「偶像崇拝」という言葉は異教徒非難のために十六世紀のスペインの征服者から十八世紀初頭の神学者ドン・カルメまで広く多用された用語であり、宗教改革以降は教皇や聖人像を容認する「異教《パガノ》＝教皇主義《パピスム》」批判に大々的に使われてきた歴史を持つ。[22]だがこれに対してヴォルテールは大胆にも異教徒は偶像崇拝者ではなかったと主張する。「古代人は像を神としなかったし、崇拝は像や偶像と関係を持ち得なかった、つまり古代人は決して偶像崇拝者でなかったことが証明される」[23]。一般に古代人が異教徒であり、多神教徒であることは歴史的に否定できない事実であり、ヴォルテールも認めるに吝かでない。しかし彼が強調したいのは古代人が偶像を直接に礼拝していたのではなく、キリスト教徒と同様の思考方法、つまり偶像の背後に神性を認めていたに違いないという確信である。

この高度な思考方法はギリシア・ローマの多神教徒のみならず、ペルー人やメキシコ人といった先住民にも、そしてエジプトの崇拝の中にも見出される。「あらゆるエジプト人が牡牛に捧げた敬意、多くの都市で犬、猿、猫、ネギに捧げられた敬意についても同じように考えることができる。初めはそれらは象徴であった気配が強い」（DP. 222：二四〇、強調筆者）。つまり動物や野菜といった滑稽な崇拝対象も、実は歴史の当初は神の象徴だったのであり、秘蹟や教会を持たぬ異教徒さえも唯一神の観念を保持していたのである。例えば古代ギリシアやエジプトには多くの神々がいたが、それでもゼウスやアモン・ラーなど最高神は別格であり、この最高神から堕落した「二級神への崇拝が後に偶像崇拝と呼ばれた」（DP. 477：三五二、強調イタリック）にすぎず、どんな民族も「まず唯一神を認め、ついで人間の弱さから複数神を採用した」[24]（DP. 472：三四九）とすれば、唯一の神の崇拝はユダヤ・ヘブライ民族の専売特許ではありえない――。

このような主張を通じてヴォルテールは異教批判というよりも、むしろ異教のなかに「唯一神」を見出すことで、キリスト教の権威やその正統性を相対化しようとするのである。ここで彼が依拠している異教の象徴的解釈（画像象徴説）は、ルネッサンス期のクザーヌス、フィッチーノの神秘主義からトマス・モア、モンテーニュのユマニスムを経て、前章で見たようにケンブリッジ学派と理神論までを横断する巨大な西欧プラトン主義の思想潮流に属し、異教の神々を唯一神（イデア）の現象とするその理解は宗教寛容論が常に依拠してきた解釈体系であった。理神論こそが実は普遍的《カトリック》な宗教だとするハーバート＝ヴォルテール流の批判の構図は、のちに革命期フランスにおいて全宗教の普遍的起源であるエジプトの偉大な神々の「蘇生」というささか突出した形で、キリスト教の相対化という言説をはるかに越えてゆくはずである。[25]

賢者の宗教と愚者の宗教

しかし、ヴォルテールはこの議論に一つの留保をつけている。それはこの高尚な思考方法は賢者や哲人に限られるものであって、「無知で迷信的な下層民」は偶像や動物を文字通り崇拝していたという点である。それゆえ象徴の背後の真なる神を奉ずる賢者と、動物や野菜を神としてしまった下層民を見極める必要がある。「偶像崇拝者と名付けられているすべての民族の内に、聖なる神学と俗なる誤謬、秘かな祭祀と公の儀式、賢者の宗教と愚者の宗教が共存したことを知ることが重要である。密儀に通じた者には唯一神だけが教えられた」（DP. 225-6：二四一、強調筆者）。この考えは『歴史哲学』（一七六五年）でもさらに敷衍され、そこで彼は原初の民族からギリシア・ローマに至る民族が例外なく複数神の背後に唯一神を認識していたことを例証しようとした。ブラムフィットが指摘するように、古代史を考察の対象とした『歴史哲学』がそのまま同時にヴォルテールの理神論表明の書であり、その主たる目的が多神教・偶像崇拝といった迷信のなかにあっても、少なくとも「賢者たち」は唯一の創造者を承認できることを全編にわたって明らかにすることにあったとすれば、[26] 古代・「未開」宗教史の理解こそ彼の理神論の議論の成立を根本的に左右する。ここにわれわれの議論にとって必要な理神論の二つの特徴をみることができる。

　第一に、この議論を突き詰めれば原初の一神教は歴史貫通的に存在することになり、歴史を持たない宗教、換言すれば真の宗教は歴史を持たないという帰結が導かれる。「始まりを有したものはすべていつか終わりを迎えるだろう。逆に始まりを持たなかったものは終わることもないだろう。ところでキリスト教やユダヤ教はそれぞれ始まりを有した。この地上に始まりの日付が知られていない宗教は自然宗教を除いてはただの一つも存在しない。ゆえにこの宗教だけは今後も消滅しないだろうが、その他の宗教は消え去るだろう」[27]。聖書の歴史さえ人類史の一コマにすぎぬとする『自然宗教で十分であること』（一七七〇年）のディドロのこの考察は自然宗教の非歴史性を明確に捉えている。

　こうした主張の背景にはキリスト教普遍史の有限性を批判する十七世紀来の年代学論争の影響がある。アウグスティヌス以来の普遍史の枠組みでは天地創造から終末までせいぜい六―八千年と計算されてきたが、十七世紀以降、古代中国やエジプトなど異教徒の歴史の古さが知られるにつれ、旧約聖書の年代記述では人類史を到底カバーできないことに西欧人は気づき始めたのである。ノアの大洪水以前に中国王朝の存在を指摘したマルティノ・マルティニの『中国古代史』(一六五八年)、地球の齢を最低でも三百万年と見積もったビュフォンの地質学研究など桁外れの時間観念の登場により普遍史は深刻な打撃を受け、その信用を失っていくことになる。[28]

第二に、唯一神の観念を維持しながら同時に既成の啓示宗教を批判するという理神論の戦略は、真の宗教を奉じる賢者と迷信を奉じる愚者を区分することで成立している点である。マドレーヌ・ダヴィッドの表現を借りれば、この「二つの人類」を想定することで歴史上・地理上いかに信じ難い崇拝を行っている民族がいても、それは無知な民衆の慣習であって知的階級のそれではなく、その時代の迷信的慣行は「無罪放免」とされたのである。[29] さらにこの議論は純理論的な問題にとどまらず、教育や社会秩序の問題にも関係していた。つまり啓蒙主義者たちは無神論から引き起こされる社会的無秩序よりは、迷信であっても秩序の維持に必要な「下層民のための信仰[30]」として偶像崇拝を容認したのである。

救済にとって偶像崇拝者より無神論者の方が有徳だとするベールの逆説を批判するヴォルテール(「無神論者、無神論」項目)やモンテスキューにこの見解の典型がある。後者にとって、真の宗教を持つことに越したことはないが、それが無理な民衆なら「たとえ擬似宗教であっても、人間が人間としての誠実さを用いうるための最良の保証人[31]」であり、無神論から引き起こされる社会的無秩序よりは政体の維持に無害な偶像崇拝を選ぶ方がまだましなのである。宗教の社会的効用を重視するこの考えはさらに十八世紀末の『人間論』のエルヴェシウスの功利主義的宗教論まで受け継がれてゆくだろう。のちに見るように歴史と人間本性という互いに不可分な理神論のこの二つの性格こそ明確な形でド・ブロスやヒュームとの対立が浮かび上がる論点となる。

原始一神教の論理

理神論の登場により偶像崇拝の起源に関する問題は、聖書注釈学の領域から全世界の宗教現象の次元へとその議論の場を移動し、それに伴って聖書に依拠する「偶像崇拝」という言葉は理神論者たちによって「多神教《ポリテイスム》」という用語に徐々に置き換えられていった。これはこの問題に関する中世スコラ学の解釈枠組みからの離脱の兆候を示す。[32] 元来「多神教」という言葉は、十戒の第一の戒律（「私をおいてほかに神があってはならない」）に示される神の唯一性に対立する概念として、アレクサンドリアのフィロン（前二〇頃―四五頃）によって「知恵の書」の三分類である偶像崇拝《イドラトリ》、天体崇拝《コスモラトリ》、動物崇拝《ズーラトリ》を一括する用語として一世紀頃に考案された。だがその後長きにわたって閑却され、一六〇〇年前後にようやく西欧で再発見された用語であり、それまでは神学的解釈の中で異教はかつての三分類、特に偶像崇拝として語られてきたのである。[33]

十七世紀以降、理神論が聖書にはない「多神教」という新語を採用し始めたことと、偶像《イドル》自体を崇拝していた民族は実際には歴史上存在しなかったという十八世紀ヴォルテールの反聖書的見解は唯一の参照基準としての聖書からの離脱という点で通底する。そしてその当の多神教の神々ですら唯一神の派生的象徴にすぎず、政治的にも無神論よりは政体に有益だとする理神論の論理からすれば、異教に対して神学者が非難してきた罪はそれほどの重罪に値するものではなかった。十八世紀はプロテスタントのイギリスとオランダ、そしてフィロゾーフのフランスにおいて、このように多神教や偶像崇拝に対する称賛まではいかずともある程度の復権、すなわち啓蒙史家ピーター・ゲイがいうところの「近代的異教主義の台頭」が見られたのである。しかし、一見して明らかなように理神論はキリスト教神学と根本的な前提を共有していた。それは歴史の始原には唯一神（最高存在）が存在し、それを認識できる賢者がいたとする原始一神教の論理である。「あらゆる宗教の基礎は唯一神」であり、自然宗教も啓示宗教も「ともに一つの神、一つの摂理を想定している」（『百科全書』「宗教」項目）とすれば、啓示と奇跡の論点を除けば両者の違いはかなり曖昧なものとならざるをえない。啓蒙主義者の目的が「哲学者の楽園」[34]の再建だったとまでは言えぬとしても、この論理は人類単一起源説をとる聖書の枠組みに適合し、単一の人類から宗教や文明が広まったとする伝播説の強力な証左となった。理神論が依拠する象徴的解釈が十七世紀末以降、この伝播の痕跡を探すために新大陸や中国に渡ったイエズス会の宣教師の議論にも摂取されていったことはよく知られている。[35]教皇庁とイエズス会が衝突したいわゆる典礼論争は、この時代の理神論の広がりを端的に物語る出来事である。[36]

さらに原始一神教の論理は「高貴な野蛮人」「中国の哲人」と並び、あらゆる学芸の発祥地である「エジプトの賢者」という当時の神話学の理想的人物像とも結びついた。[37]エジプト神話学者たちによれば、ヴォルテールにおいて確認したように大衆が崇めていた犬（アヌビス）やトキ（イビス）といった神格は、真なる神のアレゴリー・象徴にすぎず、賢者たちが本当にこうした滑稽な対象を崇めていたはずはないと考えられたのである。[38]エジプトの崇拝が秘教と顕教の二つの教義を含んでいたという彼らの主張は、ユベールが指摘するように『百科全書』の寄稿者たちの共通した認識でもあった。[39]

先に触れたように十七世紀から古代文明の古さが意識され、聖書学者は聖書の年代を引き下げる必要に迫られるが、神話学者の主張も異教を普遍史の枠組みに回収する一つの試みだったといってよい。アダム以前に別のアダムがいたと主張し、キリスト教界に衝撃を与えたラ・ペレールの「プレ・アダム人」説や、ドイツのイエズス会士キルヒャーのエジプト文明起源説[40]をいちはやく摂取したボシュエの『世界史論』（一六八一年）の登場もちょうどこの時期にあたる。聖書ではなく異教の時間軸に合わせて普遍史を修正する試み自体が聖書の権威の低下を物語っているが、いずれにしてもこれらの事実が示しているのは理神論に譲歩してまでカトリック陣営が確保したかった論点こそ一神教の普遍性であり、〝唯一神の観念なき民族が地上に存在する〟と主張する自由思想家《リベルタン》への反論、つまりキリスト教神学と理神論にとって当面の共通の敵である〝無神論〟（デカルト主義から哲学的経験論に至る諸潮流）に対抗する論拠として、それは当時極めて広範な思想的磁場を張っていたのである。

十七世紀末、すでに『人間知性論』のロックによってケンブリッジの新プラトン主義者が唱えた生得観念が、そしてロックの議論を踏襲したベールによって神の観念の「万人の一致」という論拠が相次いで否定されていた。しかし生得観念批判を除けばロックの異教評価や唯一神の観念はウィッチカットやカドワースの議論を受け継いでいるのは明らかであり[41]、逆にベールはこうした自然神学による「異教主義の台頭」に危機感を覚える戦闘的な「保守的カルヴィニスト」[42]（野沢協）であったとすれば、両者の思想的繋がりをそのままキリスト教・宗教批判の文脈に置くことは難しい。ロックやベールをはじめ実践面では多くの宗教寛容論が現れるが、これらも一神教原理を破棄するものではない。カトリックや理神論にしても、その異教寛容論の根拠は異教の神格は実は唯一神だと主張しているにすぎず、決して偶像崇拝や多神教をそのまま「宗教」一般のカテゴリーに含めているわけではないからである。あくまでキリスト教内部の対立だった枠組みから、単なる蒙昧に対する「寛容《トレランス》」を超えて、真の宗教＝一神教という古代教父以来の図式を根底から覆すのが十八世紀の宗教進歩論者たちである。

三　一神教批判と進歩の観念

フォントネルとヒュームの宗教進歩論

「宗教自体が歴史的に進歩を遂げる」という考えは「宗教の起源はなにか」という十八世紀特有の宗教起源論への回答を含む。十七世紀の年代学論争は普遍史の有限性を暴露し、十八世紀の自然学者は地球の齢の半無限性を示すことで普遍史批判の足場を築いたが、こうした議論を摂取した理神論も複数神の出現を原初の唯一神からの派生・堕落に帰す点では神学と一致しており、すでに完成した一神教がなおも進歩する余地はない。[43] それゆえ宗教史に進歩を認める議論は宗教の起源が必然的に「未熟な」崇拝、つまり偶像崇拝や多神教であることを前提とする。キリスト教普遍史は古代の円環的時間観念に代えて始点と終点を持つ直線的時間観念を提起したとはいえ、狭義の進歩史観の登場は十七世紀以降の新旧論争を待たねばならない。この論争から古代派批判の文脈でまず現れたのが近代派の論客ベルナール・フォントネル（一六五七―一七五七）である。

フォントネルは『神話の起源』（一七二四年）でホッブズの系譜に立ち、最初の神々は自然の脅威に対する人間の無知が生んだ人格神（神人同型論）だと主張した。彼によれば、人間は未知のものを既知のものから説明する本性的傾向を持つ。例えば、古代人は落雷など未知の自然現象の原因をすべて人間の所業で説明したに違いない。なぜなら人間が最もよく知るのは自分自身の所業だからである。ならば自然の原因に無知な古代人は不可視で全能な唯一神ではなく、自然の所業ごとに人間に似せて神格を、それも複数創ったはずである。現在の「アメリカ住民と〔古代〕ギリシア人の両神話の驚くべき一致」[44]をみれば、古代人もアメリカ人と同じ精神構造を持ち、無知で野蛮の状態にいたのは疑いない。世人は古典古代への盲目的な憧憬の念から高尚な宗教の存在を信じているが、異教神話の神々は人間精神の誤謬以外の何物でもないのだ――。

経験論の異教批判をベースに神話の起源を「最初の人間の無知」に還元し、野生人と古代人の精神的同質性から古代派に打撃を与えようとしたフォントネルにとって、彼らの崇拝は幸福な時代の純真無垢な崇拝であるどころか無知の産物にすぎない。十八世紀の「野生」をめぐる議論は、この「無知な野蛮人」と「高貴な野蛮人」という二つのイメージを同居させながら、彼ら自身の現実をいわば置き去りにして展開していくことになるが[45]、黄金時代（l'Âge d'or）を歴史の原初ではなく、その終点に求めるこうした思考から登場するのが「進歩の観念」である[46]。ただ、終生カルテジアンだったといわれるフォントネルが理神論の「宇宙の創造者」にもこの議論が妥当すると考えていたのかは明確ではない[47]。ナントの勅令が廃止された翌年の著作『世界の複数性についての対話』（一六八六年）がすでに禁書に指定された状況で、ユダヤ・キリスト教の起源も異教の神々の起源と同根であることを暗示するにとどまったフォントネルに対し、この限界を超えていくのが『宗教の自然史』（一七五七年）のヒュームである。

ヒュームによれば、宗教観念は啓示でも人間本性に内在する合理的知性でもなく「恐怖」や「驚嘆」といった人間の不合理な内面的心理に由来し、これこそ「人間本性の本質的で普遍的な性質」（NHR. 361：一〇〇）をなす。これはホッブズ、フォントネル、ド・ブロスに共通する宗教観念発生の原因である。一見すると『自然史』のヒュームの議論はこのような恐怖から生まれる迷信を粗野な民衆の次元に限定する理神論の議論を踏襲しているように見える。(48) だが彼はこれと対極に位置する賢者の宗教の存在を認めているわけではない。例えば中国人は祈願が神に無視されるとその偶像を破壊したし、皇帝アウグストゥスも嵐で艦隊を失った時、海神ネプチューンにその像のパレードを禁じて復讐した。これらは古代の賢者もまじめに偶像を崇め、決して民衆の無邪気な迷信とは考えていなかった証拠である。「この問題を正しく考察する人なら誰しも、すべての多神教徒の神々が我々の祖先の妖精と少しも異ならず、なんらの敬虔な崇拝・崇敬にほとんど値しないことは明らかであろう。これら自称信心家たちは実際には一種の迷信的無神論者であり、我々のもつ一神の観念に適応するいかなる存在も認めてはいないのである」(NHR. 320 : 一二六)。さらにヒュームは、有神論者（ヘブライ民族）の一神教の教理ですら合理的論証を通して理性によって導かれたものではなく、不安や恐怖といったこの卑俗な原因から発生したことを暴露するのである。

そうだとすれば、人類最初の宗教は無知な人々が生み出す多神教や偶像崇拝であって決して知的な一神教ではありえない。知的な宗教原理を持った人々がその後文明化されるや真理を破棄して誤謬を採用するなど本末転倒だからである。「推論から発して有神論が人類の原初宗教であったが、その後堕落して異教徒世界における多神教やその他一切のいろんな迷信が生み出されたなどということは明らかに不可能としか考えられない」(NHR. 313 : 一一)。なるほど自然の作品の整合的なデザイン（結果）から至高の存在者たるデザイナー（原因）を類推するという理神論者の論理は見事には違いない。だが原因と結果の間に必然的な因果関係があるわけではなく、奇跡が神の証とされるなら逆にこのデザイナー自身が創造した自然秩序（法則）を裏切ることになるだろう。「私は宇宙の秩序と構造が厳密に検討された場合、そのような論証を受け入れる余地があることを認めはするが、人類が彼らの最初の粗野な宗教観念を形成した時に、このような考察が彼らに影響を及ぼしえたなどとは決して考えない」(NHR. 311：八)。

ヒュームはいわゆるデザイン論証を、論理的(「理性における宗教の根拠」)にはその可能性を認めはするが、歴史的(「人間本性における宗教の起源」)には決して認めない。なぜなら歴史的にこうした論証を理解できた賢者がかつて歴史上存在したなどということは経験的事実に反するからである。「大部分の国民と大部分の時代を調査せよ。世界に事実上、優勢であった宗教諸原理を検討せよ。〔…〕それを諸君はおそらく、自分のことを理性的だと尊称している一存在のまじめな自信にみちた教義的誓言というより、むしろ人間の姿をした猿のあそび半分の奇想とみなすだろう」(NHR. 362：一一四)。原始一神教から多神教が堕落したのではなく、逆に一神教はこの奇怪な多神教にこそその起源を持つ。自然の整合性を内実とする古典主義美学に怪物的な「崇高」概念を対置させた同時代のバークですら留保せざるをえなかったこの結論[49]こそ、ヒュームによれば人間の思索の「自然な進歩」(NHR. 311：八)、「連続した向上[50]」であり、「宗教の自然史」なのである。

この論理は、権利問題としては理性的行為としての社会契約を「何にもまして優れた神聖な基礎」と認めながら、事実問題としては歴史的起源に社会契約を認めず、むしろ征服者の暴力と恐怖にその根拠を見る『原始契約論』(一七四八年)の議論と対応しているのがわかる[51]。原始契約説と原始一神教への批判は歴史主義からの理性批判という点で一貫しており、ホッブズ以降のユマニスム的自然観の転換を前提に理神論の非歴史性に対して「歴史」を導入することで、ヒュームは「自然宗教」の概念を覆したのであった[52]。彼の議論からすると賢者と愚者の二つの宗教が存在するのではなく、一神教さえも含めた宗教そのものが無知の産物であり、彼が信仰者を装って(?)熱心に多神教を「卑俗な」「粗野な」「迷信的な」と蔑めば蔑むほど、実は理知的であるはずの一神教も間接的に貶められる仕掛けになっているのである。

ド・ブロスとヒュームの往復書簡

『自然史』は出版前に理神論者スミスらの忠告を受け入れ、慎重を期して書き改められたものであったが、グロースターの監督ウォバートン一派から激しい追及を受けることとなった。宗教という名に値しない「諸悪の根源」たる偶像崇拝が人類最初の宗教であり、しかも一神教徒より多神教徒の方がむしろ政治的に寛容であるなどという主張は、「奇天烈な倒錯」以外の何物でもなかったからである。一方フランスでは、異端弾圧の激しさではイギリスを凌ぐものがあったが、『自然史』はイギリスほどの追及も受けず、彼のパリ滞在（一七六三―一七六六）の支障となることもなかった。だが十八世紀の中頃に他の世俗制度のように宗教に「自然史」を認める啓蒙主義者も殆どおらず、この書は結局のところ啓蒙思想内部では孤立した思想現象にとどまった。

それでもイギリスでの騒動は『自然史』仏訳版が出版された一七五九年にフランス思想界にも飛び火して物議をかもし、ド・ブロスの耳にも伝わるところとなる。また同年エルヴェシウスの『精神論』（一七五八年）の焚書騒動を自国で経験したド・ブロスは、最初の印刷原稿にはヒュームの名前とその書名を記していたにもかかわらず、最終原稿ではそれを削除して「異国のある高名な作家」（CDF. 218：一〇三）というかたちで名を伏せた。「ここ［フランス］は、エルヴェシウスのあまりに大胆かつ我慢ならない書物の一件以来、焚書が激しくなっている。もはやものを書くのもおぼつかない状態で、今後もし私が印刷に回すとするなら外国の地になるだろう」。ジュネーヴの友人に書き送ったこの手紙から数カ月後、一七六〇年春先に『フェティシュ神』は匿名でかの地から出版される。[57] 数年後、ド・ブロスはこの書をヒュームに贈り、礼状を受け取っている。

私の著書から引き出され、貴方が公にしたいと望まれたわずかばかりの原理を、〔『フェティッシュ神』のなかに〕再び見つけた時の私の大きな喜びを貴方は疑うことはできますまい。これら原理は、私のなしえなかったほどの力強さをもって、そこでは改めて明確にされています。同様に貴方の博識から集められた感服するほど多くの事実についても私には驚きでした。私が人間精神の自然の進歩から引き出した帰結にかんして、多くの誤りを犯さなかったなどとおこがましくも期待することなどできぬことです。そもそも私一人の力などとるに足らぬものです。貴方の助力があればこそ、今日勇気をもって私は自らの立場を不屈のものと見なせるのです。[58]

ヒュームにとって、自らの著作ではあまり触れることのなかった野生社会の豊かな民俗学的資料によって、自分の主張があらためて論証されていたことは文字通り「驚き」であったし、また当時『自然史』をめぐって自国で不遇をかこっていた彼の目には、ド・ブロスは自らの宗教思想の数少ない理解者として映ったに違いない。その後、ヒュームはパリ滞在時にド・ブロスと面会し、思想上のみならず個人的にも交流を深めていった。先の手紙に対して今度はド・ブロスがヒュームに返礼している。

もしこの書〔『フェティッシュ神』〕の中になにかしら優れているところがあるとすれば、その栄誉はいったい誰にあるかご存知でしょうか？　当時の状況から判断して貴方の『宗教の自然史』の名をはっきりと挙げることを控えたのではありますが、この栄誉はそれを浴すべき人に帰されるべきであると当時から私は考えておりました。というのも拙著が出たのは、貴方の友人エルヴェシウスの著作の一件に乗じた頑固者や喧嘩好きな連中のせいで教養人のだれもがこのデリケートな問題に不満を募らせていた頃だったからです。かつて同じようにアカデミーでスフィンクス崇拝者〔エジプト賛美者のこと〕たちに対して自己弁護せねばならぬ時が私にもありました。〔…〕特に、子供じみたつまらぬ事柄を飾り立て、言葉巧みに行う彼らの説明はまったく不可解な代物にすぎぬと私が報告したために、彼らはひどく腹を立てたものでした。しかし彼らの思惑とは裏腹に、事実は私よりも雄弁に物語っていたのです。[59]

両者互いに誇張混じりの世辞を差し引いたとしても、ヒュームとド・ブロスのこの懐述から、前者から後者への思想的影響が一体何を指していたのかはすでに明らかであろう。

ド・ブロスはヒュームの模倣か

最後にグリムの指摘を受けてド・ブロスとヒュームの著作の内容を比較しておこう。ここまでは両者の共通点を探ってきたが、次の二点においてその違いを指摘できる。第一に、ヒュームは宗教の起源を多神教（＝偶像崇拝[60]）に置き、キリスト教批判を暗黙裡に意図したのに対して、ド・ブロスは唯一神の観念をユダヤ民族にだけは認めることでキリスト教の教義と根本的なところで折り合いをつけようとした。唯一神の崇拝という「真なる」教義と現実に存在する迷信の二つを同時に説明するために、彼が持ち出したのが人類史をノアの大洪水以後からしか考察しないという留保であった（CDF. 15：八）。異教の出現を洪水以後の世界に設定すれば、少なくとも楽園状態ではヤーヴェの神だけが崇拝されていたことになり、原始一神教の論理に抵触することはない。

　このような留保は既出のホッブズ、フォントネル、コンディヤックから、『新しい学』（一七二五年）のヴィーコ、『法・技芸・学問起源論』（一七五八年）のアントワヌ・ゴゲ、そしてモーセ五書の「すべての事実を無視して」[61]自然状態を描いた『人間不平等起源論』（一七五五年）のルソーまでみられる当時の常套手段であった。焚書の恐れからド・ブロスが後からこの留保を書き加えたことは想像に難くないが、『フェティシュ神』のテクストだけから判断する限り、「選民」の特権化はこの書の限界といわざるをえない。逆にこのような留保もつけず、唯一神の正統性をも懐疑にかけたヒュームは、「完全な近代的異教徒」[62]（ピーター・ゲイ）と呼ばれるに相応しく、小著ながら『自然史』の議論はキリスト教や理神論はもちろん、それまでの経験主義の議論の枠さえ超える破壊力を持っていたということができる。

　第二点目は、ド・ブロスはヒュームよりもさらに進み、多神教（＝偶像崇拝）以前の直接崇拝であるフェティシズム段階にまで宗教の起源を遡行させた。ヒュームにとって多神教や偶像崇拝はあくまで不可視の間接崇拝であって、ド・ブロスが宗教の起源と観たフェティシズム、可視の直接崇拝ではない。実はこの点ではヒュームの理神論批判は不完全さを拭えないところがある。間接崇拝（画像象徴説）とは天体や偶像の背後に神々を想定する思考であり、人間の感覚しか必要としない直接崇拝とは違い、不可視で抽象的な神の概念を洞察するには歴史の原初にさえ知的な人間が存在したに違いない、という理神論者たちの批判をかわしきれないからである。

むろんヒュームは知性ではなく無知からくる恐怖に神の観念の発生要因を求めるのだが、偶像《イドル》を不可視の発動者の媒介表象であると前提している点で、それを語源とする伝統的な偶像崇拝概念とエウヘメリズムの伝統を引き摺っているのである。[63] ド・ブロスにとって動物や石ころは決して何かを象徴したものでも、神や自然のアレゴリーでも、英雄が神格化したものでもなく、それ自体が神なのである。この違いは些細なように見えるが、あらゆる象徴主義的解釈と袂を分かつ決定的な論点であった（この点は次章で掘り下げる）。実際、ヒューム自身が自らの誤りを書簡で漏らしていたように、『フェティシュ神』の中にはヒューム批判とおぼしき箇所がいくつかある。ド・ブロスが提起した「フェティシズム」概念と、聖書注釈学及び理神論の領域で当時まで理解されてきた「偶像崇拝・多神教」概念の間には認識論上の明確な断絶がある。当時の著名な理神論者の著作は『フェティシュ神』に引かれていないが、ド・ブロスがイギリス理神論の研究に労力を注いでいたことは、現在も残る彼の蔵書カタログからわれわれに知られているところである。[64]

しかし、それぞれ限界と相違を抱えながらも、彼らの著作には共通する歴史観、つまり人間精神の進歩史観が反映されていた。すでに明らかなようにこれこそディドロが指摘した両者の原理的一致であった。ド・ブロス＝ヒュームの歴史観に従えば、いかなる民族もフェティシズムに浸かっていた歴史の原初には、その大多数が無知な民衆からなる「一つの人類」しか存在しない。ゆえに創造神を認識できる知的な人間はまず存在しなかった。地上には賢者と愚者の二つの宗教があるのではなく、一つの宗教が粗野なフェティシズムから多神教を経て、知的一神教へと変化するのみである。もしそうなら〝宗教には二つの起源ではなく一つの起源しかないのではないか〟[65]、言い換えれば〝真の宗教など存在しないのではないか〟――宗教に関する真偽の区別の最終的な基準であった一神教の真理性は、この懐疑の前にその論拠を失うことになったのである。

啓蒙の世紀の進歩論は、このように〝誤った宗教／真の宗教〟の二元論を破棄し、十九世紀に開花する宗教学や社会科学が対象とする単一の「宗教」概念を準備した。これは比較法を古代宗教史に適用してはじめて可能となった結論である。異教の出現を宗教史の始原に認めることのできない神学者や理神論者の歴史観からは宗教進歩の論理は原理的には出てこない。なぜなら彼らが宗教の起源だと想定する原始一神教からの堕落と規定する以外に異教や迷信を普遍史（教会史）のなかで処理できないからである。その意味でフェティシズム概念の登場は、普遍史からの離脱を決定的に示している。人類の最初期にフェティシズム状態を設定することでド・ブロスは、人類史を原始一神教から偶像崇拝への堕落とみる神学者の歴史観や、唯一神の「万人の一致」を唱える理神論者の非歴史主義とははっきり手を切ったのである。

† † †

イギリスで『自然史』が出版された二年後の一七五九年、アムステルダムから出されたその仏訳版には匿名の批判論文が添付されていた。訳者の友人という体裁を取っているが、訳者J・B・メリアン（一七二三―一八〇七）自身の筆になるものと目されるこの論文は、ヒュームの多神教起源説に対して原始一神教の論理を対置させて徹底的に批判を加えている。

この著者が矢継ぎ早に繰り出すヒュームの議論の矛盾点の一つに『自然史』第八節で展開した「多神教と

一神教の栄枯盛衰」という議論がある。宗教が偶像崇拝から出発して有神論に達したとしても、人間の弱さから再び偶像崇拝へと堕落してゆくことがあるというヒュームの議論を逆手にとって、メリアンはどうしてこのような堕落が歴史の原初に起こらなかったといえようか、と論駁するのである。[66] 実際、神学者や理神論者に口実を与えるこの部分は、フランク・マニュエルも指摘するようにヒュームの著作のいわば弱点ともいえる論点であり、これを根拠にマニュエルやピーター・ゲイは、ヒュームが進歩理論を退けたと結論づけている。[67] だがここで問題としたいのは、ド・ブロスやディドロ、グリムといった多くの同時代人たちが、神学者やヴォルテールのような批判者も含め、ヒュームのテクストに読み取ったその問いの重要性と深刻さである。彼らの反応を単なるヒューム思想の曲解と考えるべきだろうか。

十九世紀に入り、偶像崇拝が「誤った宗教」だとする神学者や理神論者の言説は急速に色あせ、「偶像崇拝」という用語は古代宗教史の言説から完全に消え始める。だがフェティシズムは唯一神からの堕落形態という原始一神教の論理は、その外見を変えながらも十九世紀初頭のロマン主義者から世紀末の人類学・宗教学者まで、進歩主義者たちとの論争を交えながら根強く支持され続けてゆく。例えば「自然神話学派」の創始者マックス・ミュラーはド・ブロスのフェティシズム論を論駁しながら、持論である堕落論をこう主張した。「アフリカのフェティシズムはその他の地域と同様、宗教の堕落である。黒人は切株や石の崇拝よりも高度な宗教観念を持つことができ、フェティシュを崇拝している多くの部族もまた同時に神の純粋な、高度で正しき観念を懐いているからである」。[68] 十九世紀末の宗教学の泰斗によるこの言葉の背後に十八世紀の神学者や理神論者のはるか遠い残響を認めることはたやすい。

逆にド・ブロスを「十八世紀の最も独創的な思想家の一人」と称賛するタイラーは、ヒュームの『自然史』

を「宗教の発展に関する近代的見解の出発点」と位置づけてこのような見解と一線を画し、[69]モースははっきりミュラーをはじめ当時著名な人類学者たちの宗教起源論がすべて非科学的な護教論の類だとして、その批判に力を入れた。[70]「この言葉の調子、この山のような臆見、反駁、願望、そしてこの解釈クリティークは、宗教学が誕生した遠い時代、偏向したあらゆる類の論争の渦中でその権利を擁護せねばならなかったこの遠い時代を、われわれに彷彿とさせる類のものなのである」。[71]

十九世紀後半から二十世紀初頭にかけて、フェティシズムは「アニミズム」、「トーテミズム」、そして「マナ」といった概念に置き換えられ、事実上、宗教学・人類学の領域から姿を消してゆく。そしてこれに呼応するかのように、その時代に幅を利かせた進歩主義もまた同じ運命を辿る。議論が多少先走りすぎたが、次章では啓蒙の世紀の進歩思想の展開を宗教起源論から言語起源論の思想圏のうちに訪ね、十九世紀の社会諸科学の前史としてのモースのいう「宗教学が誕生した遠い時代」の遺産のもう一つの系譜を辿ることにしたい。

註

（1）De Brosses, *Histoire des navigations aux Terres Australes*, Paris, 1757.

（2）M. David, « Histoire des religions et philosophie au XVIIIe siècle: le président de Brosses, David Hume et Diderot » in *Revue philosophique*, No. 2, 1974; Ibid. « Le président de Brosses historien des religions et philosophe », in *Charles de Brosses 1777-1977*, Slatkine, 1981; A. de Brosses « Les relations du président de Brosses avec David Hume », in *ibid.* 本稿の出発点はこれらの研究に多くを負っている。

（3）マニュエルは一七五七年以前にド・ブロスが『自然史』の草稿を落手したとしているがこれは事実ではない。Cf., F. E. Manuel *The Eighteenth Century Confronts the Gods*, Harvard University, 1959, p.188.

（4）M. David, «Lettres inédites de Diderot et de Hume écrites de 1755 à 1763 au président de Brosses», in *Revue philosophique*, No.2, Avril-Juin, 1966, p.138.

（5）F. M. Grimm *La Correspondance littéraire 1er janvier-15 juin 1760*, texte établi et annoté par Sigun Dafgård, UPPSALA, 1981, p. 73.

（6）フランス語の fétiche は、ラテン語 facuticus を語源に持ち、その本来の意味は factice（〝作られた〟）であった。そこから派生したポルトガル語 "feitiço" が中世末期から下層民の〝呪術的風習〟、〝妖術〟を意味するようになり、十六―十七世紀の大航海時代にポルトガル人が西アフリカ海岸に入植するようになると、現地の言葉との接触からピジン語 "Fetisso" が生まれた。西欧各国語の「フェティシュ」という言葉はすべてこのピジン語を起源としている（フランスの場合、この言葉が正式にアカデミーに登録されるのは一六六九年）。それゆえこの言葉は当時の白人＝キリスト教徒的視線を本来的に含んだ概念であり、ピーツによれば、キリスト教封建制、アフリカの単系リネージ、そして商品資本制経済が合流した西アフリカ海岸という当時の非歴史的で文化交差的な特殊空間で誕生した、様々な価値コードを担った物的対象を意味していた。Cf., W. Pietz, « The problem of the fetish I », in *Res*, Cambridge, Mass., No.9, 1985, pp. 5-10.

（7）石塚正英『フェティシズムの思想圏』世界書院、一九九一年、特に第三章以降を参照。

（8）P. Boutry, « Les mutations des croyances », in *Histoire de la France religieuse*, t.3, Seuil, 1991, pp. 465-466.

（9）De Brosses, *Du culte des dieux fétiches, ou Parallèle de l'ancienne Religion de l'Egypte avec la Religion actuelle de Nigritie*, Genève, 1760, p. 76.〔『フェティシュ諸神の崇拝』杉本隆司訳、法政大学出版局、二〇〇八年、三七頁〕（以下、本文に CDF と略記し、頁：邦訳頁と併記する）。

（10）M. Mauss, « L'ethonographie en France et à l'étranger », in *Œuvres de Marcel Mauss*, t.3, Les Éditions de minuit, 1969, p. 395.

（11）L. Fedi, *Fétichisme, philosophie, littérature*, L'Harmattan, 2002, pp. 117-118.

（12）Descartes, « Discours de la Méthode », in *Œuvres de Descartes*, t. 6, J. Vrin, 1982, p. 6.〔『方法序説』落合太郎訳、岩波文庫、一九九〇年、一六頁〕

（13）山崎カヲル「フェティシズムという概念」『思想』岩波書店、七一二号、一九八三年、一三六―一三七頁。

（14）M. Duchet, *Anthropologie et histoire au siècle des lumières*, Albin Michel, [1977] 1995, p. 15.

（15）例えば次を参照。「特集――人類学の方法としての比較の再検討」『民族学研究』六八巻、二号、二〇〇三年、二一四―二七九頁。

（16）A. Banier, *La mythologie et les fables expliquées par l'histoire*, t. 1, Paris, 1738, pp.158-159, pp. 411-412.

（17）*Dictionnaire des Mythologies, Sous la direction de Yves Bonnefoy*, Flammarion, 1981, pp. 396-397.

（18）Cf., D. Hume, « Natural History of Religion », in *The Philosophical Works*, v. 4, Scientia Verlag Aalen, 1964, p. 311.〔『宗教の自然史』福鎌忠恕・斎藤繁雄訳、法政大学出版局、一九七二年、七頁〕（以下、本文にNHRと略記し、頁：邦訳頁と併記する）。

（19）エルンスト・カッシーラー『啓蒙主義の哲学』中野好之訳、紀伊国屋書店、一九六二年、二一八頁。

（20）P. Hazard, *La pensée Européenne au XIIIe siècle*, t. 2, Boivin et Cie, 1946, p. 175.〔『十八世紀ヨーロッパ思想――モンテスキューからレッシングへ』小笠原弘親訳、行人社、一九八七年、四〇五頁〕

（21）ディドロとダランベールによって一七五一年から刊行される『百科全書』（―一七七二年）には、「フェティシズム」項目はない。ナヴァレの神学教師アベ・マレ（一七一三―五一）による「フェティシュ」項目はあるが、記事も短く、イドルとフェティシュが同一視されている。『アカデミー辞典』が「フェティシズム」をフランス語として正式に認めるのは、一八三五年である。

（22）C. Bernand et S. Gruzinski, *De l'idolâtrie*, Éditions du Seul, 1988, pp. 195-196, p. 213.

（23）Voltaire, « Dictionnaire philosophique », in *Les Œuvres Complètes de Voltaire*, t. 36, Oxford, 1994, p. 211.〔『哲学辞典』高橋安光訳、法政大学出版局、一九八八年、二三三頁〕（以下、DPと略記し、本文に頁：邦訳頁と併記する）。

（24）この一文は「宗教」項目からの引用である。そこでヴォルテールは複数神起源説を批判しているのだが、その批判相手を明かさなかったためこれまでフォントネルやボーリングブルックなどが推測されてきた。だが近年、ヒュームの著作に対する同時代人の応答を集めた『初期応答集』にこの「宗教」項目が収録され、『宗教の自然史』のヒュームとする説が有力である。Cf., J. Fieser (Ed.), *Early responses to Hume's writings on Religion*, 2ed., Thoemmes, 2005, pp.149-150.

（25）ユルギス・バルトルシャイティス『イシス探求』、第一章「フランス革命期におけるエジプトの神統系譜説」有田忠郎訳、国書刊行会、一九九二年、三三―六五頁。

（26）J. H. Brumfitt, « Introduction : La philosophie de l'histoire », in *Les Œuvres Complètes de Voltaire*, t. 59, Oxford, 1969, p. 15, p. 51.

（27）D. Diderot, « De la suffisance de la religion naturelle », in *Œuvres de Diderot*, t. 1, Robert Laffont, 1994, p. 60.

（28）岡崎勝世『キリスト教世界史から科学的世界史へ』勁草書房、二〇〇〇年、四—六四頁。

（29）M. David, « Histoire des religions... », p.151, p.154.

（30）P. Gay, *The Enlightement : The Science of Freedom*, Weidenfeld and Nicolson, 1969, p. 517.〔『自由の科学——ヨーロッパ啓蒙思想の社会史』中川定久・鷲見洋一ほか訳、ミネルヴァ書房、一九八二年、四二二頁〕

（31）Montesquieu, *L'esprit des lois*, Paris, 1869, p. 408.〔『法の精神』野田良之・稲本洋之助ほか訳、岩波文庫、一九八九年、下巻、三六頁〕

（32）C. Bernand et S. Gruzinski, *op. cit.*, p. 200.

（33）F. Schmidt, « Les polythéismes : dégénérescence ou progrès ? », in *L'Impensable polythéisme*, Édition des archives contemporaines, 1988, p.13. Polythéisme という言葉は、一五八〇年にボダンがフランス語ではじめて使う。英語ではパピスム批判の文脈で一六一四年のサミュエル・パーチャスによる。

（34）次を参照。カール・ベッカー『十八世紀 哲学者の楽園』小林章夫訳、上智大学出版、二〇〇六年。

（35）F. E. Manuel, *op. cit.*, pp. 57-64.

（36）典礼論争とは、中国学者ル・コント、ル・ゴビアン両神父が自著で孔子をキリスト教の聖者に見立て、儒教の典礼をキリスト教の布教に利用していることから教皇庁や他修道会との間に起こった論争を指す。詳細については、柴田篤「解説」『マテオ・リッチ　天主実義』平凡社、二〇〇四年、三一四—三三七頁、および本書第三章の注（9）を参照。ヴォルテールが普遍的な賢人宗教の存在を立証する証拠を引き出そうとしたのもまさにこの論争からであった。Cf., R. Pomeau, *La Religion de Voltaire*, Nizet, 1969, p. 157.

（37）P. Hazard, *La crise de la conscience Européenne*, Boivin et Cie, 1935, p.14 et seq.〔『ヨーロッパ精神の危機』野沢協訳、法政大学出版局、一九七三年、二二頁以下〕

（38）実際、この伝播説と象徴説に依拠して異教の起源を一神教からの堕落に求めた神話学者バニエ（一六七五—一七四一）の『神話学』（一七一一年）は、ヴォルテールの主要な情報源の一つであった。しかも、バニエに依拠して多神教起源説を批判したヴォルテールの『哲学辞典』「宗教」項目は、ベール、ドルバック、ルソー批判に一生を捧げた当代一の護教論者N＝S・ベルジエ（一七一八—九〇）によって、その著作『異教神の起源』にまるまる引き写され、奇しくも原始一神教の論拠として利用すらされている。Cf., N-S. Bergier, *L'origine des Dieux du paganisme*, t.1, Paris, 1767, partie I, pp. 81-82.

（39）R. Hubert, *Les sciences sociales dans l'Encyclopédie*, Félix Alcan, 1923, p. 51, p. 222.

(40) 神話の象徴的解釈は古代ギリシア以来の伝統的な解釈体系であるが、ルネサンス期に占星術やカバラを集めた古代の『ヘルメス文書』や『ヒエログリフィカ』の写本が再発見され、イタリアの新プラトン主義運動のなかで古代賢者ヘルメスの寓意・象徴に関する図像学の研究が活発化する。この流れは、異教の象徴の背後に《隠れたる神の痕跡》や《普遍の鍵》を見出すクザーヌス、フィッチーノらの流出論やコメニウスの汎智学を生み、それを十七世紀後半に普遍史と接合させたのが、このアタナシウス・キルヒャー（一六〇二—八〇）である。彼によれば、ハムの系譜がエジプトに伝えた唯一神崇拝という秘教の集成こそ『ヘルメス文書』であり、地上の全崇拝が古代エジプトを起源に伝播したとすれば、異教はカルヴァン派やホッブズ主義者がいうようにユダヤ・キリスト教と無縁な悪魔的崇拝ではなく、実は歴史の原初で類縁関係があるとされたのである。Cf., ジョリス・ゴドウィン『キルヒャーの世界図鑑』川島昭夫訳、工作舎、一九八六年、三七—六八頁。

(41) 次を参照。浜林正夫『イギリス革命の思想構造』未来社、一九六六年、二七二—二七四頁。新井・鎌井共編『信仰と理性——ケンブリッジ・プラトン学派研究序説』御茶の水書房、一九八八年、二一〇頁。浜林正夫によれば、『キリスト教の合理性』のロックの「考え方の根底にあるのは、カドワースと同じような神の観念であって、したがってここではキリスト教徒と異教の差は絶対的なものではなく程度の差」でしかない。それでは『人間知性論』から『キリスト教の合理性』へのロックの宗教観の相違は何に由来するのか。加藤節はそれをロックの「挫折」に求める。つまり理性による道徳の論証という『人間知性論』の挫折から、道徳の基礎の探求を聖書の啓示に求めた作品こそ『キリスト教の合理性』であったという。Cf., 加藤節『ジョン・ロックの思想世界——神と人間との間』東京大学出版会、一九八七年、八五—一二四頁。

(42) 野沢協「解説」、ピエール・ベール著作集第六巻『続・彗星雑考』法政大学出版局、一九八九年、九四〇頁。

(43) 例えば、進歩の観念を明示した『真空論序説』（一六五一年頃）のパスカルも宗教（神学）は進歩の学問ではなく、記憶のそれに分類していた。Cf., パスカル「真空論序説」『世界の名著 パスカル』中央公論社、一九六六年、四五六頁。

(44) Fontenelle, *De l'Origine des fables, in Œuvres complètes*, t.3., Fayard, [1724]1989, p. 197.

(45) Cf., M. Duchet, *Anthropologie et histoire au siècle des lumières*, Albin Michel, [1977]1995, p.10-11.

(46) P. Hazard, *La pensée Européenne...* t. 2, p.131.〔前掲訳書、三七一頁〕。赤木昭三「進歩の思想形成についての一考察」『理性は死んだか』澤瀉久敬編、東京大学出版会、一九七五年、二一九—二四五頁。

(47) この点について赤木昭三は肯定的にこう述べている。「デカルトから多くを得たフォントネルの自然学の体系は神を排除せず、この体系の完結のためには、かえって神の存在が要請されるのである。だが〔…〕世界と人間からはるか遠くに追いやられたこの〝宇宙の創造者〟は、『神話の起源』の鮮やかな否定の前では色褪せて見える。〔…〕われわれはフォントネルが、〔無神論者の彼の〕弟子たちの手前でふみとどまったと想像することができるだろうか」。Cf., 赤木昭三『フランス近代の反宗教思想——リベルタンと地下写本』岩波書店、一九九三年、八五頁。なお赤木によれば、この書の初版の出版年は正確には一七一四年ということだが、本書では従来の説に従った。

(48) 例えばガスキンは、ヒュームが愚者の宗教を形容する際に常に「卑俗な」「粗野な」「迷信的な」「民衆的な」といった俗詞を意識的に添えていることを根拠に、逆にいえばヒュームが合理的な真の宗教を想定していたのではないかと推測を立て、『イングランド史』第二巻序文及び『自然宗教に関する対話』第一二章でフィロが口にする「真の宗教」の内容からヒューム自身の「真の宗教」像を検討している。Cf., J. C. A. Gaskin, *Hume's philosophy of religion*, 2ed., Macmillan, 1988, pp. 187-191.

(49) Cf., E. Burke, *A Philosophical Enquiry into the Origin of our Ideas of the Sublime and Beautiful*, 5. ed., London, [1757]1767, pp. 122-123, pp. 200-201.〔『崇高と美の観念の起源』中野好之訳、みすず書房、七七頁、一一八頁〕

(50) D. Hume, « Dialogues concerning Natural Religion », in *The Philosophical Works*, v.II, Scientia Verlag Aalen, 1964, p. 413.〔『自然宗教に関する対話』福鎌忠恕・斎藤繁雄訳、法政大学出版局、一九七五年、六七頁〕

(51) D. Hume, « Of The Original Contract », in *Essays, moral, political, and literary*, Liberty Fund, 1987, p. 471, 540-541.〔「原始契約について」『世界の名著 ロック、ヒューム』大槻春彦(編)、小西嘉四郎訳、中央公論社、一九六八年、五四〇—一頁〕

(52) カッシーラー、前掲書、二一八—二二三頁。ヒュームが懐いた人間本性の一様性と彼の歴史観は決して矛盾するものではない。次を参照。塚崎智「ヒュームにおける歴史」『イギリス哲学研究』第三号、一九八〇年、二八—三〇頁。

(53) 両者の理神論に対する見解の違いについては次の論文を参照。星野彰男「理神論をめぐるヒュームとスミス」関東学院大論集『経済系』第一三二集、一九八二年、二六—三四頁。

(54) [W. Warburton], « Remarks on Mr. David Hume's Essay on the natural history of religion: addressed to the Rev. Dr. Warburton », in *Early responses to Hume's writings on Religion*, 2ed, Thoemmes, 2005, p. 326.

(55) カッシーラー、前掲書、二二三頁。ピーター・ゲイ「啓蒙の時代」『ライフ人間世界史(八)』タイムライフブックス編・訳、一九六七年、五四頁。

(56) Y. Bezard, « Le président de Brosses et ses amis de Genève », Extrait des *Annales de Bourgogne*, janvi.-mars, 1937, p. 20 に引かれた一七五九年一二〔九?〕月一八日のジャラベル宛書簡。

(57) この出版の経緯については、前掲訳書『フェティシュ諸神の崇拝』の拙稿「訳者あとがき」（一九七―二二六頁）を参照。

(58) M. David « Lettres inédites ...», pp.141-142.

(59) J. H. Burton, *Letters of eminent persons addressed to David Hume*, William Blackwood and Sons, 1849, p. 274. なお、この書簡集にはこれを含めて二通のド・ブロスからの手紙があるが、ともに日付は誤りである。

(60) ヒュームが最後に自ら改訂し、死後出版された『自然史』の一七七七年版では、最終的に「偶像崇拝」という用語は「多神教」に置き換えられた。

(61) J-J. Rousseau, « Discours sur l'origine de l'inégalité parmi les hommes », in *Du contrat social*, Garnier Frères, 1954, p. 40.〔『人間不平等起源論』岩波文庫、本田喜代治・平岡昇訳、一九七二年、三八頁、強調筆者〕

(62) P. Gay, *The Enlightenment : The rise of modern paganism*, Weidenfeld and Nicolson,1966, p. 401, Cf., p. 67.

(63) *ibid.*, p. 409, note 4.

(64) F. Weil « La bibliothéque du président de Brosses », in *Charles de Brosses et le voyage lettré au XVIIIe siècle*, E.U.D,2004,pp.40-41.

(65) この問いにいわば「迷信しかない」と答えたのは、『自然の体系』（一七七〇）のドルバック（一七二三―八九）であろう。自然現象の科学的説明による恐怖感情の消滅から宗教＝迷信の撲滅を説くその唯物論的無神論の前提も、やはりこうした宗教一般の心理的説明にある。「自然への無知が神々を生んだとすれば、自然の認識は神々を滅ぼすためにある。〔…〕端的にいえば、恐怖心は人間精神が啓発されるのと軌を一にして雲散霧消する。知識を得た人間は迷信的であることをやめるのである」〔『自然の体系』高橋安光・鶴野陵訳、法政大学出版局、一九九九年、一八頁〕

(66) [s.n], « Examen critique de l'Histoire naturelle de la religion », in *Histoire naturelle de la religion*, Amsterdame, 1759, p. 156.

(67) F. E. Manuel, *op. cit.*, p. 178; P. Gay *op. cit.*, p. 411.

(68) M. Müller, *Origine et développement de la religion étudiés à la lumière des religions de l'Inde*, trad. par J. Darmesteter, Paris, 1879, pp.97-98.

(69) M. B. Tylor, *La civilisation primitive, trad. par P. Brunet*, Paris, 1876, t. 1, p.555, t. 2, pp.186-187.

（70）モースはこれまでそのフェティシズム批判ばかりが取りあげられてきたが、彼の批判が進歩論とともに堕落論の両面批判にあったことを看過すべきでない。一九〇〇年前後に『社会学年報』に彼が寄せた一連の論文を参照。« L'Ecole anthropologique anglaise et la théorie de la religion selon Jevons » ; « Le monothéisme primitif selon Andrew Lang » ; « Débat sur le monothéisme primitif » : « L'origine de l'idée de dieu d'après le père Schmidt », in *Œuvres de Marcel Mauss*, t. I, Les Éditions de minuit, 1968, pp. 86-88, pp. 109-116, pp. 120-124.

（71）M. Mauss, *ibid*, p. 87.

第三章　宗教起源論から言語起源論へ——ド・ブロスの象徴主義批判

物事の起源を辿る試みはしばしば為政者にとって危険を伴うものである。パスカルによれば、国家を転覆させるにはそれだけで十分である。「習慣はそれが受け入れられているという、ただそれだけの理由で公平のすべてを形成する。これこそがその権威の神秘的基礎である。それをその起源にまでさかのぼろうとするものはそれを消滅させることになる」[1]。これを防ぐには起源の問題から民衆を遠ざけねばならない。真のキリスト者と民衆の真理は別の次元にあるからである。起源への遡及を「現象の理由」から戒めたのが『パンセ』の著者だったとすれば、この二つの次元を自然法によって一致させようとしたのが十八世紀フランスの啓蒙思想家たちであった。彼らは程度の差はあれ、法、宗教、言語、国家、学問などあらゆる社会現象の起源に関心を持ち、「権威の神秘的基礎」を暴露することで既成社会の批判を展開した。

Fétichisme 概念の創始者シャルル・ド・ブロスも、こうした十八世紀の思想空間で思考していた啓蒙思想家の一人である。彼は『フェティシュ諸神の崇拝』で、フェティシズムを宗教の起源におき、人類の宗教史は多神教を介して一神教（キリスト教）へと進歩すると主張した。十九世紀後半からこの考えは一神教への目的論的な進歩主義として批判の対象となるが、前章で触れたようにヒュームをはじめ十八世紀の宗教起源論がキリスト教批判の文脈にあったことは銘記されてよい。だがフェティシズム概念の形成にはもう一つ特

殊な思想的文脈として、当時流行の言語起源への関心がある。ド・ブロスは『フェティシュ神』の著者であると同時に、『言語の機械的形成論』（一七六五年、以下『言語形成論』）を著わした当時の思想モードの一翼を担う思想家でもあった。(2)

エルヴェシウスの『精神論』が唯物論の嫌疑で焚書にされた翌年の一七五九年、ド・ブロスは従兄究の手紙でこう述べている。「この冬もう少し時間があれば、パリにいる復活祭頃に『言語形成論』を仕上げられるでしょう。それをあまりに哲学的過ぎるとあなたは感じるかもしれません。でもその哲学は努めてエルヴェシウスほど露骨にならぬようにしてあります」(3)。結局、言語論の完成は叶わず、その代わり翌年に匿名書『フェティシュ神』が出版され、言語論の計画の方は、その十五年後に同じく匿名で『言語形成論』としてようやく陽の目を見る。だが先の手紙からも分かるように、言語論へのド・ブロスの関心は宗教論よりもはるかに早かった。一七五一年から五三年にかけてすでに語源学に関する三本の報告がパリの碑文アカデミーで朗読され、それを高く評価したディドロにより『百科全書』の複数の項目に流用されている。これらの報告原稿は長らく紛失してきたが、一九八一年にM・クーローがその二本を学士院の古文書館で発見し、『言語形成論』で展開される言語起源の基本理論がすでに一七五〇年代に形成されていたことが確認された。(4)

このようにド・ブロスはまず言語論に取り組んだ後に宗教起源の問題に移っており、本来のテーマは言語起源論にあった。『フェティシュ神』は『言語形成論』で展開される議論の「一種の予行演習」(5)だったとするゴシオーのような見方はやや極端にしても、フェティシズム概念が言語起源への関心から誕生したことは、啓蒙の世紀の宗教進歩論の展開を考えるうえで興味深い事実には違いない。宗教と言語の問題は、マックス・ミュラーやエルネスト・ルナンら宗教学者たちをも巻き込む十九世紀のオリエンタリズムの文脈で大きくクローズアップされることになるが、第Ⅱ部で見るように啓蒙思想の論理とは異なる十九世紀のロマン主義の論理を理解するうえでも、ド・ブロスの事例は十八世紀思想の一つのモデルになると思われる。以下では、まず『フェティシュ神』の内容を精査しながらド・ブロスの宗教起源論をその言語起源論と比較検討する。そして、フェティシズムという宗教史的概念が言語起源論のロジックから要請された点を明らかにし、『フェティシュ神』では明示的に語られなかった（あるいは語れなかった）、ド・ブロスの宗教起源論の新たな射程を展望することにしたい。

一　宗教起源論

フェティシズムとフィギュリスム

『フェティシュ神』でド・ブロスが論証しようとした最大のポイントは、野生人（特にアフリカ黒人）と、古代人（特にエジプト人）の宗教が、フェティシズムという概念で括ることのできる同一の宗教であるという点である。現代から見ればさほど奇異な主張には思えないが、この書全体に一貫する論調はこの主張に反する臆見を一つひとつ執拗に論駁してゆくド・ブロスの論争的態度である。彼が熱心に批判しようとした見解とは何だったのか、まずはこの点を問うことから始めたい。

ド・ブロスの主張からすると、彼の批判の矛先はこの二つの宗教は別物だとする議論、つまりギリシアやエジプト、中国の古代文明の「開明」宗教は野生人の「粗野な」宗教とは違うという主張に向けられているようにみえる。確かに彼は結果的にこの主張も退けることになるのだが、この書が差し向けた直接の批判は両宗教の相違というより、古代人の宗教と野生人の宗教が同一であるといえる基準は何かという「括り方」の問題に対してである。『フェティシュ神』の冒頭は少々唐突に次のような文章から始まる。

古代神話の乱雑に混ぜ合わされた寄せ集めは、現代人にとっては不可解なカオス、あるいは昨今のプラトン主義哲学者たちの象徴的解釈法を用いるかぎり、まったく恣意的な一つの謎でしかなかった。この象徴的解釈によれば、無知で野生の諸民族ももっとも奥深き自然の原因を理解しているとされ、さらにはきわめて抽象的な形而上学の知的観念が、愚鈍にして粗野な一群の連中の野卑な慣行の雑多な寄せ集めのなかにも見出されてしまったからである。(6)　　(CDF. 5 : 三)

現代の読者にはいきなり面食らうような枕話だが、ド・ブロスの批判相手が古代神話と野生宗教を括る際の基準とするものこそ、「もっとも奥深き自然の原因の理解」、あるいは「抽象的な形而上学の知的観念」であり、この括り方に信用を与えているのが、彼が「象徴的解釈法」(Figurisme) と呼ぶ神話解釈である。この解釈は「恣意的」であるにもかかわらず、異教徒とキリスト教徒双方に利用価値があったという。というのも前者にとっては、自分たちと同じ崇拝がヘブライ民族やキリスト教に見出されれば、決して自分たちの崇拝が悪魔崇拝でも迷信でもないことの証明に、そして後者にとっても異教徒の崇拝がすべてユダヤ・キリスト教起源であることの証明に、それぞれ利用できるからである。

Figurisme とは、元来ジャンセニズム運動の文脈で旧約聖書を新約聖書の予徴とみなす「旧約象徴説」を意味していた（例えばパスカル『パンセ』(7)）。だが自由思想家《リベルタン》との論争が活発化する十七世紀末からイエズス会の宣教師にも浸透し、[8] キリスト教の普遍性と原始的啓示を立証するために、旧約聖書を超えて全世界の古代異教神話――エジプト（キルヒャー）、中国（ル・コント、ボーヴェ）、アメリカ先住民（ラス・カサス、アコスタ、ラフィトゥ）、十八世紀末にはインド（W・ジョーンズ、Fr・シュレーゲル）――を新旧両聖書の象徴とする解釈が台頭する。[9] それは古代民族の崇拝にユダヤ・キリスト教の唯一神や理神論的な最高存在が象徴されているとする一種のプラトン主義的イデア論であり、異教とキリスト教には完全な断絶はなく、象徴というヴェールに包まれてはいるが、かつて同じ知的な神を崇めていた、あるいは現在も崇めているとする考えである。ド・ブロスの目的は、まずプルタルコス、ヤンブリコスなど古代のネオ・プラトン主義者と、ラフィトゥやル・クレールら新大陸に渡った近代の宣教師に共通したこの論拠を批判することにあった。[10]

しかし、この批判は同時に宗教の起源は何かという問いを必然的に呼びこまざるをえない。なぜなら象徴的解釈は万人に等しいイデア的「神」の実在を前提する限り、イデアに複数はあり得ない点で宗教の起源が一神教であることは自明であるが、この解釈を否定する以上、代案として新たな宗教起源仮説を示す必要があるからである。この必要から象徴主義批判のキータームとしてド・ブロスが提出するのが、フェティシズムという新たな括り方である。「異教神学のこの二つの要素〔教義と儀礼〕は、サベイズムの名で知られている星辰崇拝を軸とするか、あるいはおそらくこれも同じくらい古いだろうが、アフリカの黒人たちのあいだで存続している、フェティシュと称される物質的な地上の特定の対象への崇拝を軸にして行われている。そこで、この崇拝を私はフェティシズムと呼ぶことにする」（CDF. 9-10：五）。

ド・ブロスは古代異教の崇拝を解明する手掛かりとして、同時代の野生民族の崇拝一般に共通する性質を洗い出し、この普遍的性質をフェティシズムと呼ぶ。同時代の黒人の野生宗教がいかに愚鈍で粗野であるかを示せれば、古代の文献しか頼りにできない古代人の崇拝もこの比較からフェティシズムであったという推測がおのずと可能となる。なぜなら「ひどく不合理で馬鹿げた迷信はどれも例外なく恐怖と結びついた無知から生まれたのが、数多くの同様の事例からわかる場合には、身近にあるものをはるか遠い時代や地域までわざわざ探しに行く必要はない」（CDF. 14：七）からである。

ド・ブロスの比較法は、十九世紀末にマルセル・モースが『フェティシュ神』を「比較民族学の最初の著作」と呼んだように、のちの宗教人類学や比較民族学の歴史に大きな足跡を残すことになる。とはいえド・ブロス自身の主な関心は方法論の確立よりも、古代民族と野生民族を一括できるフェティシズムの性質の解明にあった。先に触れたように、野生人のフェティシュは象徴的解釈が前提とする高尚な知的神格の象徴ではないという論点がそれなのだが、しかし、これは単にフェティシュ崇拝は粗野で野蛮な崇拝であるという伝統的な非難を繰り返しているのではない。次にこの点をさらに掘り下げよう。

プラトニズム批判

ド・ブロスは序論に続き第一部で宣教師の記録や旅行記をもとに、同時代のアフリカ大陸などの野生社会の崇拝を粗描し、実際にフェティシズムと彼が命名した崇拝がアフリカのみならず、世界各地で行われていることを例証してゆく。これらの民族はその神格の選定に関して伝統的風習にただ従っているだけで、なんら合理的な思考を持たず、自分らでさえなぜそれを崇拝しているのかわからない。その典型例として新大陸に渡ったある宣教師と先住民の次のような対話が引かれている。

一頭の牡牛をマニトゥとしていたある野生人は、ある日自分が崇敬しているのは牡牛そのものではなく、地下にいて全ての牡牛に生命を与えて生かしている牡牛のマニトゥであることを認めた。〔…〕そこで、同様の人間のマニトゥもないのかと人が彼に尋ねたところ、それもあると認めた。そこでこの人はさらに、人間は地上ではその他の動物の支配者であって殺したり食べたりできるのだから、人間のマニトゥは地下でもその他のマニトゥの支配者であるに違いない、だからその他のマニトゥの支配者たる精霊［人間のマニトゥ］の加護を祈るほうがもっと望ましかろうと、彼に指摘した。この野生人にとってこの理屈は好ましく聞こえたが、彼の風習が変わることはなかった。ラフィトゥ神父が伝えているところによれば、アメリカ人で最も聡明な人々のうちに数えられるイロクォイ人はきわめて残酷な連中ではあるが、各種の動物に関してほぼ同じような見方をしていて、彼らは霊界（ラフィトゥ神父曰く、これは結局プラトンのイデアになる）に各種動物の理念的祖型［Archétype］がいると信じており、魂は死後この国へ移り住むのだという。（CDF. 58-59：二八―二九）

一七一二年から六年間の北米イロクォイ人との共同生活を綴ったラフィトゥ（一六七〇―一七四〇）の『原初時代と比較したアメリカ野生人の習俗』（一七二四年）は、フランス国内にとどまらずアダム・スミスからヘルダーまで多くの読者を獲得し、すでに十八世紀中に「野生」に関心のある思想家たちの参照典拠となっていた。奇しくも同じ年に出版された『神話の起源』のフォントネルと同様、ラフィトゥはこの書で同時代のアメリカ先住民と古代ギリシア人の習俗を比較して、両者の共通性を主張した。しかし方法の点ではフォントネルと同じでも、このフランスのイエズス会士にとってその動機はまったく異なっていた。というのも聖書の伝播説に依拠する限り、アメリカ先住民が古代人と共通の祖先を持ち、「ユダヤ人同様、かつての異教徒たちも持っていた全民族に共通な崇拝慣行」[11]を有することは比較の絶対条件であり、神の観念なき民族が地上に存在すると主張する〝無神論者〟への反論をその主たる目的としていたからである。

このような意図から野生人にプラトン的思考を認めようとするラフィトゥに対して、ド・ブロスは賛同しない。というのも野生人の思考は事物の抽象化に不慣れなせいで、その具体的個物（牡牛そのもの）しか認識していないのは明らかだからである。この点について、彼は読者に重要な注意を促している。「それは、特定の自然の産物に対するこの崇拝〔フェティシズム〕は、俗に偶像崇拝《イドラトリ》と呼ばれる、人工物に対する崇拝とは本質的に違うということである。このような人工物は、崇敬の念が本当に向けられる別の対象〔理念的祖型〕を表象しているに過ぎない。それに対して、フェティシズムは、生きた動物とか植物そのものに直接に向けられているからである」（CDF. 63-64：三二）。

要点は、フェティシズムは偶像崇拝とは違うということだが、単純に自然物か人工物かが問題なのではない。ド・ブロスの理解では、偶像崇拝をその語源どおり解するなら、人の手で人間や動物の姿が加工された人工物（例えばマリア像）に表象された抽象的・理念的祖型（マリアのイメージ）への崇拝を表すが、他方フェティシズムはまさに木や石という自然の具体的物質に直接の礼拝が向けられているからである。偶像とは人間が一般化したなんらかの像《イメージ》を木や石に投影したものであり、神格の抽象化の面でフェティシズムよりも一段高尚な対象である。[12]結果的に両者の違いは自然物と人工物の違いに現れるとしても、重要なのは、フェティシズムは物質への直接崇拝であり、事物に象徴された像《イメージ》の崇拝ではないという点である。ゆえに人間精神の自然な進歩からすれば、抽象化のできない民族の信仰であるフェティシズムの方が偶像崇拝よりも古い信仰、すなわち宗教の起源とされる。

ド・ブロスがフェティシズムを宗教の起源におく理由は、それが単に粗野で野蛮だという以上に、人間精神による崇拝対象の一般化のレベルが異なるからである。だから「唯一神という観念が純粋なかたちでは野生人にはまったく見出されない」のはもちろん、さらに先のラフィトゥの主張を覆すかたちで「ガリア人やアメリカ先住民の一部をも含めて、魂は肉体と共に滅びることはなく、両者が分離したのちも魂は黄泉の国に住むと信じている人たちにさえまったく見られない観念」(CDF. 177：八一)だと主張されるのである。この意味で、偶像崇拝とフェティシズムを慎重に区別するド・ブロスの象徴主義批判は、宗教の起源は何かという宗教学的な関心を超えて、唯一神の観念の普遍性を否定する自由思想家《リベルタン》や、ジョン・ロックの生得観念論批判など、前章までに見てきた十七世紀以来の哲学的経験論の延長上にひろく位置づけられるべき議論なのである。

フェティシズム論から言語起源論へ

政治生活ではディジョン高等法院の院長にまで登りつめるド・ブロスはもちろん狭義のリベルタン、無神論者であったわけではない。だが無神論という思潮自体が歴史的に「公然と宣言されたというよりもはるかに傾向的」[13]なものだとすれば、こうした彼の主張は同時代に多神教起源説を唱えたヒュームの『宗教の自然史』(一七五七年)が神学者や理神論者らに無神論として激しく追及されたように、キリスト教神学と衝突することになる。

神学者とプラトン主義者にとって原理的に最も認め難かったド・ブロスの主張は、「物質崇拝が像《イメージ》崇拝に先行した」という点である。前者にとって普遍史を引き合いに出すまでもなく、物質ではなく「はじめに言葉《ロゴス》ありき。言葉は神とともに」あらねばならない（『ヨハネ福音書』一・一）。後者にとっても、なるほど古代人や野生人が偶像崇拝者であるのは事実である。だが異教徒であっても、まず頭の中で崇拝対象（像《イメージ》）が想起されたのちに、物質に描かれたり、彫り込まれるはずであり、この順序を逆転させることはできない。つまり、神学者もプラトン主義者も、精神的なロゴス（意味されるもの＝シニフィエ）が感覚的な物質（意味するもの＝シニフィアン）に先行せねばならぬという共通の前提があるのである。

ド・ブロスが問題とするのは、シニフィエがシニフィアンに先行したというまさにこのアポリアである。「なぜなら人間の観念の自然な進歩とは、感覚的対象から抽象的知識へと移行するのであり、〔…〕人間に不可視の創造主から人間のもつ可視的な本性へと下降してくるのではない」（CDF. 196：九四）からであり、プラトンやデカルトの頭脳（つまり唯一神を認識できる能力）を野生人に想定するのは正しい判断とはいえない。野生人が使う神や精霊という用語は、言葉は同じだとしても、長い歴史の中で反省と抽象化を遂げてきた西欧人の考える唯一神の観念とは内容がまったく異なる。歴史を見ても、粗野な民族が教養を積んで文明社会へ到達した例は豊富にあるが、文明を享受していた民族がその後、森をさすらい歩き、どんぐりを食べて生活しはじめるなど「地球がひっくり返るような出来事が起こらない限り、全くもって信じ難きこと」（CDF. 197：九四）である。つまり、知的にも社会的にもそこには進歩の歴史があるのだ。

暗にルソーを皮肉るこうした議論から読み取れるのは、唯一神へ至る神の観念の一般化の歴史（宗教史）を、人間の認識と言語の発展に沿って論じようとするド・ブロスの態度である。これと同じ姿勢で、コンディヤックは『人間認識起源論』（一七四六年）ですでにこう述べていた。「様々な抽象的な言葉がどういう順序で考案されていったのかを理解するには、一般観念が形成される順序を観察すれば十分である。というのも、この両者〔言葉と観念〕の起源と発展は同じものだからである」[14]。この論旨は次の引用とともにそのままド・ブロスの宗教起源、神の観念の発生順序と対応する。

〔観念の〕一般化の過程は本当にゆっくりと進行したのであり、一歩一歩段階を踏まずには最も抽象的な概念に至ることなど到底できなかった。人が本質だの、実体だの、存在だのといった言葉を獲得したのはずっと後のことでしかない。疑いないことだが、こういう言葉をあまり持たない人々は今日もなお存在する。そして彼らが我々よりも無知であるというのが、ただ単にこういう抽象的な言葉を知らないという理由だけだとは〔初歩的な抽象ならできるとは〕私には思えない。[15]

コンディヤックにとって、抽象観念は元来、具体的個物から感官が直接に受け取った個々の観念に由来し、歴史の原初から一般原理や抽象観念があるわけではない。本質や実体につづけて、ド・ブロスなら唯一神や最高存在と書いてもおかしくない文脈である。[16]古代人と現代人の懐く神の観念は歴史的に相違するというド・ブロスのテーゼからすれば、万人が生得的に唯一神を認識できるとする主張は虚偽であり、両者ともにデカルトの生得観念論を否定しているのは偶然ではない。[17]むしろ開明民族の歴史のうちに「絶え間ない一貫した進歩を想定したり、最終的に既知のものから未知のものを判断すること」こそ「常識と類似の原理に適う」（CDF. 194：九三）ものだからである。そしてこの議論を補強するためにド・ブロスがここで引用するのがヒュームの『宗教の自然史』なのである。

無知な民衆はまずある崇高な力に関する粗野な観念をわずかに抱き始めてから、その後自然全体に秩序と形式を与える完璧な存在〔神〕へと自らの観念を広げたのは疑いない。完全に卓越した無限の力を授けられてはいるが、人間のような欲望や情念をもち、同じ肢体や器官を備えた、人間の能力に類するある巨大な力として崇拝対象を思い描く前に、われわれは宇宙全体をその無限性で満たすある純粋な精神としての神を人間は想定したと主張するくらいなら、人間は掘っ立て小屋より先に宮殿を建てたとか、農業より先に幾何学を学習したと想像するほうが、よほど理に適っていることになりはしないか。人間精神は段階をなして低次から高次へと上昇する。この精神は不完全なものから抽出した抽象的諸観念によって完全なものの観念を形成してゆく。また存在の最も崇高な部分をゆっくりと最も粗野な部分から分離させる。そうしてこの精神は作り出した観念をさらに高め、強固にすることによって、この観念を神へと転化させるのである。（CDF: 206-207：九八）

個人における知識の習得過程の最終形態が抽象観念だとするコンディヤックのロジックを、このようにド・ブロス（とヒューム）の宗教史にあてはめれば、人類史的な宗教進歩の最終形態は唯一神にあたり、その原初形態は具体的個物、すなわちフェティシュだということになる。彼が創始したフェティシズムとは、シニフィアンとシニフィエの分裂以前の存在への崇拝であり、この意味においてはじめて「神即モノ」の直接関係を開示しうるような信仰形態を示すために創始された、極めて戦略的でロジカルな概念なのである。

二　言語起源論

語源学の役割とその論理

前節まで『フェティシュ神』を中心に、当時まで広く流布していた偶像崇拝《イドラトリ》概念に代えて、ド・ブロスがフェティシズムという概念を創始した理由を検討してきた。この概念は宗教史的な観点から、シニフィアンとシニフィエが分離する以前の存在への崇拝を例証することで、象徴的解釈やプラトン主義的解釈を批判するために創始された論理仮説であった。しかし、シニフィアンとシニフィエの分離以前の存在を想定するには、言葉と物の関係が必然的な関係で結ばれている必要がある。いいかえれば、その関係の恣意性を否定せねばならない。ソシュール以降の現代言語学を知るわれわれからすれば、微笑を誘う空想的な響きに聞こえるが、ド・ブロスが『言語形成論』で熱心に論証しようとした点こそ、実はこの言語の恣意性の否定であった。冒頭で指摘したように、ド・ブロスの宗教起源論が言語起源論研究という当時の広い思想潮流の産物であるという事実を前提に、次に『フェティシュ神』で提出されたフェティシズムの論理が、彼の言語起源論と具体的にどのような理論的関係にあるのかを見定めることにしたい。

十八世紀はコンディヤック、チュルゴ、ルソーに代表されるように、言語の起源について活発な議論がなされた時代である。言語（ヘブライ語）が天啓から人間に授けられたものでないとすれば、どのように自然に形成されたのか？　この問いへの回答は、自然を模した身振りや感情的な叫びから次第に習慣的な言語へと移行したとする、感覚論的な模倣説が当時の主流だった。[18] ド・ブロスの言語への関心もその範に漏れず、『言語の機械的形成及び語源の身体的諸原理に関する論考』という正式な書名が示すように、全人類に共通な原初語の音節を身体の発話構造から導き出そうとする極めて機械論的な発想に依拠している。

この書の目的を一言でいえば、自然が作った最初の観念（原初語）を確定し、現代の諸民族の諸言語への展開を分析することで、民族の系譜や崇拝の来歴を明らかにすることにある。ド・ブロスによれば、こうした展開のなかで原初語の意味は世代を経るごとにほとんど喪失してしまうが、どの言語にも共通したかつての原初語の要素が含まれている。原初語とは「有機的、身体的、必然的で全人類に共通し、この言語を世界のどの民族もその原初の状態で知っているわけでも、使っているわけでもないが、やはり万人によって話され、あらゆる国の言語活動の第一の根底を成している」[19]ものである。言語の起源まで遡る試みを可能とし、歴史的に原初語に積み重なった堆積物の除去手段を提供してくれるのが、語源学という学問である。

> ある感情を表わすために流通している、いろいろな表現のうちに含まれている最初の諸観念を分解してみれば、この最初の観念と、その帰結として人々が受け取っている諸観念との間には、ほんのわずかな関係しかないことに人は驚くかもしれない。少なくともある観念から別の観念への移行の独自性や、人間精神の奇異な歩みに驚くであろう。〔だが〕語源学というのは、普通考えられている以上に、論理に起因している。こうした観念を互いに関係づけることこそ本論の目的である。
>
> （TFL. I/5. 強調筆者）

それゆえ、ある観念にその名称が与えられ、別の名称が与えられなかったのには論理《わけ》がある。なぜなら最初の語（彼はそれを語根 racines と呼ぶ[20]）は、人間の発声器官の構造により予め決定されており、「すべての言語を孵化させる源である発話の萌芽、あるいは人間の声の抑揚は身体的（physique）かつ必然的な帰結」（TFL. I/11）だからである。内的な感情が最初の原因となって発声器官が何らかの音を発するが、この最初の発声はその感情と必然的な連関がある。例えば、「痛み」の声は低音の声帯を刺激する（*Heu! Hélas!* など）。また幼児を観察すれば分かるように、最初は発声器官の中でも最も可動的な部分（唇、喉、歯など。逆に動かないのは鼻や口蓋とされる）が動くから、*ab, pap, am, ma* という音が出やすい。その結果、フランス語に限らずどの言語でも、いちばん身近な両親を示す言葉が *Papa, Maman* に近い音となった。また、粗野な事物を表現する際には粗野な抑揚で表現し、その逆もまた同様であるという具合に事物の性質が表される。このように間投詞、幼児語、オノマトペ、イントネーションは、すべて身体的な発声器官に必然的に基づいており、言葉と物のあいだには恣意的でも、便宜的でもない必然的な関係がある。いわく、「人間言語の最初の形成物は、経験と観察が証明しているように、名付けられた事物の多少なりとも完全な一枚の絵画にたとえられるべきもの」（TFL. I/14）なのである。

言語偶像崇拝《イドラトリ》批判

この基礎段階では、それゆえ人間の知性が介入する余地はなく、あくまで人間は自然に対して受動的である。「本当に原初の言葉の形成は一切の規約とは無縁であって、人間の成り立ち自体から生まれる」（TFL. II/230）のであり、語根（結果）は人間の生理構造と物質対象（原因）の正確な因果律に服している。この最初の語根を組み合わせて規約語を作る段階になってはじめて知性が介入する。これにより大幅に単語の量は増えるが、こうした二次言語は原初語の意味をそのまま保持しているわけではなく、あくまでその派生に過ぎない。「各言語に積み重ねられてきたこれほど多くの新単語のなかで、パチパチのような新しいオノマトペを例外とすれば、ただの一つの語根も作られていない。新たに作られたと思われる新単語はすべて、派生、換喩ないし象徴から生まれたにすぎない」（TFL. I/120）。

象徴（figure）とは、知性のある程度進んだ段階、原初語からの派生段階で用いられる一種の比喩的手段である。例えば、「情熱にブレーキをかける」という表現は、暴れ馬と人間の情熱の類比から生まれているが、情熱を抑制する「ブレーキ」なるものがもちろん現実にあるわけではない。

こうした語彙は、人間以外にはどんな現実的存在もない、なんらかのものと関係しており、それは人間精神の中にしかなく、自然の中にはいかなる物理的実体もない。それゆえこうした存在は外的な感官に伝達されることはないが、しかし外的事物から人間精神が受け取った多様で単純な知覚の内的融合から、人間の精神のうちに生み出される。外的事物から人間精神は、内的感覚〔sens intérieurs〕に影響を与える抽象的帰結、特に悟性を形成する。以上が、精神の心理的観念と抽象化、〔…〕あるいは便宜性から作られた関係であり、要するに抽象的思考ないし形而上学的思考と呼ばれるもののすべてである。

（TFL. II/235-236）

この「内的感覚」の一つが想像力である。人間の想像力は「すべての内的感覚のうちで最も早く反応する感覚なので、姿を持ちえないような事物にすぐさま何がしかの姿〔figure〕をまとわせる」（TFL. II/266）。このあたりの筆致は『省察』のデカルトによる「観念の作成原因」のくだりを想起させるが、いずれにしてもこの figure もまた想像上の産物であって実際の物理的存在ではないと主張されるのである。

以上から、figure に対してド・ブロスが両義的な意味を持たせていることがわかる。まず、精神的・抽象的な産物である限りでは、人間精神がある程度進んだ文明民族でなければ figure という象徴化の手段を行使できないという点である。「この理由から、われわれは必然的に自分たちの言語の中に大量の言葉を導入せざるを得なくなる。しかし野生人には、こうした語彙の必要性はまったく感じられない。なぜなら彼らは道徳や、抽象化や、形而上学的存在にかかずらわることなどまったくないからである」(TFL. II/237)。figure は文明民族のいわば特権手段であって、野生人がこのような抽象的手段を用いることはできない。

しかしその一方で、figure には一つの落とし穴がある。それは、このような象徴的な表現や単語が、言語体系の中に名辞を持つという理由だけで、現実に存在すると安易に信じられてしまうという点である。「言語は誤謬を真理として永続化する。用語の派生であれ、一文全体であれ、誤った見解が紛れ込むと、そこに根を張り、末代まで続いてゆく。誤った見解は民衆の偏見となる。さらに悪いことには、しばしば学者の偏見ともなってしまう」(TFL. II/47-48)。こうした誤りを避けるための方法がまさに語源学であり、あらゆる応用学問の土台に位置づけられるべき基礎学問なのである。野生人に象徴化の能力を与えることを拒否し、それを文明民族の特権だとしながらも、他方で当の文明民族の figure の実体化(言語の偶像崇拝化《イドラトリ》!)[21] を戒めつつ、それを批判するのが、ド・ブロスが語源学に課した大きな役割であったのである。

神話学への語源学の応用

このようにド・ブロスにとって、語源学は万学の基礎学問の位置に属する科学である。だがこれまで語源学が受けてきた不当な評価[22]を彼自身が随所で嘆いているように、語源学という学問だけではその有効性を知らしめるには不十分である。そこで彼が積極的に推奨するのが、地理学、古代民族史、移民研究、そして神話学といった他学問への語源学の応用である。「民族をその言語の痕跡から追跡することほど民族を追跡する最良の方法はほかにない。〔…〕これにより、諸民族の起源、その融合、知識の進歩、慣行の変化、儀礼や教義の源泉をできる限り認識できるようになるからである」[23](TFL. I/86-87)。ド・ブロスの最終的な狙いは、単に人文諸科学への個々の貢献だけでなく、それらを総合した壮大な人間精神の発展までも跡づけることにあったが、ここではとりわけ宗教起源論との関係から、神話学に対する語源学の有効性を検討することにしよう。

語源学を神話学に適用する主な利点は、「神話学のカオスの解明」への貢献である。古代人たちは「時代の暗闘、誤謬、虚偽のせいでごく日常的な出来事の上に暗いヴェール」を被せてしまったが、語源学を使えば「古代が粉飾した見事な誤りを単純な出来事へと引き戻す」ことが可能である。オリエント言語学者サミュエル・ボシャール(一五九九―一六六七)の著作に依拠しながら、ド・ブロスはこの方法で古代神話の粉飾物を除去したのち、次のような五つの結論を導きだしている。第一に、古代の神格の名称はどれも太陽や天体に関係していた点。つまり民族ごとに神格の名称が違っても同じ対象と観念を表していたということ。第二に、原初の時代はヘブライ民族を除けば、サベイズムや太陽信仰以外の崇拝は存在しなかったこと。第三に、オリエントの言語を理解できない民族がこうした太陽の形容語を擬人化し、のちの多神教の起源となった神格を生み出した点。つまりギリシアやローマの想像上の神格は、エジプト語、フェニキア語、カルデア語、ペルシア語の太陽を意味する言葉から派生したこと。第四に、古代のオリエントの国王に対してつけられた形容語が偶像崇拝を導入したことである。

そして五番目に彼が強調する論点として、こうしたオリエントの名称や形容語をギリシア人が類似した自国の単語と混同してこしらえたものが、ギリシア神話の神々だという点である。ギリシア人は、異邦の神々の名前は元来自分たちのものだと言い張っているが、むしろ来歴は逆で、「異邦の名詞がギリシアの語根から派生したと思えてしまうほど」彼らが異邦の表現や単語をギリシア風に擬人化（象徴化）したのが、オリュンポスの神々である。「（外国史にはまったく無知な嘘つき民族の）ギリシア人が〔異邦の単語と〕発音の面でよく似ていた彼らの言語の単語と結びつけたせいで、古代史のなかで無数の誤った滑稽な状況、無数の有害なお伽話、あらゆる類の寓話や変身譚など、好き勝手にしゃべる口実をギリシア人に与えてしまった。これこそ神話が誕生した原因だったのである」（TFL. I/89）。こうして自然のなかには実在しない表現が現実のものとされ（figure の落とし穴！）、神格化されたのが、ギリシア神話という「もっとも不条理な世界の事柄」だとされるのである。

以上の五点に共通するド・ブロスの考えはすでに明らかだろう。それは、太陽や天体という物質崇拝の後に、言葉の誤用や形容詞の擬人化のせいで生み出されたのが、多神教や偶像崇拝、つまり像《イメージ》への崇拝だという論旨であり、彼が『フェティシュ神』で集中的に論証しようとした主題であった。彼は天上の崇拝対象だけでなく、地上のそれに関しても次のように述べている。

「カベイロスの神々〔鍛冶の神〕に関する報告書《メモワール》で、私はこうした神格の崇拝は、火の姿〔figure〕で太陽を崇拝し、しかもマズダー教の現在の宗教〔ゾロアスター教＝拝火教〕にほかならないとすでに報告した。古代の世界全体は、このような星辰宗教と、有機・無機にかかわらずなにがしかの物的神格——動物や木や湖など――を崇める粗野な崇拝に分かれていた。後者の崇拝は、黒人民族が彼らのフェティシュに捧げる崇拝――われわれはようやく最近になってこの崇拝に関する歴史を手にしたわけだが――に非常によく似ている。この二つの崇拝はいわゆる偶像崇拝、つまり神格化した人間崇拝に先行している」（TFL. I/93、強調イタリック）。

「この崇拝に関する歴史」がすでに出回っていた『フェティシュ神』のことを指しているのか、一般的な民族誌の情報のことなのかは判然としない。だがいずれにせよ、「なにがしかの物的神格を崇める粗野な崇拝」を星辰崇拝と同列におきながら、それらが偶像崇拝（＝像《イメージ》崇拝）に先行し、明確に区別される原初の信仰であるという主張が、語源学の方法から導かれている点がはっきりと確認できる。天上の星辰崇拝から多神教が生まれた（彼はギリシアの神々がどれも天体に対応している事実を念頭においている）とすれば、偶像崇拝が生まれた母体として、ド・ブロスが地上の物的神格に対して与える名称こそ、彼がその創始者となるフェティシズムという概念であったのである。

† † †

宗教の起源を辿る試みは、その本源的要素の探究を含意するという意味で同時に宗教の本質を問い直す作業でもある。十八世紀啓蒙は、それまで「真の宗教」（ユダヤ・キリスト教の系譜）から弾かれていた異教を、その系譜の出発点に設定することで〝真の宗教／偽宗教〟という伝統的な二分法を破棄し、教会史から排除されていた異教を宗教史に組み込むことでキリスト教の相対化を促した。この意味でそれは十九世紀における宗教概念の再編や普遍史から離脱した「宗教史の発見」（キッペンベルク）を準備したといえるが、しかし啓蒙主義はあくまで十八世紀固有の論理でそれを準備した。

本章ではまず『フェティシュ神』の宗教起源論を分析し、フェティシズムという概念が、十七世紀末からはじまる啓蒙思想運動の内部で開花した生得観念批判や言語起源論といった広い意味での、その時代の唯物論的・経験論的思考の文脈で形成された点を確認した。続いて『言語形成論』の分析へすすみ、そこで主張された語源学の役割と、その応用学問としての神話学の主張を彼の宗教起源論と突き合わせ、偶像崇拝ではなくフェティシズム概念をド・ブロスに要請させたロジックを具体的に検討した。そこでは、原初語とフェティシュはともに、言葉と物、シニフィアンとシニフィエの分裂以前の状態を仮構し、その後の展開のすべての出発点となる、いわばゼロ記号としての役割を担わされていたといえる。

とはいえゴシオーも指摘するように、原初語とフェティシュに対するド・ブロスの評価は、両著作のあいだで正反対であることに気づく[24]。『フェティシュ神』では、野生人・古代人が崇めるフェティシュは、どこまでも粗野な無知の産物であり、そこから多神教を介しての一神教への移行は決して堕落ではなくあくまで進歩であった。それに対し、『言語形成論』における原初語は、言葉と物の関係が直接的に保たれた純真・無垢な語であり、人類の言語の単なる出発点というよりも、むしろその後の文明言語が歴史的に被る変質や派生から守られた、全言語の参照基準の地位が与えられていた。ド・ブロスの言語起源論だけを見るならば、糟谷啓介がいうように、これはまさに「バベルの神話の世俗版[25]」という評価がぴったりかもしれない。

とはいえこの矛盾は、ド・ブロスの思考の混乱やその形成途上を物語っているというより、彼の宗教起源論の新たな射程を示しているともいえるだろう。『言語形成論』における抽象観念の実体化批判は、確かに

『フェティシュ神』でこそ語られなかったが、そこで展開された神の観念の変遷史に、この実体化批判を適用するならば、その結論は意外なほどシンプルである。すなわち、言語体系における「神」という名辞の存在は、その実在を保証しないということである。このような過激な唯名論的主張は『フェティシュ神』でも『言語形成論』でも、決して公にされることはなかったが、この二つの匿名書の論理を突き合わせてみれば、彼が抑えようとした、その「エルヴェシウスほどの露骨さ」が、はじめて明らかになるのである。

　第I部の最後となる次章では、十八世紀フランス啓蒙の思想圏の全体的な見取り図のなかにド・ブロスを位置づけ、この時代におけるその思想的役割とその評価をまとめることにしたい。

註

（1）ブレーズ・パスカル『パンセ』断章二九四、『世界の名著　パスカル』前田陽一編、由木康訳、中央公論社、一九六六年、一八八頁。

（2）むしろ生前は、言語起源論のベストセラー作家としてド・ブロスはその名が通っていた。Cf., H. Sautebin, *Un linguiste français du XVIIIe siècle, le Président de Brosses*, Slatkine, [1899] 1971, p. 23.

（3）Y. Bézard (ed.), *Lettres du président de Brosses à Ch.-C. Loppin de Gemeaux*, Paris, 1929, pp. 273-274.

（4）M. Coulaud, « Les Mémoires sur la matière étymologique de Charles de Brosses », in *Studies on Voltaire and the Eighteenth Century*, vol. 199, 1981, pp. 287-312.　なお、十九世紀のフォワセの古典的なド・ブロス研究以来、パリのアカデミーでの報告は二本だけというのが通説だったが、クーローはこれらの草稿から『百科全書』に流用された第三報告の存在を論証している。

（5）P. Gossiaux, « De Brosses: le Fétichisme, de la démonologie à la linguistique », in *Charles de Brosses 1777-1977*, Slatkine, Genéve, 1981, p. 175.

（6）出典記号と表記は前章に倣う。

（7）パスカル、前掲書、第一〇章「象徴」、三二〇―三四六頁。

（8）イエズス会の異教解釈に明確に《Figurisme》という名が与えられるのは、もう少し後である。シェンウェン・リーによれば、一七三二年、ド・ブロスとも個人的に交流があったフランス人中国学者ニコラ・フレレがその最初の使用者である。Cf., Chenwen Li, « Adaptation et innovation: les stratégies évangélisatrices des missionnaires jésuites français en Chine au XVIIe siècle », in *L'espace missionnaire : lieu d'innovations et de rencontres interculturelles*, G. Routhier (ed.), Paris Karthala, 2002, p. 29, n. 28.

（9）十七世紀後半から、創世記の年代をはるかに凌ぐ、古代中国やエジプト文明の歴史が西欧世界に明らかになるにつれて、いわゆる年代学論争が活発化する。イエズス会は、キリスト教普遍史の枠組みに異教の歴史を回収する必要に迫られるが、その際に異教神話のなかに聖書の物語や啓示を象徴的に読みこむことで「普遍史の古さ」を正当化しようとした。さらに古代中国人は一神教徒だとする宣教師も現れ、教皇庁とイエズス会の典礼論争へと発展してゆく。Cf., V. Pinot, *La Chine et la formation de l'esprit philosophique en France (1640-1740)*, Paris, 1932, pp. 347-366 ; A. Rowbotham, « The Jesuit Figurists and Eighteenth-Century Religious Thought », in *Journal of the History of Ideas*, vol. 17, No. 4, 1956, pp. 471-473.

（10）中国問題に関しても、ド・ブロスは『イタリア便り』でキルヒャーの中国文明エジプト起源説に心酔していた同郷のイエズス会中国宣教師J＝N・フーケ（一六六三―？）と会談した話を披露しているが、中国の五経はモーセ五書の模造であるというこの老人の主張を否定している。Cf., H. Bernard-Maitre, « Un ami romain du président de Brosses, Jean-Nicolas Foucquet, ancien jésuite de Chine », in *Mémoires de l'Académie des sciences, arts et belles-lettres de Dijon*, Années 1947-1953, Dijon, 1954, pp. 112-118. 同じくエジプト問題に対する態度については次を参照。Cf., M. David, « Le président de Brosse et les cultes de l'ancienne Égypte », in *Journal des Savants*, 1969, pp. 158-172.

（11）Lafitau, *Les mœurs des sauvages américains comparées aux mœurs des premiers temps*, Paris, 1724, t.1, p. 415.

（12）「偶像崇拝は像《イマージュ》崇拝である」という定義はド・ブロスの独創ではない。第一章で検討したように、この定義はカルヴァン主義からホッブズに至る経験主義思想にしばしば見られるものであり、十八世紀初頭の辞書類も一様にその語源（ギリシア語のエイドー＝見る）を強調してすでにこの定義を与えている。Cf., F. Schmidt, *op. cit.*, p. 32. なお、二十世紀になるとかつての偶像崇拝批判の見直しが行われるが、ミルチャ・エリアーデのヒエロファニー論からのフェティシズム批判はその一例である。Cf., エリアーデ『宗教の歴史と意味』著作集第八巻、堀一郎監修、前田耕作訳、せりか書房、一九七三年、九七頁。

（13）アンリ・アルヴォン『無神論』竹内良知・垣田宏治訳、白水社、一九七〇年、一五頁。
（14）Condillac, *Essai sur l'origine des connaissances humaines*, in *Œuvres philosophiques de Condillac*, P.U.F, 1947, pp. 86-87.〔『人間認識起源論』古茂田宏訳、岩波文庫、一九九四年、下巻、一二八頁〕
（15）*ibid.*, p.87.〔前掲訳書、一二九頁、カッコ内古茂田〕
（16）『フェティシュ神』には十八世紀の啓蒙思想家の名は一切登場しないが、彼の蔵書にはコンディヤック『感覚論』、ホッブズ『リヴァイアサン』、ロック『人間知性論』、ヒューム『道徳・政治論集』をはじめとして、経験主義哲学に連なる書が多数含まれている。Cf., [s.n], *Catalogue des livres de feu Mr. De Brosses, premier président du Parlement de Dijon*, Dijon, 1778.
（17）Condillac, *op.cit.*, pp. 112-113.（邦訳下巻、一三七頁）。
（18）ジェイムズ・ノウルソン『英仏普遍言語計画――デカルト、ライプニッツにはじまる』浜口稔訳、工作舎、一九九三年、二〇七―二〇八頁。なお、十八世紀の言語起源論が有する幅広い問題の争点と思想史的文脈については、それをテーマとした研究が近年上梓された。Cf., 互盛央『言語起源論の系譜』講談社、二〇一四年。
（19）De Brosses, *Traité de la formation méchanique des langues, et des principes physiques de l'étymologie*, Paris, 1765, t.1, xv-xvi. 以下、TFL と略記し、巻数 / 頁数を本文中に記す。
（20）語幹（Radical）ではない。語根とは、単語を形態論的に分析して抽出される単位（形態素）のうち、その単語の意味の中核部（語義的意義）をになう最小単位をいう。
（21）糟谷啓介は、ド・ブロスによる figure の実体化批判を「言語フェティシズム批判」と呼んでいる。Cf.,「十八世紀の語源学――ド・ブロスとチュルゴ」（『一橋研究』一九八三年七月号）、一三三頁。しかし、ド・ブロスにとって象徴化（イメージ化）は偶像崇拝や多神教の役割であり、むしろ「言語偶像崇拝化批判」と呼ぶのが適切である。彼のフェティシズム概念はこの批判を可能とするための論理仮説の役割を担っており、フェティシズムと偶像崇拝の区別の無視は、ド・ブロスによるフェティシズム概念創始の意味を曖昧にしてしまう。フェティシュと偶像、フェティシズムと偶像崇拝の無区別という点では、次の研究も同様。Cf., D. Droixhe, « Matérialisme et histoire dans la linguistique du Président de Brosses. Un entretien avec Helvétius ? », in *Logos semantikos*, vol. 1, 1981, p.71 et seq.
（22）例えば、その代表としてヴォルテールの批判が知られる。Cf., ヴォルテール『哲学辞典』「言語」項目、高橋安光訳、法政大学出版局、一九八八年、五〇九―五一七頁。
（23）この文章を含む『言語形成論』の以下の主張は、一七五一年の報告原稿の文章をそのまま流用して書かれているのが確認できる。Cf., De Brosses, « Sur la matière étymologique; Premier mémoire », in *Studies on Voltaire and the Eighteenth Century*, vol. 199, 1981, pp. 322-324.

（24）P-P. Gossiaux, « De Brosses: le Fétichisme, de la démonologie à la linguistique », in *Charles de Brosses 1777-1977*, Slatkine, 1981, pp. 180-182. ゴシオーもまた、ド・ブロスの両著作におけるフェティシュと原初語の論理的位相の並行関係を指摘している。ただ、クーローによるアカデミー報告原稿発見以前の研究であるために両著作の具体的な影響関係が欠落している点や、大航海時代以来の偶像崇拝批判を含む「悪魔学」の広範な文脈にド・ブロスを位置づけており、おもに哲学的経験論・啓蒙主義の文脈で分析してきた本章のアプローチとは異なる。

（25）糟谷、前掲論文、二九頁。

第四章　ド・ブロスと十八世紀啓蒙——その思想と知的生活

愛読書の一つであった『イタリア便り』新版の序文を依頼された作家のスタンダールは十九世紀前半にこう書いている。「ド・ブロス氏は、サリュスティウスの翻訳『ローマ共和国七世紀史』、つまりカティリナ、カエサル、キケロ等々、『言語史』などといった忘れられた良書を公にしたが、将来はただ魅力的な『イタリア便り』によってのみ知られるであろう」[1]。幸いにも現在までド・ブロスの名はこの作品に限らず、われわれはその名を目にすることができるが、この評価は十九世紀全般を通じて一般的に妥当したといってよい。実際、遺稿『イタリア便り』（一七九九年）は十九世紀に多くの版を重ね、スタンダールやサント・ブーヴら著名な文人たちがその論評を公にしているが、これ以外の著作やその著者へのこの時代の人々の関心は、ある逸話に対する強い好奇心を除けば、それほどみられなかったからである。周知のようにその逸話とはヴォルテールとの大喧嘩である。

この逸話が十九世紀の文人たちに知られるようになったのは、ブルゴーニュ史家テオフィル・フォワセによる評伝『プレジダン・ド・ブロス』（一八四二年）と『ヴォルテール＝ド・ブロス書簡集』（一八五八年）の出版によるところが大きい[2]。特に前者の評伝はこの逸話にとどまらず、十八世紀のフランス社会の文化的背景をも視野に収め、ディジョン高等法院官としての政治生活から、文壇やアカデミーの会員としての著作

活動に至るまで、ド・ブロスその人のあらゆる側面が詳細に描かれている。十九世紀中にアンリ・マメによる評伝がもう一冊出されるが、[3] 質・量ともフォワセのそれを越えるものではないというその後の史家の一致した見解からしても、[4] ド・ブロス研究史上この書が占めてきた地位は現在まで格別であるといえる。ここでの記述もこのディジョンの碩学の研究によるところが少なくない。しかしアルデも指摘するように、その郷土愛からくる首都パリとそこで花開いた十八世紀啓蒙思想――つまりその代表がヴォルテールとその思想である――に対する、この時代の王党派特有の「強迫的偏見」[5] ともいえる対抗心から、現代から見るとやや奇異に思われる非難がしばしば現れている。

それゆえこうした見方は主にこれらの書を介してド・ブロスに触れた十九世紀の文士たちの筆にも看取できる。

> ド・ブロスは確かに幾つかの点で十八世紀に属していたが、〔『ローマ共和国史』のような〕古代や古典的原典への回帰が要因となって、同時代の啓蒙主義者《フィロゾーフ》の党派やその運動に決して加わらなかった。彼はもっと広い見識と自律性を持っていたのだ。彼は〔同郷の〕ビュフォン同様、誰かのスローガンを受け入れたりはしなかった。学問とその発展の公然たる愛好者であり、祖国の栄光と人類の福祉の熱望者であった彼のその全般的なアイデアはベーコンの自由な刺激に由来しても、決して『百科全書』からではない。[6]
>
> （サント・ブーヴ『月曜閑談』一八五二年）

このような評価は文士自身の思想傾向にも依るし、ド・ブロスが狭い意味での百科全書派に属さなかったことも事実であろう。だが十九世紀を通じて、イタリアの重苦しいゴシック趣味を笑い飛ばし、教皇の葬式を皮肉るユーモアに富んだ『イタリア便り』の快活な文士として、勇敢にも「文芸共和国の独裁者」[7]ヴォルテールとその一派に戦いを挑んだ高潔の士としてのみその名を歴史に残していたド・ブロスは、二十世紀に著作の個別研究や地方史研究が進むにつれて、単なる旅行記作家や地方の博学な司法官ではなく啓蒙思想の一翼を担った一人の思想家と考えられるようになってゆく。ルソーと同様、ド・ブロスもまたパリを震源とした啓蒙運動の主流には属さなかったが、決してそれに背を向けた地方の一文士にとどまったわけではない。

したがってここでは作家、あるいは十九世紀の評伝が前面に掲げる「啓蒙主義党派の犠牲者」像と距離をとり、十八世紀フランスを生きた一人の啓蒙思想家としてのド・ブロスの足跡を辿ることにしたい。彼の主な著作は、すでに名の挙がった三作品に『南方大陸航海史』(一七五六年)と『フェティシュ諸神の崇拝』(一七六〇年)を加えた五つであるが、文学作品『イタリア便り』を除けば、十八世紀思想研究において今日ではほとんど省みられない著作といってよい。このうち当時のフランス社会とその思潮の表舞台と接点を持った幾つかの著作に焦点を当てつつ、彼が生きた社会生活とその知的活動の二つの側面からド・ブロスと啓蒙運動との繋がりに迫ることにしたい。

一　社会生活と知的風土

ド・ブロスと人文主義の精神

トゥルネー伯・モンファルコン男爵、ディジョン高等法院院長シャルル・ド・ブロスは、一七〇九年二月七日ブルゴーニュの首府ディジョンに生まれた。十五世紀初頭まで遡る彼の家系はジュネーヴ近郊の町ジェックスにその起源を持ち、十七世紀初頭に帯剣判官から法服貴族となった後はブルゴーニュに移って代々高等法院の要職を継いできたディジョンでも名家の一つであった。[8] 自身もその評定官であった同名の父シャルルは人文主義の教養に長け、地理学、古代・現代史、古典文学が息子の教育の中心におかれた。母ピエレット・フェーヴルも教養ある家系の出であり、その父ピエールはブルゴーニュ公立図書館[9]発足時(一七〇八年)の膨大な蔵書の寄贈者としてその名を後世に伝えている。ド・ブロス十四歳の時に父が他界する不幸に見舞われるが、家庭での彼の教育はこの教養ある母によって受け継がれた。同時代の多くの子弟と同様、ド・ブロスもイエズス会が運営するコレージュ・デ・ゴドランに通うことになるが、そこで生涯忘れがたい二人の人物と出会う。一人は彼の同窓生であり、生涯親交を結ぶことになるルクレール・ド・ビュフォン(一七〇七―一七八八)である。もう一人は彼の教師であったウーダン神父である。ホメロスの翻訳を手がけ、ラテン詩にも精通し、神学者というよりもむしろ人文主義者として培った彼の学識は、父とともにド・ブロスに大きな影響を与えたといわれている。

コレージュ時代に身につけた古典的教養に加え、代々の家業を継ぐために、ド・ブロスはブルゴーニュ大学法学部に登録する。一七二三年に開設[10]されたばかりのこの大学は学部といってもこの法学部しかなく、人数も限られた小規模なものであった。彼は法学の面でも才能を発揮して優秀な成績で卒業するが、その卒業式では次のようなエピソードが伝えられている。「最終試験にパスした時、彼は踏台に登って表彰を受けねばならなかった。これがないと講演台の後ろに隠れてしまい、後方の免状受領者たちからまったく姿が見えなくなってしまうからである」[11]。幼少の頃から小柄で必ずしも丈夫でなかった彼が晴れて学位を取得したこの時には、その息子への真摯な教育が教授団に認められ、母ピエレットもともに祝福された。こうして弱冠二十一歳の若さでド・ブロスは法院人として誉れ高かった父の後を継ぎ一七三〇年にディジョン高等法院の評定官に任官する。この若き司法官はその職務はもちろん、地方領主として社交界にも顔を出して人脈を広げ、その合間をぬって引き続き人文主義研究にも変わらぬ熱意をもって取り組んでゆくことになる。

ヴォルテールが「多くの文士を生み出し、精神の価値が市民の性格の一つになっている都市[12]」と賞賛した当時のディジョンは、実際、パリの碑文・文芸アカデミーに五人、パリの科学アカデミーに三人、そしてアカデミー・フランセーズに四人もの会員を輩出し、地方都市とはいえド・ブロスには知的環境として申し分ないものであった。とりわけ十八世紀の初頭以来、ディジョンの文化生活は一人の重鎮によって代表されていた。ヴォルテールがのちにアカデミー・フランセーズの席を引き継ぐ、高等法院部長評定官ジャン・ブイエ(一六七三―一七四六)である。彼はヘロドトスの翻訳やキケロの注釈などの歴史研究によって、その名をヨーロッパ中に知られていた人文主義の大文献学者であった。

当時のディジョンには多くの蔵書を誇る館が多数あったが、特にブイエの館は二万五千冊以上の蔵書と千五百もの写本に囲まれた、書斎というより文字通り図書館と呼ぶべき書庫を構え、ここを拠点に法服貴族だけの「ブイエの会」なる文芸協会が設置されていた。その会合で徐々に頭角を顕わしていった熱心なメンバーこそド・ブロスであった。四十歳近い開きがあるが、飽くなき好奇心や多様な分野に対する強い関心、その研究方針等々、ド・ブロスが彼からうけた影響は大きい。師ブイエに倣い、彼もまた古代の文献研究に取り組み、ローマの史家サリュスティウス(前八七―三五)の『ローマ共和国史』の校訂作業を自らの研究テーマに決める。

ウニゲニトゥス教書に端を発する一七三〇年代のジャンセニズム論争が一段落した一七三九年五月、この問題に奔走していたド・ブロスは満を持したかのように三人の同僚とともにイタリア旅行に出発する。イタリア旅行は、いわゆるグランド・ツアーとして古くはモンテーニュからモンテスキュー、ゲーテまでヨーロッパの知識人にとって長い伝統を持ち、十六世紀からフランスでも音楽や芸術分野で一種のイタリア狂の風潮がこの伝統を支えてきた。しかし、ルイ十四世時代のパリにおいてはすでにイタリアに対する憧憬の念はほとんど失われていたことを考えると、ド・ブロスはじめ、若きビュフォンやその他ディジョンの教養人たちが十八世紀の半ばのこの時代にもなお「イタリア詣」を行っていたという事実は、この都市に独特な、ある意味で保守的な人文主義の伝統と決して無関係ではない。[13] イタリア旅行中、ド・ブロスはサリュスティウスの未発見草稿を求めてイタリア各地の大図書館をめぐった。『共和国史』の断章は、彼以前にも学者たちが収集してきたが、情報源が不明だったり、サリュスティウスとは無関係な草稿が接合されたりと、極めて粗雑な研究状況にあったのである。この旅行がベースとなってのちの『イタリア便り』へと結実してゆくのだが、ミラノでは五館、ローマでは七館といった具合に精力的に図書館を訪ね歩いており、[14] 必ずしも明確な目的のない旅だった[15]というわけではない。

最終的にイタリアはじめ各地から七百以上の断章を集め、それと過去十版分の『共和国史』を何度も突き合わせながら、古代の著述家たちの記録を頼りに丹念に修正を重ね、多くの断章の欠落を埋めていった。これを人文主義の学識を総動員した傑作の一つにしようと意気込んでいたド・ブロスにとって、その完成稿の紛失は生涯の一大事件となった。ついに印刷許可がおりた一七四四年、彼は万全を期すために同郷の国王付書誌学者メロに草稿の最終校訂を依頼する。ところが他の仕事に忙殺されていたメロは不注意からこの草稿を紛失してしまうのである。あまりの失望から、ド・ブロスは当分の間自分の前でサリュスティウスの名を口にすることすら周囲の人に禁じたという。一七五〇年頃から再度一からこの仕事に取り組み、生涯を懸けたこの仕事はサリュスティウス『ローマ共和国七世紀史』批判的校訂版（一七七七年）としてようやく陽の目を見るが、その直前に他界した著者がその製本に眼を通すことはついに叶わなかった。[16]

伝記作家マメは、ド・ブロスの著作のなかでも最初に構想され、最後まで手が加えられたこの書を彼の主著に挙げているが、[17]皮肉にも現在ではむしろ彼の著作のなかでも最も無名なものになってしまっている。後年、サント・ブーヴも指摘したように、十八世紀後半のこの時代において、この研究が時代錯誤的な古臭さを伴っていたことは否定できない。「生命の高揚と喜びである、このような研究は決して誤りではない。だが、彼がその研究に与えた形式からして、少なくともその誤りはアナクロニズムにあったのである[18]〔…〕」。

ディジョンの知的風土の変容

九カ月のイタリア滞在から帰郷したド・ブロスは、一七四一年に部長評定官職《プレジダン》を購入し、ここにプレジダン・ド・ブロスが誕生する（一七七五年に院長）。だが弱冠三十二歳の彼にとって、この出来事はさほどまじめには受け取られていない。従弟宛ての手紙で冗談混じりにこう述べている。「ところでもっと馬鹿らしいと貴方が感じるような別の話もご存じですか？　私は一二万三〇〇リーヴルでプレジダンの官職を買ったところなのです。これからは地位も上がるでしょうが、腑抜けにもなるというものです[19]〔…〕」。この官職の取得はド・ブロスにとって一つの投資であった節があるが、投資としては完全に失敗だった。研究や領地管理に専念するために、のちに彼はこの官職を売りに出すが、ほとんど実入りのない役職のため誰も買い手がつかなかったからである。同じくボルドーのプレジダンだったモンテスキューとは違い、旧体制下に王権とのあいだで幾多の試練を経験する高等法院の役務から、ド・ブロスは生涯離れることはできなかった。

この翌年、この若きプレジダンは最初の婚礼をパリで挙げた。相手は『永久平和論』で名高いアベ・ド・サン゠ピエールの姪、フランソワーズ・カステルである。この結婚は、むろん双方の地位を考慮したものであったが、ここでも史家たちは当時のロー・システムに幻惑されたド・ブロスが、インド会社の大株主を父に持つ彼女の持参金代わりの大量の株券を目当てにした結婚だったと指摘している。[20] ジョージ王戦争（一七四四―一七四八）で結局株価は暴落して彼の目算は崩れるが、この結婚のおかげで彼はパリで多くの知的人脈を築くことができた。マルゼルブ、リシュリュー元帥、クレヴクール侯爵夫人はじめ、ルソーの『告白』で有名となったデュポン夫人のサロンや、フォントネルや老サン゠ピエール師たちと晩餐をともにしたタンサン夫人のサロンなどを拠点に、パリでのド・ブロスの交友関係は一挙に広がっていった。

一七四六年にパリの碑文・文芸アカデミーの通信名誉会員に推挙されると、そこでは東洋学者ニコラ・フレレ、のちに『原始世界』を著すクール・ド・ジェブラン、そして弟がその書『世界周航記』で有名になるジャン゠ピエール・ブーガンヴィルやパリ滞在中のヒュームらと知己になり、さらに啓蒙主義関係《フィロゾーフ》ではチュルゴ、ダランベール、グリム、ディドロ、エルヴェシウス、そしてフォンスマーニュ家では『ローマ帝国衰亡史』を準備していたエドワード・ギボンとも面会している。常に華やかな集まりの中心にいるド・ブロスを見て、「楽しむことだけが彼の唯一の仕事」[21]と周囲に皮肉られるほど、とにかく社交的だった彼にとって、パリは移住こそしなかったが、自分の見識と親交を深めるために生涯のうちに何度も訪れる場所となった。

だが、大いなる感激をもって読んだ『法の精神』の著者にはどうもド・ブロスは生涯一度も会わなかったらしい。[22]

一七四六年、ディジョン人文主義の重鎮であったブイエが死去する。当然悼辞を読んだのは彼に最も寵愛されていたド・ブロスであった。だがこれ以降、同年に推挙された先の碑文・文芸アカデミーへと彼は徐々にその報告の場を移していくことになる。彼はこの時まで何も出版していなかったが、サリュスティウスの仕事を知っていたメロの助力や、『イタリア便り』の草稿がアカデミーで回覧され始め、その名声は少しずつだが増していた。この年を起点として主要著作が出るその後の二十年間が最も旺盛な活動期になったことを考えれば、このアカデミーへの入会はド・ブロスの学究生活において一つの転機となった。彼が再びサリュスティウスに取り組む決意をしたのも、このアカデミーの同僚たちに刺激されたところが大きかった。しかし、まだド・ブロスの研究の性格に目に見える変化が表れたわけではない。そこでの最初の報告（一七四七年）は予想通りサリュスティウスに関するものであったし、一七五〇年に出版された最初の刊本『都市ヘルクラヌムの現状便り』もやはり古代を題材とした、彼のイタリア旅行から生まれた産物であった。ヴェスヴィオ火山の下敷きとなった古代ローマ都市の再発見に関する後者の研究は、発見後四十年近くもその全貌がいまだ明らかにされないこの都市への当時の知識人たちのアクチュアルな関心を反映して少なからぬ反響があったのは確かだが、それでもやはりこの書は人文主義の伝統に位置づけられる研究であったのである。

しかし、アルデが分析しているように、ディジョンのような保守的な都市でさえ啓蒙主義の精神が絶頂に達した一七五〇年頃には、ひたすら古典研究の伝統を墨守するだけの人文主義はその知的運動としての名声を失い始める。[23] その大きな要因が、ルソーの『学問芸術論』（一七五〇年）に賞を授与して有名になるディジョン・アカデミーの創設（一七四一年）であった。この団体は、ブイエらの貴族的な文芸協会とは異なり、同時代的なテーマや実用研究の支援をその目的としていたため、新興ブルジョワ中心のこの団体のリストに貴族の名はなく、医学、物理学、道徳哲学の三部門しか存在しないそのプログラムからは、当然にも古典主義や人文主義研究といったテーマは除外されていた。ド・ブロスを含む法服貴族たちは、このような皮相な知的風潮の変化に気づき、そして嘆いた。マメは当時の高等法院とブルジョワジーの協調関係を強調しているが、[24]事実はその逆で文化面だけでなく政治・社会的力学からしても、大領主や高級官僚に代表される特権階級は、彼らが軽蔑する商業に基盤におく新興階級とは正反対の道徳的価値の世界に生きていたのである。だが、ただ嘆くだけでは時代に取り残されるだけである。その文化的影響力を維持するには、人文主義の伝統をすべて破棄しないまでも、その時代の新しい思想運動との妥協を彼らは迫られることになる。[25]

ブイエの会の旧メンバーたちは、まず一七五二年にプレジダン・リュフェイの館に集結し、かつての文芸協会を刷新した。この通称「リュフェイの会」は新たに規約を作り、通信会員を入会させ、ブイエのそれのような内輪のサークルではなく、アカデミーとしての体裁を整えていった。またその学問的態度も、人文主義の伝統を維持すると同時にアクチュアルなテーマにも広く門戸を開放し、会員たちはかつて以上に実践的な研究に傾倒していった。そのうえ一七四九年から大著『博物誌』をすでに出版していたビュフォンが彼らの協会に加わったこともまたこの傾向に拍車をかけた。彼は一七三二年のイタリア旅行後、ド・ブロスと違いディジョンの保守的風土を嫌って早くからパリに移住し、啓蒙合理主義の中心ですでに活動していたからである。[26]ド・ブロス自身もまたこの会合でのちの『南方大陸航海史』と『言語形成論』の基礎となる報告を行っている。ディジョン・アカデミー創設会員であったビュフォンの入会が象徴的に示しているように、徐々にこの二つの学術団体の溝は埋められてゆき、一七五九年、最終的にアカデミーに吸収される形で合併することになる。これを機にアカデミーに受け入れられたド・ブロスを含む貴族たちにとって、この一連の出来事はある意味でブルジョワジーに対する文化的敗北を示すものであったが、再び彼らがこの都市の知的生活を支配するには、それは避けがたい代償であった。[27]十八世紀のブルゴーニュの知的風土を扱ったブシャールが正当にもその書を『人文主義から百科全書へ』と題したように、このディジョンの社会・文化的変化こそ、一七五〇年代後半から出版が始まるド・ブロスの主要著作の背景にあるものなのである。

二　著作と思想

ド・ブロスと百科全書の精神

サント・ブーヴが指摘したように、確かにド・ブロスは決してパリを中心とした狭義の百科全書派に属してはいなかった。だが一七五〇年以降のディジョンの知的風土の変化と彼自身のパリでの交友関係の拡大は、時代の新しい思潮の大きなうねりの中へとド・ブロスを引き寄せてゆく。まずその最初の大きな接点となったのが『百科全書』への寄稿であった。

前章でその経緯について触れたように、一七五一年にド・ブロスは碑文アカデミーで「語源」に関する三本の報告を発表する。通常、このような報告はアカデミーの紀要に収められるが、ディドロがそれを高く評価し、同年から出版が開始された『百科全書』の複数の項目に採用されることになった。「言語」「文字」「比喩」「オノマトペ」といった項目はこの二つの報告から生まれている（この報告以外からでは「音階」項目も彼の手になる)。さらにこれら草稿はディドロから数人の手に渡り、「語源学」項目をチュルゴが執筆する際にも利用された。ただこの時に、ディドロはこの原稿をド・ブロスに断りなく彼らに渡し、しかものちに剽窃の疑いがでるほどチュルゴはこの草稿に依拠して書いたため、(28) ディドロとの仲はその後徐々に冷えていったようだ。(29)

だがド・ブロスはこの苦い経験にも屈せず、この三本の報告とチベットの古文書に関する報告を一冊の書物にするために、一七六三年からディジョン・アカデミーで具体的な各章の草案を精力的に報告してゆく。このような長いプロセスを経てついに二巻本『言語の機械的形成論』(一七六五年)が出されるのであるが、その冒頭は次の言葉から始まっている。「ここに公にされる言語の諸要素に関する論考は、多くの文人たちにかなり前から知られていた。数年もの間、この手稿は人から人へと手渡され、そのうちの何人かの手中に留められてきたのである。人類の発見とその知識の収集を目的とした壮大で著名な集成〔『百科全書』〕にそれが利用されたことはもちろん、最近の幾つかの書物のなかにも、しばしばその考えや表現が見つかることだろう〔…〕」(TFL. I/ iii)。十年以上にわたってこの書の草稿が辿った紆余曲折とその内容に対するド・ブロスの自負心を、この一文からも伺い知ることができる。すでに検討したように『言語形成論』で用いられた比較法は、『フェティシュ神』でも宗教の起源を辿る際に応用されたものであり、彼の著作において比較主義は人文主義の文献学的伝統とアクチュアルな学問的テーマを結びつける媒介的な役割を果たした方法であったといえる。

ド・ブロス自身が極めて「哲学的《フィロゾーフ》」と呼んだこの書は、予想に反して大きな反響を呼び、品切れとなった市場では定価の五倍もの値がついた。(30) 一七七二年に英語版、七七年にドイツ語版が、フランスでも一八〇一年に再版が出ていることからも窺われるように、彼の存命中に最も知られ、議論の的となった書物こそ『言語形成論』であった。十九世紀も半ばになるとその唯物論的・啓蒙主義的側面が批判の対象とされるが、(31) このような批判自体がその書の持つ「哲学的」側面を逆に裏書きしているといえる。この書を「十八世紀の言語学の傑作」(32)（ヴェルニエ）としたり、その著者を「近代言語学の先駆者」(33)（テイラー）とするその後の評価も逆に過大で雑駁にすぎるとはいえ、近代普遍言語に関する近年の歴史研究の多くが証言するように、十八世紀の言語起源論の系譜のなかでこの書の占める位置は決して小さくはない。(34)

ところで、この書の草稿がパリのアカデミーで報告されてから出版まで、実に十五年の歳月が費やされたことになるが、もちろんこの間ド・ブロスはこの仕事だけに専念していたわけではない。『イタリア便り』の完成（一七五五年頃）につづき、一七六〇年に匿名で刊行された書こそ『フェティシュ神』であった。ヒュームの『自然史』が多くの非難に晒されたように、この書も出版直後からヴォルテールの嘲笑の的になり、さらに同年の『メルキュール・ド・フランス』誌と『ジュルナル・デ・サヴァン』誌にそれぞれ批判論文が掲載された。当時ジェックス（トゥルネー）の土地での薪代の請求をめぐって、この破廉恥な「呪物野郎」と低俗な諍いの最中にあったヴォルテールにとっても、その内容などまともな検討に値するものではなかった。

ムッシュー、やっとジャラベル氏がフェティシュ〔神の崇拝〕を送ってくれた。クラメール〔出版社〕の手を離れてついに私の手元に来たというわけだ。だがどういうわけかこの著者が誰なのか皆目見当がつかない。この誠実な男は一体誰なんだろう？　とはいえ、まったくこの男の言うとおりだ。パンに至るまですべてがフェティシュだ。それを庭からとってくる者もいれば、ある者は竈から探してくる。私のフェティシュは何かといえば、おそらく今のところ〔主治医の〕トロンシャンだ。というのも奴にはもううんざりだからだ。[35]

（一七六〇年三月十日のヴォルテールからド・ブロス宛の書簡）

その後のヴォルテールの著作でも『フェティシュ神』は黙殺され（その書の縞蛇崇拝の話が『歴史哲学』のなかで一度だけ引かれているのみ）、七年を費やしたこの喧嘩に勝つには勝ったド・ブロスであったが、その大きな代償としてアカデミー・フランセーズ会員という彼の夢は、ド・ブロス選出の際には会員を辞するとまで宣言するこの喧嘩相手のすさまじい妨害により幻に終った。[36] 先の二つの学術誌の神学者と理神論者からの批判も、古代エジプトの崇拝が知的な象徴崇拝ではなくフェティシズムだったというド・ブロスの主張に集中していることからも、彼らの思想的拒絶が伺える。[37]『メルキュール』誌の論文に対しては、ド・ブロスは匿名で同誌に反論を寄せて応酬し、論壇をにわかに賑わした。しかし、『フェティシュ神』の思想は一時的な波紋を広げただけにとどまり、十八世紀啓蒙思想の表舞台に出ることはなかった。再版も一度も行われず、[38] ピストリウスによるドイツ語版（一七八五年）を除けば訳書も出なかったその後の経緯をみても、この書に対する当時の反響の冷ややかさがわかる。だが同じ時代にド・ブロスは『言語形成論』や『フェティシュ神』以上に十八世紀のフランス社会と実践的な繋がりを持つことになる著作を公にする。

一七五〇年以降のディジョン社会の文化的変容が彼の知的活動のなかでいち早く現れた著作こそ『南方大陸航海史』（一七五六年）であった。この出版に先立つ四年前、「リュフェイの会」でモペルチュイの『科学的進歩書簡』（一七五二年）が朗読される。この報告は、当時まで未知であった南方大陸を探索し、地理的・生物学的新発見の可能性を喚起することで、フリードリヒ二世に探検資金を願い出るための一種の嘆願書であった。パタゴニアの巨人族や尾っぽを持つ野生人の可能性にまで言及するその突飛な内容から、この書は政府や世論に深い影響を与えなかったが、幼少から地理学に興味のあったド・ブロスはこのテーマに強く惹きつけられてゆく。早速、例のごとく古今の南半球の旅行者たちの文献を熱心に渉猟し、当然にも彼の次回報告のテーマは南方大陸となった。その内容は未知の大陸の可能性はもちろん、その発見が祖国の栄光と商業にいかに重要であるかを力説したものであった。この発表に、南方商業地の選定とその土地の気候・習俗に関する二本の報告を加えた原稿がパリにいたビュフォンへと送られ、公私にわたる彼の助力により一七五六年に出版に至るのである。(39)

ところがその直後、フランスはイギリスとの七年戦争（一七五六—一七六三）に突入し、カナダを含めた大半の海外植民地を失うことになった。この敗戦はフランスの海軍力の低下と財政難を引き起こし、もはや未知の大陸の探索などという夢物語に政府も世論も完全に関心を失ってしまったように、ド・ブロスには思われた。だがカナダ戦線からの多くの帰還兵のなかに、イギリスの植民地帝国建設の野心に危機感を抱く一人の若きフランス人将校がいた。ド・ブロスはその計画実現の夢を、アントワーヌ・ブーガンヴィル（一七二九—一八一一）その人に託すことになる。

『南方大陸航海史』と野生への視線

ギリシアのアトランティス大陸伝説以来、二千年間航海者たちを虜にしてきた未知の南方大陸の問題に対する解答の最終段階が、この『南方大陸航海史』（以下、『航海史』）の出版であった。この大陸は、現在われわれがいうオーストラリア大陸や南極大陸ではなく、ユーラシア大陸に匹敵するほどの広大な土地が南方にもあると考えられてきたのである。今のオーストラリア大陸はその一端に漂着したオランダ人によって「ニュー・オランダ」と名付けられ、その土地が幻の南方大陸の一部だと信じられてきたが、その真相はなおも闇のなかであった。実践面ではこのような状況にあったが、イギリスの海賊ダンピアとフランス人探検家ゴネヴィルの航海記が十七世紀中にそれぞれ出版されると、彼らの探検は当時の知識人たちの関心を引き、「旅行記」という文学ジャンルを生み出す契機となっていった。この時代、ド・フォワニ『南方大陸ついに知られる』(一六七六年)を嚆矢として未知の大陸を舞台としたユートピア物語が数多く出されるが、[40]「空想もの」によって既存の体制やキリスト教批判を行う格好の題材とされたのである。[41]

フランスでは十七世紀後半以降、度重なる戦争の影響で探検熱は下火になっていた。だがロンドン王立アカデミーに続いて一六六六年にパリ科学アカデミーが設立されると、科学面から大きな関心が集まり始める。モペルチュイやビュフォンら科学者たちが南方大陸に関心を傾けていった下地がそこにあった。ビュフォンは『博物誌』でいまだ未知の大陸が存在することを告げている。「南極側にある土地はほとんどわれわれには未知である。ただそれが存在すること、そして海洋によってその他の大陸から隔絶されていることだけはわかっている〔…〕。これまで新大陸を探索する栄光よりも、既知の土地を開発する実益が好まれてきた。だがこの南方大陸の発見は大きな関心の的となるだろうし、しかも有益であろう」[42]。これに続くかたちで、先のモペルチュイの『書簡』がだされ、ド・ブロスが注目する契機を作ってゆくのである。十七世紀半ばから高まりだしたこの科学的関心と、商業や植民地を基盤としたフランスの繁栄という二つの大きな関心を統合した研究こそ、この『航海史』であった。[43]

二巻五部構成からなるこの書の第二部から第四部までは、彼が収集した十六世紀から十八世紀までの旅行記を批判的に要約したものであり、先のリュフェイの会での三報告を土台にしたその第一部と第五部こそ、この著作の理論的・実践的側面を担う部分となっている。ここでド・ブロスは、古典的ユートピア文学と距離を取りつつ、[44]自然学と文献学的知識から導き出された大陸存在の可能性をはじめ、航海や先住民との接触に伴う困難に対する予測と助言を行っているが、なかでも彼が重視したのは地理学上の関心に裏打ちされた科学的発見への期待であった。南半球にこの未知の大陸が存在するとすれば、「いわばわれわれにとって別の惑星とも違わないほど異質な世界[45]」で生きる未知の動植物とは、さらに文明以前の人間の状態とは一体いかなるものなのか。そしてこの関心の延長上に現れてくるのが現地の植民地化計画である。オランダに依存した香辛料貿易からフランスを脱却させるという商業的な思惑もあったとはいえ、彼の主要な関心は平和理に植民地化を進めて、物質的、特に文化的に貧しい野生人を社会状態へと導き、文明の恩恵に浴させることにあった。

ド・ブロスはいう。「彼らが目にするわれわれの尊重する公序や、規律ある社会から由来する明らかな利点から、彼らはそれを模倣し、粗野な習俗を和らげ、最終的に人間——外見だけは今もそうだが——となるであろう」(TA. I/17)。だがはたして彼らにこのような文明化が可能だろうか。「南方人《オーストラリア人》たちの状態と変わらない粗野な状態にいた」太古のヨーロッパ人たちが現在のような高度な文明に達したのだとすれば、「他のどの民族もわれわれのように到達することが可能である」(TA. I/19-20)。なぜなら、人間は「その本性からして多少の差はあれ社会へ向かう能動的な要素を自らのうちに宿している」(TA. II/374-375)からである。『フェティシュ神』の歴史観を根底から支えていたその進歩の観念は、単にこの時代の思想的傾向を表していただけでなく、実はこうした実践的関心によるところも大きかった。

　さらにこの計画が野生人に幸福を与えると同時にフランスの栄光にも資することを信じて疑わない、かつての古典学者ド・ブロスの主張は政府に対しても向けられる。かつて古代ギリシアに技芸と知識のすべてを教えたフェニキアが浴した栄光を、南方人に対して今度はフランスが浴する番であり、戦争などより遥かに高貴な「この地理上の企てによってこそ、国王は最大級の栄光に達することができる」（TA. I/8）からである。ド・ブロスにとって、野生人の文明化は善意の手助けというより、ヨーロッパやフランスにとっての一種の歴史的使命に近いものであった。

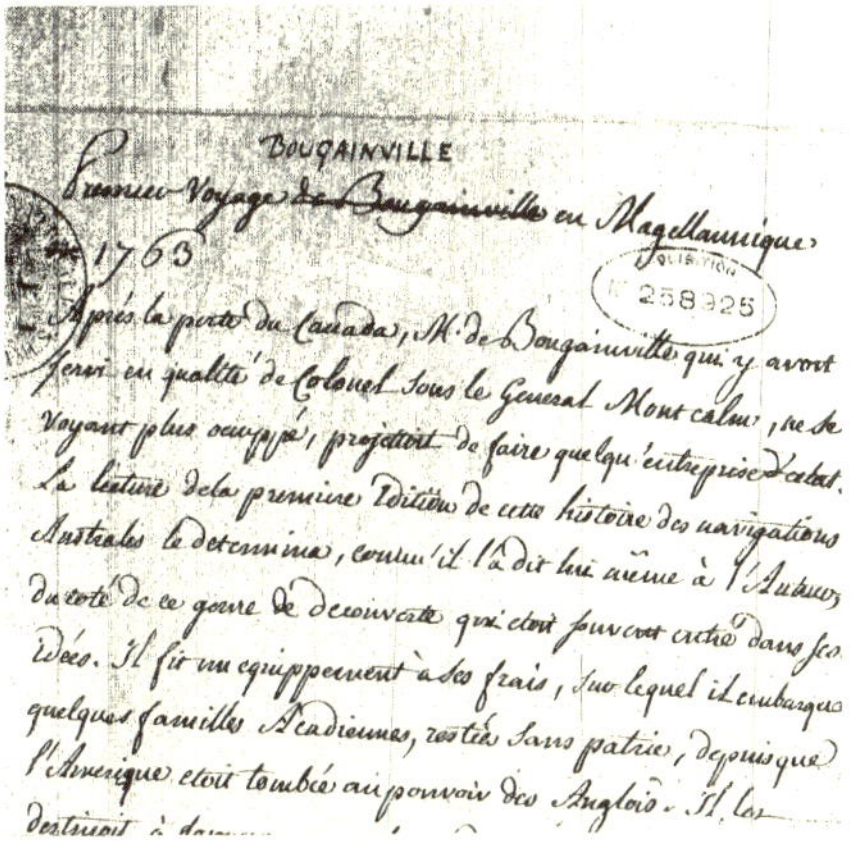
BOUGAINVILLE
Premier Voyage de Bougainville en Magellanique
1763
258925
Après la perte du Canada, M. de Bougainville qui y avoit
servi en qualité de Colonel sous le General Montcalm, ne se
voyant plus occupé, projettoit de faire quelqu'entreprise d'eclat.
La lecture de la premiere Edition de cette histoire des navigations
Australes le determina, comme il l'a dit lui même à l'Auteur,
du coté de ce genre de decouverte qui etoit souvent entré dans ses
idées. Il fit un equippement à ses frais, sur lequel il embarqua
quelques familles Acadiennes, restées sans patrie, depuis que
l'Amerique etoit tombée au pouvoir des Anglois. Il les
destinoit à

ド・ブロスの直筆ノート
（BNF）

　むろんこの主張に政府は動かなかったが、一人の若きフランス人が反応した。この男についてド・ブロスは新版の準備に書き溜めていた『世界周航記』の読書ノートにこう記している。「彼自身が著者に語ってくれたように、『航海史』の初版を読んだことで、彼は自分の頭にしばしばよぎっていたこの種の探検へとつき動かされたのだ」[46]。『航海史』に接して船乗りになる決意をしたこの「彼」こそ、のちに『世界周航記』（一七七一年）の著者となるブーガンヴィルであった。彼はイギリスに先んじて一七六三年から私財を投じて二度にわたりマルウィヌ（フォークランド）諸島に植民地建設の航海に出るが、二度目の航海を成功させて帰還したとの報を受けたド・ブロスはその喜びを弟に伝えている。「大きな、とても大きな喜びだ！　うれしすぎて飛び跳ねたほどだ。ブーガンヴィルが南方大陸の二回目の航海から昨日帰ってきたのです。〔…〕ついに国民の一人を奮起させることに私は成功したのだ！　二回の航海が彼とその友人たちの財産を失わせてしまった今こそ、彼を援助せねばなりません」(47)。

だがこの〝師弟〟にとって南方大陸の問題はなおも残された懸案であった。ブーガンヴィルは一七六六年に再び政府から航海の許可を取りつけて今度は太平洋へと再出発する。この出航に再び喜んだド・ブロスはその船出を見送りにいったという(48)。彼にとって今回の航海は自分の理論を証明する大きなチャンスでもあった。現地での観察と自著の推論を照合させるために、ブーガンヴィルに助言して植物学者コメルソンを同船させ(49)、彼に『航海史』を一冊持たせた。はたして乗組員の一人は旅先からこの書の恩恵について報告している。「この航海の詳細な報告を貴方にお知らせし、貴方の著作に基づき私が作ったメモをそこに添付いたします。貴方の著作は私にとって大いに役立ちました。そこに書かれている知識のすべてを利用するために、船員の全員が、航海の宝ともいえるこの書を一冊ずつ携帯すべきでありました(50)〔…〕」。この書は確かに専門の航海士に向けて著されたものではなく、過去の文献に頼った机上の研究であった。だが、文献学者としての史料批判と、南方大陸の発見という実践的な関心が見事に融合した研究であったことは、この書がブーガンヴィル個人やその航海に与えた影響から推しはかることができる。

だがブーガンヴィルのようなケースは、当時の社会的・知的環境の中では希な事例であったといっていい。財政的に疲弊した政府はもちろん、探検の新発見などはなから期待しないヴォルテール(51)や、ディドロのように「ホッブズの社会学説を糾弾しながら、そのくせ国家間でそれを行使している(52)」ヨーロッパ諸国の植民政策によって善良な野生人の生活を改造すべきではないと考える人が少なくなかったからである。[53] そのうちの一人、ルソー流の野生の思想に共感するジュネーヴの友人に対してド・ブロスは激しく反論している。

これほど知識をお持ちでうまくお使いになる貴方が、既得の知識に遺憾の念を抱いていることが、私にはよいことだとは思えません。〔…〕それはつまり、われわれに森で野ウサギを求めるような、貴方の非凡な同郷人〔ルソー〕の哲学的な病が流行しているということなのでしょうか？　あるいは私が行った南方人の生活描写が貴方にひどく魅力的に映り、彼らをいつまでもあのような状態に放置しておきたいということなのでしょうか。〔…〕政治家としては、私はホッブズ主義者であり、当然にも人間は戦争状態にいるものと考えます。商人としては、私は優しい心の持ち主ですが、それはただ自身の利益のためにそうであるにすぎません。〔…〕次のことは申し上げておきたい。貴方の適切な考察がいかに私を喜ばせたとはいえ、全体的には貴方の共感を私は共有してはいないということです。人間というものは誰しも底意地が悪いものですが、私には野生人はあらゆる人種のなかで最悪なものに思われるのです。[54]

（一七五七年八月三〇日、ピット宛書簡）

結局、ブーガンヴィルのその後の探検とそれに触発されたイギリスのクック隊の派遣[55]によって長年の「幻の南方大陸」伝説に終止符が打たれ、それと同時に『航海史』の同時代的な役割も終える。なるほどド・ブロスがそこで展開した主張は事実とかなり異なっていたし、すでに幾つかの点で十九世紀に顕在化する帝国主義的関心の一端もそこに垣間見ることができる。だがかつてのように過去の古典的学識で満足することも、のちのロマン主義のような冒険的精神を称揚することもなく、正確な情報の収集と実地の観察に依拠しようとするその時代の科学的精神をこの書が体現していたこともまた事実である。「新しい科学的精神がヨーロッパ古典の伝統といまだ分離することなく、美しい調和と均衡を保っている」[56]――ブーガンヴィル『世界周航記』に対するこの賛辞を、同じくド・ブロスの『航海史』に贈ったとしても、おそらく大過あるまいといえよう。

啓蒙の終焉――ド・ブロスからルソーへ

思想家ド・ブロスと、十八世紀社会・思潮との接点を中心にここまで駆け足で触れてきたが、いくつかのトピックについては割愛せざるを得なかった。二度の追放を経験した法院官としての彼の政治生活や、ほとんどの書簡の事後創作が判明した『イタリア便り』[57]、そして薪代の支払いをめぐるヴォルテールとの諍いがそれである。だが最後に、啓蒙思想と地方都市ディジョンを結ぶ一人の思想家との関係には触れないわけにはいかないだろう。もちろん、その思想家とはルソーである。

一七五四年、のちに『人間不平等起源論』として出版される論文をルソーが再びディジョン・アカデミーの懸賞に応募したとき、パリにいたド・ブロスは郷里の弟にちょっとした秘話を披露している。

今年ルソーはディジョンのコンクールに応募しました。〔ルソーの友人〕ゴフクールは、この作品が受賞するのか知りたくて待ちきれずにいます。この作品を送ったのは彼なのです。そこで、〔アカデミーの選考主任〕フォンテットに巧みに話を持ちかけて聞き出してくれませんか。でも彼の名を出してはいけません。もし連中がこの作品がルソーのものだと知ったら、もう彼には受賞させないでしょうから。身分の不平等に関する彼の作品は歯に衣着せぬもので、彼の友人たちにかなり和らげられたとはいえ、連中によればなおも凄まじいものだそうです。[58]

この手紙からも分かるようにディジョンに縁のあるルソーにド・ブロスは常に関心を向けていた。だがモンテスキューの場合と同様、その生涯においてルソーとの個人的な関係があったわけではない。その思想傾向からしても、野生を無価値として文明を称揚するド・ブロスに対し、むしろ文明に「人間のあらゆる不幸の源泉」[59]を見出すルソーと必ずしも馬があったわけではない。聖マルコ聖堂の膨大な数の「聖遺物」を「あまりに神秘的すぎてほとんど関心が引かれない」[60]とそっけなく述べる『イタリア便り』の「愛すべきエピキュリアン」[61]と、「賢明な創造者」による来世での魂の救済を熱心に説く「サヴォワの助任司祭」の間にはその精神的態度に相当の距離がある。[62]だがこのディジョンのプレジダンは、ある必要に迫られて一度だけルソーに手紙を出したことがある。

一七六〇年、七年戦争で財政難に陥った政府は、貴族を含めた全階層への新たな課税を決定する。王権の「恐るべき専制」[63]（ド・ブロス）に反対するディジョン高等法院は当然にもこの王令の登録を拒否し、これを契機にいわゆる「ヴァレンヌ事件」[64]が勃発するが、この時にド・ブロスがその文体の力強さと雄弁を見込んで、国王への建言書作成の任に指名した人物こそルソーであった。

私はためらわず貴方にこの任をお願いしたい。この役目はそれ自体光栄なことでしょうし、貴方の高貴な自由に、そして人類の利益のためだけに貴方が用いる雄弁にも値するものであります。〔…〕貴方のような強靱な精神に対するこれほどまでの敬意の念をお汲みくださり、貴方が決心してその祖国の善のために熱心な権威ある団体〔高等法院〕に協力してくださることを私は疑いません。この祖国は貴方自身にも大切であるはずです。最初に貴方の才能を認め、それに正当性を与えたこの国を、貴方もご自分の名声の出発点とみなしているに違いないからです。(65)

（一七六二年一月三日）

現在、この手紙へのルソーの返信は残されていない。だがのちに『告白』の著者は、少々恩着せがましいともいえるその内容を読んだ時のことを回想している。「手紙を受け取ったとき私は不機嫌だったので、書いた返事のなかにもそれが現れて、求められたことをきっぱりと断った。私はそれを悪かったとは思っていない。この手紙は私の敵からの罠かもしれなかったし、(66)求められたことは私が決して捨てたくない原則に反していたからである」(67)。結局、仕方なく自ら建言書を起草したド・ブロスではあったが、それでもルソーを読み続けた。『新エロイーズ』をはじめ、(68)死後の競売用蔵書カタログにも『エミール』『不平等起源論』『社会契約論』『山からの手紙』『気まぐれ女王』の文字が見える。(69)ド・ブロスは確かに彼の文才と雄弁に終生魅了されつづけた。だがその思想と生き方にはやはり共感できず、彼はルソーに対して最終的に厳しい判断を下している。

ジャン＝ジャックは、自分の母親の乳房に嚙みつく悪童です。〔…〕彼はこの時代の最も美しい才能の持ち主であり、偉大な作家の一人であることは間違いありません。その上優れた哲学者の資質と内実を持ち、それは決してうわべや単なる外見などではありません。しかしその雄弁のすべてを背理へ、その弁術のすべてを詭弁へと傾けて、その精神の非凡な力をすべて集めては自ら不実のはぐれ者となっている男を、何と考えればよいのでしょうか。彼が不幸であることをまさに喜びとしていることをみれば、不幸だからといって私は彼には同情しがたいのです。(70)

（一七六六年二月十八日、ジャラベル宛書簡）

私生活では孤独を嫌って常に華やかな社交の場を求め、『航海史』では社会性を人間の本性と考え、野生人に対する社会化の使命を訴えたド・ブロスの目には、自然状態から社会状態への文明化を堕落と説き、「不幸であることを喜ぶ」ジュネーヴのこの孤独な反逆児は、いわば社会化を拒否する自然人、あるいは文明社会の内部に生きる野生人の姿に映ったに違いない。人々との交流を求め何度も訪れたパリで一七七七年に客死するド・ブロスと、彼が維持しようとした体制そのものが内部から崩壊へと向かいつつあった旧体制の背後には大革命が、そして十八世紀ヨーロッパの文明社会に根本的な懐疑を突きつけるロマン主義の時代が間近に迫っていた。

註

（1）スタンダール「一八三六年において喜劇は不可能である」『スタンダール全集』第十巻、生島遼一ほか訳、人文書院、一九七三年、三二二頁。

（2）Th. Foisset, *Le Président de Brosses: Histoire des lettres et des parlements au XVIIIe siècle*, Paris, 1842 ; Idem (ed.), *Voltaire et le Président de Brosses: Correspondance inédite*, Paris, 1858.

（3） H. Mamet, *Le Président de Brosses, sa vie et ses ouvrages*, Lille, 1874.
（4） G. Boissier, « Un grand homme de province », in *Revue des Deux Mondes*, t. 12, Paris, 1875, p. 757; G. Socio, *Le Président de Brosses et l'Italie*, Rome, 1923, pp. 2-5.
（5） H. Harder, *Le Président de Brosses et le voyage en Italie au dix-huitième siècle*, Slatkine, 1981, p. 238.
（6） C.-A. Sainte-Beuve, « Le Président de Brosses », in *Causeries du Lundi* du 1er nov. 1852, p. 89.
（7） Foisset, *op.cit.*, p. 139.
（8） A. De Brosses, « L'ascendance du Président de Brosses », in *Mémoire de l'Academie des sciences, arts et belles lettres de Dijon*, t. 126, 1983-1984, pp. 141-151.
（9） 現在のディジョン市立図書館の前身にあたり、一七〇八年以前はイエズス会のゴドラン校付属図書館だった。Cf., J. Goussard, *Nouveau guide pittoresque du voyageur à Dijon*, 3éd., Dijon, 1861, pp. 275-276.
（10） ここではすべて施設・協会等の開設年は行政認可が下りた年ではなく、実際に開講・開校した年に統一した。Cf., J-F. Bazin, *Le Tout Dijon*, Clea, 2003.
（11） Foisset, *op.cit.*, p. 11.
（12） Mamet, *op.cit.*, p.16 に引かれたヴォルテールの証言。
（13） M. Bouchard, *De l'humanisme à l'encyclopédie : l'esprit public en Bourgogne sous l'ancien régime*, Hachette, 1930, pp. 472-474.
（14） A. Masson, « Montesquieu, le président de Brosses et le décor des Bibliothèques », in *Mélanges d'histoire du Livre et des Bibliothèques*, D'Argences, 1960, p. 319.
（15） 鳥越輝昭『ヴェネツィアの光と影』大修館書店、一九九四年、二一一頁。
（16） 伝記作家たちは死去前にこの書が出版されたとしているが、出版者の献辞によれば死後に出版者によって原稿が集められて出版された。Cf., « Dédicace », in *Histoire de la République Romaine, par Salluste*, Dijon, 1777.
（17） Mamet, *op. cit.*, p. 188.
（18） Sainte-Beuve, *op. cit.*, p. 88.
（19） Y. Bézard (ed.), *Lettres du président de Brosses à Ch.-C. Loppin de Gemeaux*, Paris, 1929, p. 84.
（20） Foisset, *op.cit.*,p. 91; Bézard (ed.), op. cit., p. 39.
（21） H. Maret (ed.), *Eloge historique de Monsieur de Brosses*, [S.l], [1777 ou 1778], p. 8.

(22) Foisset, *op. cit.*, p. 429, p. 547.
(23) Harder, *op. cit.*, pp. 245-248.
(24) Mamet, *op. cit.*, p. 13.
(25) Bouchard, *op. cit.*, p. 637.
(26) ジャック・ロジェ『大博物学者ビュフォン——十八世紀フランスの変貌する自然観と科学・文化誌』ベカエール直美訳、工作舎、一九九二年、三〇—三五頁。
(27) Bouchard, *op. cit.*, p.735.
(28) 当時この剽窃疑惑はちょっとした騒動になった。ド・ブロス本人に剽窃の汚名を晴らしてほしいと願ったチュルゴは、自身の潔白を証明する書面を共通の知人を介して彼に依頼している。Cf., Foisset, *op. cit.*, pp. 547-552.
(29) Cf., O. Richard-Pauchet, « De Brosses victime d'une théorie esthétique dans les Salons de Diderot », in *Charles de Brosses et le voyage lettré au XVIIIe siècle*, E.U.D, 2004, p. 99.
(30) H. Sautebin, *Un linguiste français du XVIIIe siècle: le Président de Brosses*, Berne, 1899, p. 23.
(31) この書へのフォワセ、および彼が引用しているバランシュの書評を参照。Cf., Foisset, *op. cit.*, pp. 449-451, pp. 456-458.
(32) L. Vernier, *Étude sur Voltaire grammairien*, Paris, 1888, p. 24.
(33) A. C. Taylor, *Le Président de Brosses et l'Australie*, Boivin & Cie, 1937, p.14.
(34) ノウルソン、前掲書、二〇八—二一〇頁。マリナ・ヤゲェーロ『言語の夢想者——十七世紀普遍言語から現代SFまで』谷川多佳子・江口修訳、工作舎、一九九〇年、八七—八八頁。ウンベルト・エーコ『完全言語の探求』上村忠男・廣石正和訳、平凡社、一九九五年、一四二—一四三頁。互、前掲書、二三七—二三九頁。
(35) Foisset (ed.), *op. cit.* pp. 111-112.
(36) この喧嘩の詳細については以下の文献を参照。ヴォルテールとの喧嘩と、彼によるド・ブロスのアカデミー・フランセーズ落選工作は、十九世紀のブルゴーニュ史家たちにはド・ブロスとその郷里の復権を、反啓蒙主義者にはフィロゾーフたちの横暴を知らしめる格好の題材となった。Cf., Foisset, *op. cit.*, Ch. V; Boissier, *op. cit.*,; Sainte-Beuve, « Voltaire et le président de Brosses », in *Causeries du Lundi* du 8 nov. 1852, Garnier Frères, t.7.; Cunisset-Carnot, *La querelle du président de Brosses avec Voltaire*, Dijon, 1888; ストレイチー「プレジダン・ド・ブロス」『てのひらの肖像』中野康司訳、みすず書房、一九九九年。ヴォルテール研究者側からの証言は次を参照。Cf., J. Orieux, *Voltaire*, Flammarion,

[1966]1999, pp.561-565.〔古野清人『宗教生活の基本構造』社会思想社、一九七一年、五八―六二頁にこの抄訳がある〕

(37) De Grace, « Lettre de M. de Grace, à l'Auteur anonyme d'un livre nouveau intitulé: Culte des Dieux Fétiches », in *Mercure de France*, Paris, mai 1760, pp. 102-106; *Le Journal des savants*, Paris, oct. 1760, p. 656.

(38) テイラーは、『フェティシュ神』と同じものが、一七六〇年の同じ年に、*Dissertation sur le culte des dieux fétiches* というタイトルでパリでも出されたとしている（A. C. Taylor, *op.cit.*, p. 177）。また古野清人もこの情報に倣っているが（古野、前掲書、六六頁）、これはテイラーの完全な誤解である。ただし、単行本ではないが、ディドロ、ドルバックら唯物論者たちと親交のあったネジョン（一七三八―一八一〇）が編纂した『体系的百科事典――古代・現代哲学編』（一七九二年）の「フェティシズム」項目に、『フェティシュ神』がまるごと再録されている。おそらくこれが「フェティシズム」が事典の項目になった最初のものであろう。

(39) 英語版（全三巻）は一七六六年から六八年に、ドイツ語版（全一巻）は一七六七年にそれぞれ出ている。但し英語版は、ド・ブロスの名は伏せられ、訳者が著者になりすまして内容を改鋳した偽作に等しい代物である。Cf., J. Callander, *Terra Australis*, Edimbourg, 1766-1768.

(40) ド・フォワニはじめ、その時代の主要な作品は次に収められている。野沢協・植田祐次監修『啓蒙のユートピア』全三巻、法政大学出版局、一九九六年。

(41) ポール・アザール『ヨーロッパ精神の危機』野沢協訳、法政大出版局、一九七三年、一四頁、三〇―三三頁。

(42) L. de Buffon, *Histoire naturelle*, t.1, Paris, 1749, p. 212.

(43) Taylor, *op. cit.*, p. 48.

(44)『航海史』におけるユートピア思想との断絶と連続については次を参照。Cf., J-M. Racault, « Résonances utopiques de l'Histoire des navigations aux Terres australes du président de Brosses », in *Mythes et géographies des mers du Sud*, S. Leoni et R. Ouellet (ed.), E.U.D, 2006, pp. 43-61.

(45) De Brosses, *Histoire des navigations aux Terres Australes*, t.1, Paris, 1757, p.16.〔以下、TA と本文に略記し、巻数 / 頁を示す〕

(46) *Exemplaire de Brosses, Supplément*, Cote de Bibliothèque nationale de France: RES-G-1443 (SUPPL, n. 4).

(47) Taylor, *op. cit.*, pp. 144-145; Foisset, *op. cit.*, pp. 473-474.

(48) Taylor, *op. cit.*, p. 148.

(49) このような学者の同船は遠洋航海史上初の出来事であった。Cf., 山本淳一「ブーガンヴィルの生涯と『世界周航記』」『ブーガンヴィル世界周航記』山本淳一訳、岩波書店、一九九〇年、四〇九頁。

(50) Taylor, *op. cit.*, p. 151.

(51) 彼はモペルチュイの『書簡』を妄想患者の戯言として揶揄している。Cf., Voltaire, « Histoire du Docteur Akakia », in *Œuvres complètes de Voltaire*, Paris, t. 23, 1879, pp. 559-585.

(52) ディドロ「世界周航記」『ブーガンヴィル航海記補遺』濱田泰佑訳、岩波文庫、一九五三年、一一頁。

(53) 十八世紀の西欧知識人の楽園幻想については次を参照。Cf., 山中速人『ヨーロッパからみた太平洋』山川出版社、二〇〇四年、一〇—三七頁。

(54) Y. Bézard, *Le président de Brosses et ses amis de Genève*, Paris, 1939, p. 44; R. A. Leigh (ed.), *Correspondance complète de J.-J. Rousseau*, Genève, 1965-1998, t. 4, pp. 242-243.

(55)『航海史』がクックやダルリンプルに与えた影響は次を参照。Cf., Taylor, *op.cit.*, pp. 156-163.

(56) 中川久定「『世界周航記』の位置」『ブーガンヴィル世界周航記』、前掲、四二八頁。

(57) この書の複雑な編纂過程及びその研究史は次を参照。Cf., Y. Bézard, *Comment le président de Brosses a écrit ses «Lettres d'Italie»*, Paris, [s.d]; Idem (ed.), *Lettres familières sur l'Italie*, t.1, Paris, 1931; De Azevedo, « Les éditions des Lettres familières: analyse et perspectives », in *Charles de Brosses 1777-1977*, Slatkine, 1981; F. d'Agay (ed.), *Lettres d'Italie du président de Brosses*, t.1, Mercure de France, 1986; 井上祐子「ドゥ・ブロスの『イタリア便り』」『短大論集』関東学院短期大学、一〇九号、二〇〇二年。

(58) Y. Christ, « Le Président de Brosses à Paris», in *La Revue de Paris*, sep. 1965, p. 52; Leigh (ed.) op.cit., t. 2, pp. 259-260.

(59) J.-J. Rousseau, *op. cit.*, p. 48.〔前掲訳書、五三頁〕

(60) F. d'Agay (ed.), *op. cit.*, p. 292.

(61) F. Fosca, *De Diderot à Valéry*, Paris, 1960, p. 22.

(62) ただ研究者たちは、この『エミール』第四編でルソーが描く宗教史の叙述に『フェティシュ神』やヒュームの『自然史』の影響を指摘している。Cf., R. Pettazzoni, « La formation du monothéisme », in *Revue de l'Université de Bruxelles*, 1950, p. 211; A. M. Iacono, *Le fétichisme : Histoire d'un concept*, P.U.F, 1992, p.66; *Œuvres complètes de J.-J. Rousseau*, t. IV, Gallimard, [1762]1969, p. 1498. だが通説どおり『エミール』（一七六二年）の完成が『フェティシュ神』出版の一年前の一七五九年であり、ルソーがその後手を入れていないとすれば、ド・ブロスの直接的影響を示唆するペタッツオーニのような主張には無理があろう。

(63) Bézard (ed), *op. cit.*, 1929, p. 127.

(64) 革命期の国王逃亡事件（一七九一年）ではない。ブルジョワ出身の州三部会秘書官ジャック・ヴァレンヌが税の徴収に賛成し、これを契機に高等法院と、その権力分割を主張する三部会執行部の間で勃発した権力争いのこと。王権勢力への高等法院の積年の抵抗は、「民衆の擁護者」に名を借りた既得権益の保護という性格をしばしば伴うものであり、同時にこれは彼らが依拠する旧体制自体を結果的に崩壊に導くことになる。

(65) Leigh (ed.) *op. cit.*, t. 10, pp. 2-3.

(66) ここにルソー自身による次の注が入る。「例えば、某高等法院のこの某プレジダンが百科全書派やドルバック一派と強い結びつきがあったことを私は知っていた」。ド・ブロスが「ドルバック一派と強い結びつきがあった」というのはルソーの思い違いか、あるいは意図的な作話である。

(67) ルソー「告白」『ルソー全集』第二巻、小林善彦ほか訳、白水社、一九七八年、一九一頁。

(68) Bézard (ed), *op. cit.*, 1929, p. 286.

(69) [s.n], *Catalogue des livres de feu Mr. De Brosses, premier président du Parlement de Dijon*, Dijon, 1778, pp. 9-52.

(70) Bézard, *op. cit.*, pp. 45-46; Leigh (ed.) *op. cit.*, t. 28, p. 312.

II 「自由」と「社会」のアリーナ——十九世紀

歴代の教会改革者七人を七頭のヒドラになぞらえた風刺画（1832年）
左からルター、カルヴァン、ジャンセニウス、ヴォルテール、ルソー、アンファンタン、シャテル師
（D'Allemagne, *Les saint-simoniens*, 1827-1837, Paris, 1930. 一橋大学社会科学古典資料センター蔵）

第五章　近代人の自由とフェティシズム――コンスタンの宗教政治学

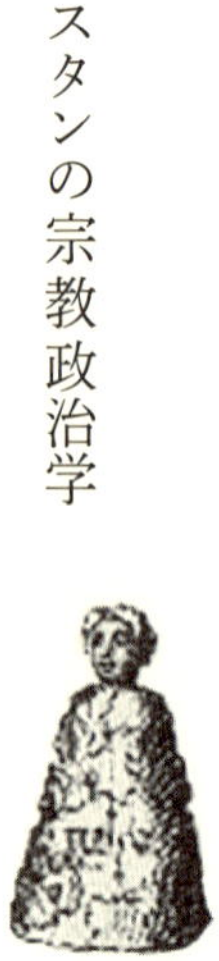

「人類の原始時代は個人のエゴイズムが最も蔓延った時代だが、同様に世間に出て自分に必要な師、《公理、宗教、人の王者》を見出せない誠実な若者たちはまず《自我》の欲求に仕えねばならない[1]」

モーリス・バレス『自我礼拝・検討』（一八九二年）

ド・ブロスが創始したFétichisme概念は単に人類の原初的信仰を表すだけでなく、フェティシズムから一神教への宗教的進歩の観念と、神学者の堕落史観や理神論者の自然宗教論の批判も含意していた。その後、初期のイデオローグの一人ジョルジュ・ルロワ、歴史家ジャック＝アントワンヌ・デュロールらにこの概念は受け継がれるが、当時の知識層に広く浸透したとはいえない。[2]他方、神話学者シャルル＝フランソワ・デュピュイとその伝播者デステュイット・ド・トラシーら、革命期のイデオローグ思想の主流というべきもう一つの宗教史の系譜がある。彼らは、フェティシズム概念は採用せず、宗教の起源を天体崇拝《サベイズム》に置き、原初の崇拝は神ではなく自然への崇拝だと主張した。キリスト教はその堕落形態にすぎぬと説くデュピュイの宗教史は反教権主義者らの支持を集め、啓蒙主義進歩史観を代表するコンドルセの『人間精神進歩史』やサン＝シモンの初期思想にまでその影響を認めることができる。

フェティシズム概念はこのように一時的に忘れられたが、王政復古期に再び陽の目を見る。その伝播者となったのが、『宗教論——その起源、形態、そして発展からの考察』[3]（全五巻、一八二四—三一年）の著者バンジャマン・コンスタン（一七六七—一八三〇）である。彼は政治論と文学でその名を歴史に残しているが、その著作が十九世紀の思想家に広く影響を与えていたことはあまり知られていない。ドイツではフォイエルバッハや若きマルクスの原始宗教理解の情報源の一つであったし[4]、フランスではオーギュスト・コントとサン＝シモン主義者らがコンスタン経由で彼らの歴史哲学にフェティシズム概念と宗教進歩論を導入している。[5]コント以降、聖書に依拠する「偶像崇拝」概念は事実上放擲され、十九世紀のほぼすべての研究者によってフェティシズム概念は宗教起源のカテゴリーとして採用されてゆく。[6]革命後のキリスト教の失墜と民族学的な観察科学の要請から生まれたこの用語は、こうした事実からも、十九世紀の社会・人間諸科学をイデオロギー的に基礎づける概念の一つであったといえる。

だが『宗教論』はこれら諸科学の思想的起源の一つであると同時に、王権＝カトリック体制が大きく揺らぎ、宗教と政治が徐々に分節化してゆくポスト革命期の社会状況を反映した一種の政治学の書でもあった。十九世紀前半のフランスは「政治論争に歴史の権威が利用された」[7]時代と言われるように、キリスト教普遍史（教会史）に代わる多くの歴史書や神話学、歴史哲学が現れるが、宗教史研究もこの時代の社会体制に政治的指針を与える思想的資源として同時代の政治論争と決して無縁ではありえなかったからである。社会秩序の再建のためにカトリックの再国教化を掲げ、革命を否定する王党派や反革命派に対し、コンスタンは個人の信仰の自由を擁護するために独自の宗教論を構築してこれに対抗しようとした。啓蒙の世紀からロマン主義の時代へと西欧思想が転換していくこの過渡期に、当時の社会的現実からはるか遠い原始・古代宗教史の壮大な研究に彼が託したその政治的意図を明らかにすることがここでの目的である。

ところで学術用語としてのフェティシズム概念は、十九世紀末にモースによって民族学・人類学の領域からは放擲されるが、アルフレッド・ビネやフロイトの手により今度は性科学《セクソロジー》の領域でヨーロッパ人自身の内面的心理（あるいはマルクスにおいては資本制経済）の解読ツールに変貌し、精神分析の論文に「一神教」や「多神教」という宗教的比喩が登場することになった。(8) 十八世紀の民族学的言説から十九世紀末の心理学的言説へのこの概念の移動は、社会内での宗教の個人化（私事化）の進展と同時並行的であり、この二つの言説がいわば対流する地点にコンスタンのフェティシズム論は位置している。

以下ではまず、啓蒙思想の継承と批判という『宗教論』の持つ二つの側面を正確に腑分けし、彼が唱えた宗教感情の議論のなかでフェティシズム概念がどのような役割を担ったのかを検討する。そして民族学的言説から政治的言説へのこの概念の移動を確認し、当時の代表的なカトリック思想家ラムネとの未開宗教史論争からコンスタンが唱えた「自由な宗教」論の射程を明らかにする。最後に、フランス社会で教会が権威を失い、宗教のあり方が政治的焦点となっていたポスト革命期に近代的個人の自由を謳って登場したコンスタンにとって、近代社会で宗教が占めるべき場所とはどこなのかという問いを中心に、ロマン主義時代の世俗の宗教性の行方を追うことにしたい。

一　『宗教論』の主題と理論的枠組み

コンスタンは、現在ではロマン主義心理小説の傑作『アドルフ』（一八一六年）の作者にして、『征服と簒奪の精神』（一八一四年）や『政治原理』（一八一五年）で恐怖政治とナポレオン帝政を批判した政治的自由主義の代表的論客として知られる。だがその一方で、晩年に『宗教論』と遺稿『ローマの多神教』（全二巻、一八三三年）を出版し、宗教史に関する膨大なテクストも残している。だがこれらの著作は、約十年に及ぶ分割出版、古代宗教史という地味な研究主題、そしてカトリック勢力からの攻撃などの理由により、刊行当初からすぐにその存在は忘れられた。[9] さらに二十世紀半ばまで文学や政治論を中心としたコンスタン研究史――政治思想さえ一九八〇年代まで特に注目されてこなかった[10]――でも、宗教論の出版が政治活動後の最晩年だったため、王政復古期の政治状況に応答した時勢論的研究、政治活動の挫折の産物とみなされ、宗教学的にも十八世紀思想の影響が色濃い時代錯誤の研究だと考えられてきた。

しかし、その研究は構想の点では政治論や小説よりもはるかに早く、約四十年間書き継いできたライフ・ワークに相当する。一九九九年にトドロフとホフマンによって『宗教論』全巻が初版から約百七十年ぶりに再版され、また近年の新自由主義の再検討の動きも受けて『コンスタン全集』が現在刊行中（『宗教論』は第二巻のみ）であり、ここ二十年余りの間にコンスタン研究は国内外で多少の盛り上がりを見せている。現在まで後世への影響の点では政治思想家・作家コンスタンの作品には遠く及ばないが、しかし彼にとってこの『宗教論』こそ自らの主著となるべき書物であった。古代宗教史の変遷を辿るその一見地道な研究の背後には、人間の宗教感情の歴史的普遍性と宗教の改善可能性の証明という二つの哲学的テーマが隠されている。まずはこれらの理論的枠組みが示される第一巻から見ていこう。

コンスタンによれば、かつてモンテスキューが述べたように世界にも人間にも動物にも必ず固有の法（法則、秩序）が存在する。だが物理界と有機界に秩序《オーダー》の違いがあるように人間と動物にも違いがあるとすれば、その試金石となるものこそ宗教感情（sentiment religieux）という人間の本質である。「人間の心の中にその他一切の生物とは異質な一つの感情があるとすれば、また人間が立っている場所がどこでも常に再現される一つの感情があるとすれば、この感情こそその本性の基本法であるように見えないだろうか？　私の見解では、それは宗教感情である。野生の流浪の民も野蛮な部族も社会状態の最盛期にいる国民も文明の衰退期にいる国民も、すべてがこの不滅の感情の力を証明している」（Rel. 39）。

　コンスタンはのちのベルクソンを思わせる筆致でこの宗教感情を描いている。[11] それは「未知のもの、無限なものへの跳躍《エラン》に対する応答」（Rel. 50）であり、「われわれの魂の内奥に下降して行けば、思考によって、そのように思い描くことができる」（Rel. 47）一つの感情である。かつてリベルタンたちは宗教観念なき民族の存在を喧伝したが、彼らの依拠した宣教師や旅行者の記録は信用に足るものではない。宗教感情の普遍性を示すために、彼は三つの仮説を批判している。まず十八世紀に想定された「宗教なき人間」の仮説である。啓蒙思想家は社会・言語・宗教なき自然状態から議論を出発させたが、宗教感情が人間に内属する以上、人間の本源的宗教性は疑いえない。「人間は臆病だから宗教的なのではない。人間は人間だから宗教的なのだ。人間は弱いから社会的なのではない。社交性が人間の本質にあるから社会的であるのと同じである」（Rel. 46）。このようにコンスタンはまず、モンテスキューに倣って法＝秩序自体の生成の探求を断念し、現代の宗教本質論と同様の発想から宗教感情の普遍性を確認する。

　次に批判の俎上に上げるのが、世界の不規則性《アノーマリー》に対する人間の恐怖や無知に宗教の起源を求める、ヒュームやブーランジェが唱えた驚愕論である。確かに『宗教論』の著者にとっても、宗教は超自然的なもの、未知な現象に由来し、理神論者のように自然の規則性《ノーマリー》から宇宙のデザイナー（設計師）が導かれるのではない。だが恐怖が宗教感情を生むのではなく、あくまで感情が未知なるものへの恐れを生むのであり、原因と結果を取り違えてはならない。「もし宗教が恐れに由来するなら、なぜわれわれよりも臆病な連中の動物たちは宗教的ではないのか？」（Rel. 44）。人間と動物を生理学の次元で同一視し、宗教観念を身体組織の発達から導き出す人々――若い頃に傾倒したイデオローグの感覚論が念頭にある――にコンスタンは反論する。「宗教を比較的完成された人間の組織に帰すなら極めて本質的な区分を見誤ることになる。諸君はわれわれの能力・器官・判断・思考力・感情を組織から解釈するのか？〔…〕もし身体組織の優越が宗教感情への傾向を決定したならば、比較的組織された動物もいるのだから、この傾向の兆候、つまり動物の組織の完成度に比例するような兆候を動物にも指摘せねばならないだろう」（Rel. 44-45）。動物には死者の弔いも墓もない、要するに信仰心を持たない。経験的に動物が信仰を持たない以上、宗教は生理学的に動物と同じ次元では解明されず、その根拠は恐怖でも無知でもなく、人間固有の宗教感情にあるという立場をコンスタンは確保する。

最後に社会秩序の維持や無秩序を防止する方便として、宗教をその功利性や有用性から捉えることもまた誤りである。もし道徳の善・悪をすべて功利の観点から裁くならその公準は私益（「しかるべき利益」intérêt bien entendu）となるが、私益道徳は情念・憐憫・敬虔さ、そして他者への献身といった人間の高貴な感情を忘れさせるからである。「自然がわれわれの案内役におくのは私益ではなく内的な感情である。この感情こそ善・悪を告知する」（Rel. 30）。この私益道徳の唱道者への言及はないが、すでに同様の批判を行っていたスタール夫人『ドイツ論』（一八一三年）に依るなら、批判の矛先がエルヴェシウス、ディドロら十八世紀フィロゾーフや同時代人ベンサムらの功利主義であったのは言を俟たない。コンスタンはのちにエルヴェシウスの異教寛容論と同種の議論を展開するが、その功利主義的宗教観とは袂を分かつのである。

ここまでの主張をみると、かつてベールやロックが批判した神の観念の「万人の一致」や生得観念をむしろ擁護する意図は明白であるようにみえる。だがコンスタンは「人間にあらかじめ存在する宗教観念はあり得ない」(Rel. 582) として生得観念を否定する。それゆえ正確にいえば、彼が擁護したいのは人間に内在する「唯一神」の観念ではなく、あくまで神格を思い描く「人間の持つ自然な性質」(宗教感情) なのである。認識の主導権は客観的な超越神の側ではなく、主観的で感性的な人間の側にある。この認識論的な転回には、彼がスタール夫人とともにスイスやドイツの亡命時代 (一八〇三―一四年) に学んだ、カントからのちのフォイエルバッハに至るドイツ哲学の影響が窺えるが、そうであればコンスタンのいう「未知なるもの」はどこに位置づけられるのか。この問題は、ひとえに人間に内在する宗教感情が希求する神性 (Divinité) の性格に懸かっている。

感情と形態の相克としての宗教史

われわれ現代人には宗教が人間の感情に関わることは自明にみえるが、西欧宗教思想の伝統からすると「宗教」と「感情」を繋ぐ見方は実は近代的な発想にすぎない。第I部で観たように、キリスト教も理神論もその対極に迷信を想定する限り、感情を宗教の本質に置くことは迷信と混同される危険が常に伴ったからである。こうした宗教の真偽論を破棄したのが、宗教の起源に異教を置き、宗教史に「進歩」の観念を導入することで、歴史的に異質な諸崇拝を「宗教」一般のカテゴリーに包摂する認識論的な枠組みをもたらした十八世紀の宗教進歩論者たちであった。宗教起源の探求は事実上その本質の探究も含意するならば、宗教の本質はもはや啓示や理性ではなく、これまで迷信の原因とされてきた人間の感情（恐怖や願望）にあると考えられ、ここではじめて感情が宗教の本質に属する見方が有力となる。[12]

シュライエルマッハーからのちのルドルフ・オットーに至る十九世紀のドイツ・プロテスタント思想は、異教とキリスト教の差異を抹消するこの危険から後者を守るために、いわば感情自体に質的差異を設けようとした試みだったといってよい。彼らは人間の宗教経験を重視しながら、恐怖や願望といった粗野な自然感情から無限なるものへの直観的な畏怖の念を峻別し、宗教を社会秩序の機能に還元する啓蒙主義の功利主義的宗教観を根底から批判した。[13]そしてポスト革命期にこの思想をドイツからフランスに導入した人々こそスタール夫人やコンスタンら亡命ユグノーの末裔たちであった。献身の義務や無限への憧憬、個人の魂の渇望として宗教感情を描く『ドイツ論』の著者の感性もコンスタンのそれと正確に重なっている。「私利私欲を捨てることはすべてこの無限感と一体になりたいという欲求からきている。この無限感のあらゆる魅力を説明はできなくても、感じることはできるのだ」。[14]夫人が述べるように、確かに「魂の叫び」や「不滅の感情」というコンスタンの宗教感情も、それを説明しようとすれば詩的にならざるをえない。だが彼は一つだけ明確な宗教感情の定義を与えている。それはこの感情が宗教形態と区別されるという点である。

コンスタンの宗教への関心は啓蒙思想と信仰の葛藤、すなわち人間精神の進歩の観念と人間の本源的な宗教性の葛藤に由来している。このジレンマに折り合いをつけた考えが宗教観念の変遷を知性と感情の進歩とみなす宗教進歩論である。「人間に起因するものはすべて必ず進歩する」[15]ならば、政治・道徳・産業における改善可能性の法則は宗教にも妥当しなければならない。この議論を支えるために要請されたのが宗教感情と宗教形態への宗教の分割である。[16] 前者は彼が「大精神」と呼ぶ「不可視の力と交流したいと人間が感ずる欲求」であり、後者は「人間が見出したと信じた交流手段を規則的に永続させたいと感ずるそれ」(*Rel.* 52)である。このような「プロテスタント的分割」[17](神と直接交流を求める信仰心と制度としての教会との分離)はカトリックの伝統を持つ当時のフランスでは新しい考えであり、人間が常に不可視の力の存続を実感するには、まずはそれを慣習や形態に仮託させる必要がある。

なぜなら自分の同胞と共存し、彼らと交流《コミュニケート》することを定められている人間は、自分の感情が普遍的感情に触れる時にしかそれを享受できないからである。人間は好き好んで誰にも共有されない見解を育もうとは思わない。人間は行動と同様、自らの思考に対する他人の同意を熱望し、外からの認可は自らの内面的な満足に必要である。ここから各時代の状況に釣り合った一つの制度的《ポジティヴ》形態の確立が由来する。(Rel. 52-53)

人間は内的感情を満たすために外部から承認を与える宗教形態を必要とし、それは宗教を日々再生産させるいわばイデオロギー装置の役割を果たす。しかし感情と形態への宗教の分割というコンスタンの主張は、むしろこの再生産過程が再び危機に陥る現実的可能性を示すことにその力点がある。

それまではいかに満足のゆく制度的形態であったとしても、すべて未来の進歩と対立する萌芽を含む。形態はそれ自体で発見の面で知性に従うことを拒否し、また日々純化される感情の面で魂に従うことを拒否するという教義的・静的特徴を帯びる。〔…〕この時、宗教感情はいわばこの硬直した形態から分離する。宗教感情は自らを害さないまた別の形態を希求し、それを見つけるまでこの感情は動き回る。これこそが宗教史である。（ibid.）

「一時的ではかない」宗教形態からの「永遠に破壊できない」宗教感情の離脱を進歩とみなす弁証法こそコンスタンの宗教史の枠組みである。各時代に対応した宗教形態は必要ではあるが、社会・言語とともに人間の本性に内在する宗教感情は、知性の進歩に対応できずにそれを抑圧する聖職者の私益の道具となった古い形態から離脱するときが必ず訪れる。「宗教はその本質において歴史的なものは何もない。だがその発展においてすべては歴史的である」（Rel. 617）。歴史的、つまりこの離脱の動きこそ宗教改革であり、フランス革命であった。それはしばしば悲劇的な暴力を伴ったが、「宗教の歩みは各時代の進歩とおのずと均衡する」ならば、宗教自体は善でも悪でもない。宗教に悪があるとすればこの均衡を理解しない人間の側にある。これまで学者は宗教に学問しか、無信仰者はペテンしか、そして信仰者は異教に悪魔しか見ず、「誰もあらゆる信仰に人間の心情、本性をみようとはしなかった」（Rel. 616-617）からである。

それゆえ、もし宗教的権威（教権）がこの均衡に人為的に干渉すれば害悪を引き起こすことになる。宗教とは人間の内面にある魂の次元に属し、科学も権威も立ち入れない人間の自由の最後の砦であり、教権はその手前に立ち止まって中立を保たなければならない（Cf., Rel. 82）。『宗教論』の著者は現実の政治権力の位置づけには触れていないが、イギリスの立憲制をモデルに『政治原理』で展開した王権中立論から省かれていた教権の考察を補完したという意味では、これは〝教権中立論〟とでも呼ぶべき独自の主張である。

このようにコンスタンにとって宗教と知性の進歩の二者択一は問題ではなく、宗教感情の普遍性を立証することで人間の宗教性を確保する一方、知性の進歩に応じた宗教形態の変遷、すなわちフェティシズム（野生状態）・多神教（野蛮状態）・一神教（文明状態）という三つの宗教形態の移行が説かれるのである。彼の宗教史は宗教感情を動力として宗教形態が変遷してゆく相対的な歴史であり、『宗教論』はその書名から予想される神と宗教というテーマ以上に、人間と文明を対象とする「宗教の人間学的解釈」[18]がその中心に置かれている。次節では、この文明史の観点から彼のフェティシズム論に焦点を当て、宗教感情論との関係について検討することにしよう。

二　フェティシズムから多神教へ

フェティシズムと宗教感情

第一巻第一分冊で以上の方法論が示されたのち、「宗教が粗野な状態の時にどのように段階的に純粋観念へと上昇したのか」を知るために、第二分冊はフェティシズムから多神教への歴史の検討に充てられる。それゆえド・ブロス同様、『宗教論』でもフェティシズム概念はまず進歩史観の文脈で登場する。コンスタンがこの概念を受容した経路は、ドイツ啓蒙史学の中心地であったゲッチンゲン学派の歴史書に加え、[19]直接には『フェティシュ神』の独訳（一七八五年）からであった。「評判を遥かに上回る良書。宗教起源の正解はすべてそこに含まれている」[20]（『日記』一八〇四年七月十三日）と称賛する彼は、「偶像崇拝」概念を事実上放棄し、この書（およびヒュームの『自然史』）から多くの文章を引いてフェティシュ崇拝を描いている。自然状態・社会契約・宗教以前の人間という十八世紀的仮説を破棄した『宗教論』の著者にとって、フェティシズムは確かに「愚鈍な」野生人の崇拝ではあるが、無知を示す単なる符丁でなく最初の宗教感情の発露でもある。

恐怖のせいでこれら対象〔フェティシュ〕を崇めるようになったと結論づけるのは結果を原因と取り違えている。最初の崇拝は利益の観念から創られたといっても無駄である。彼らはまったく無益なものにも跪拝しているのだ。〔…〕野生人は様々な対象を崇拝する。彼らは何かしらのものを崇拝せねばならぬからである。だが何を崇拝しているのか？　野生人は自分の周辺にあるものに伺いを立てる。だがそれらに問うても教えはない。彼らは内省に耽《ふけ》っているのである。彼らはその答えを自らの心情から引き出す。〔…〕人間は宗教観念を未知なるもののなかに置く。野生人にはすべてが未知である。ゆえに宗教感情は彼らが出会う万物に向けられる。（Rel. 101）

未知なる力との交流を望む人間の無私な欲求が宗教感情だとすれば、理性が薄弱だからといって宗教観念の形成が妨げられることはない。むしろ未知なるものが多ければそれだけ人間は宗教感情をそれに向けようとする。さらに理性なき人間が道徳観念を持ちうるのかという疑いも愚問である。フェティシュを守るために死も厭わない犠牲的観念や、聖別された「タブー」（＝規律）が野生人の道徳改善に寄与したことにコンスタンは感動すら覚えている。「最も粗野な形態で最も無知な民族において、宗教が正義と慈悲のあらゆる観念と同一視されているのをみてわれわれは感動を禁じえない。〔…〕野生人のフェティシュはわれわれには醜く、滑稽な一つの空想のように思われる。だが自らの道徳的改善のために、そして未来の改善のために自分たちがフェティシュを持てることを彼らは喜ばしく思うのである」(Rel. 115)。

道徳観念の有無は唯一神や理性ではなく、常に不可視の力を渇望する宗教感情の有無によって測られる。この力は歴史上のあらゆる宗教形態の破壊と創造とは無関係に存在し、それを超越している点でなんらかの存在というより、一つの精神、不可視の動きである。それゆえ、こうした「精神性《スピリチュアリテ》の予感」や「無限の存在との交流」といった観念は、「その後の信仰を構成するあらゆる観念の萌芽」(Rel. 139)としてフェティシズムにすでに含まれているとされる。ローラン・フェディの言葉を借りれば、コンスタンにとってフェティシズムとは決して「誤った宗教」ではなく、「その当初から人間の持つ上昇と改善可能性の傾向を証言している」[21]ものなのである。

このようにフェティシズム概念は啓蒙の進歩史観の枠を超え、宗教感情論の文脈で再解釈されることになった。「内省に耽る」野生人に宗教感情を認めることで、コンスタンは理神論者や神学者からみれば無知で野蛮なフェティシズムを宗教史の起源におき、人間の内面的心理に固有な宗教感情の発露として規定した。ここには真の宗教(キリスト教や自然宗教)と、感覚に囚われた下層民や野生人の疑似宗教(偶像崇拝や迷信)という神学的＝啓蒙主義的区分は存在しない。なるほど社会の底辺を捜せば知性に欠ける人間や、世界には唯一神の観念なき人間もいるだろう。だが感情なき人間などどこを探しても見当たらない。宗教の起源を人間の内的感情にもとめるならば、地上には「一つの人類」しか存在しないのである(そもそも「人類」という概念自体、人間の単一性を前提しなければ成立しないであろう)。

この一元論的人間観に立脚したコンスタンの宗教感情論は、これまで同列に置かれることのなかった人々を、いわば〝宗教的人間〟という統一的な認識対象として扱うことを可能にした。彼にとって宗教感情とは、科学や文明の発展を鼻にかけ宗教に無関心を装うヨーロッパ人に向けられた、優れてロマン主義的な概念であると同時に、キリスト教や理神論といった特殊ヨーロッパ的な宗教観を克服する人間学的な論拠でもあったのである。しかし、この人間学をコンスタンが最後まで保持するかといえば実はそうではない。

「自由な宗教」と聖職多神教

野生状態に続き、第二巻では人類第二の時代、つまり古代多神教の支配する野蛮状態への移行が描かれる。この段階になるとタブーや自己犠牲の精神を持つフェティシズムも御利益を得る打算の手段へと変質し、ついには宗教感情が形態から離脱する。「孤立した人間の神」(Rel. 143)であった野生人のフェティシュ[22]は、ここで一民族に共通の神々(多神教)へと集合することになる。この野蛮状態への移行は人類の最初の宗教革命であると同時に、狩猟採集の遊牧生活から分業に基づく定住・農耕生活への社会制度の変革さえ伴う大革命であった。しかし、この離脱した宗教感情はすべての多神教に宿ったわけではなく、最初から「二つの道」に分かれていた。つまりギリシア・ローマの独立多神教と、オリエントをはじめとする全世界の聖職多神教である。前者はオリュンポスの神々への人間精神の正常な歩みであり、その特徴は儀礼も教義も聖職団もほぼ存在しない寛容で「自由な宗教」だとされる。

「強要された宗教と自由な宗教の二つの宗教のうちどちらが最良の宗教だろうか? インド、エチオピア、エジプト、ペルシアはこの前者の宗教の事例を提供している。どんな進歩も知性には禁じられており、前進はどれも罪であり、刷新は冒瀆である〔…〕。次に聖職的不動性と比べた場合の自由で進歩的なギリシアを考察しよう。粗野なフェティシズムから出発した宗教感情は、程なく多神教に到達し、野蛮のあらゆる残滓から多神教を解放し、改善し、純化する。その教義や公の儀式においてすべてが気高くなる」(Rel. 566)。要するに「あまたの民族のうち、唯一彼らだけが司祭の権力から自由だったのである」(Rel. 205)。

その一方で、聖職多神教は天体崇拝や基体崇拝の道への逸脱であり、この天体・基体崇拝から生まれた天文学と物理学を掌握するためにフェティシズム状態にはなかった聖職カーストが創始される。それはもはや「自由の友」ではなく、人間と神性の関係もそこでは宗教感情を欠いた単なる取引関係となる。彼らは「いわば神との間に口座を開設したのである」(Rel. 109)。司祭たちは科学を自然現象の予知=予言に利用して民衆の心を虜にし、この巨大化した聖職権力が精神的権力と世俗的権力に分かれると、爾来、両者の間に権力闘争が繰り返されることになった。それゆえ聖職多神教では科学の前進はカースト内部でしか働かず、聖職団の登場が人間精神の進歩を停止させたとコンスタンはみるのである。[23]

古代民族の聖職団はその起源から宗教を権力手段にできると自負していた。バラモンもヘリオポリスの神官もジャグラー同様、礼拝は商売であった。〔…〕天文学の知識を使って司祭が神の怒りと称して日食の再来を伝える際に、彼が宣した原因がでたらめであることを自分で思い違うはずがない。民衆がひれ伏す一方、司祭は民衆の情熱の中にある宗教的なものとは無縁なところにとどまる。自分も聴いたこともないような声の解釈を宣して恐怖を誘うのだから司祭はその恐怖も希望も共有しない。彼は騙そうとしていたのであり、そうであるならどうして彼は何かを信じえよう? こうして聖職団はそれが宗教を利用して貶めたというこの唯一の理由で、宗教感情の能力を失うことになったのである。

(Rel. 255-256, 強調筆者)

宗教感情は常に民衆の側にあり、聖職団や権力者にあるのではないとすれば、形態からの宗教感情の離脱とはいわば民衆による聖職団の廃棄の云いにほかならない。科学や聖職団の発展に人類の「進歩」を見る同時代のオーギュスト・コントのような歴史哲学とは反対に、知識に精通し科学を創始するが「民衆の情熱の中にある宗教的なもの」に無感覚な聖職団よりは、コンスタンにとってフェティシズムのような低級な崇拝でも、何かを熱心に崇拝している民衆の方が遥かに好ましいのである。「宗教には二種類ある。一つはそれを押さえつけ停止させる組織団に従属したもの。もう一つはいかなる組織からも自由であり、漸次、自らを改善するものである」(Rel. 563-564)。このように野蛮状態に筆を進めるに及び、彼は二種類の宗教の相違を強調しはじめるのだが、この「二つの宗教」論は確かにその根拠を理性ではなく内的感情に求める点で異なるとはいえ、かつての理神論の啓示宗教批判の戦略と同じ構図であるのは銘記しておいてよい。

さて『宗教論』の著者によれば、この民衆の宗教と対極にある聖職団に従属した宗教には宗教感情が渇望する神性との交流を遮断する共通の特徴が見られるという。いわく、人間の生来的堕落を説くインドの原罪と悪魔学の教義、中国やペルシアの天上と地上を結ぶ媒介神、インドのブラーフマー・ビシュヌ・シヴァの三位一体の教義、世界の破滅に関する黙示録的教義とカースト位階制、エジプトや中国の処女懐胎神話、そして地上の罪を金銭で贖うインドのバラモンやオルフェウス秘儀の贖宥状等々——。すでに明らかなように形態から感情の離脱に「進歩」を見るコンスタンの宗教進歩テーゼは、司祭が支配する古代聖職宗教からの民衆の離脱の必然性を描くことで暗黙裡にフランス革命後になおも残存する聖職団、つまり同時代のカトリック教会への強烈な批判を喚起する仕掛けになっているのである。

三　自由・権威・フェティシズム

ラムネ『宗教無関心論』

『宗教論』はあくまで宗教史研究の体裁をとり、現実のフランス社会の政治状況に対する言及はほとんどみられない。だがその意図は明白であり、宗教史の叙述は単なる歴史記述の枠を超えて同時代の政治批判の武器となる。聖職団が社会の指導的役割を担うことは宗教史的にみれば「二つの道」の一方にすぎず、決して人間精神の必然的な歩みとはいえない。むしろ現在のカトリック教会の起源を辿れば、ギリシアの独立多神教を抑圧してきたオリエントの聖職多神教にその源があると考えざるを得ない。宗教改革やフランス革命がこのルートを修正してきたにもかかわらず、革命後の世界になおも神権政治の再興を画策するカトリシズムこそ、古代の聖職多神教の末裔にほかならないというのがコンスタンの認識である。

「われわれの非難は教会攻撃ではない」と彼は繰り返し弁明しているが、第三―四巻全体を埋め尽くす強烈な聖職多神教批判をまえに、こうした弁明を鵜呑みにする読者はまずいない。彼自身がプロテスタント告白したとされる序論の有名な箇所（Cf., Rel. 28）や、「プロテスタントによるカトリックの改善勧告」（Rel. 577）という結論部の発言をみても、そのカトリック批判の意図は疑いを容れない。しかし、それは一プロテスタント信者からの伝統的な批判にとどまるものではないだろう。コンスタンにとってキリスト教・異教にかかわらず、権威・ドグマ・科学を掌握する聖職団に支配された宗教よりも、民衆・自由・宗教感情に連なる宗教、すなわちエルヴェシウス——その功利主義には与しなかったが——がかつて推奨した寛容で教義《ドグマ》のない自由な宗教の優位性（『人間論』第一巻第一一—一五章）を証明することがまずは優先されるべきだからである。

しかし、こうした弁明と出版直前の多くの修正にもかかわらず、カトリック勢力は『宗教論』が刊行されるとすぐにその批判に乗り出した。かつてのベールやエルヴェシウスの戦略と同様、コンスタンは著作の半分近くを占める膨大な注の場を利用して同時代のカトリックの作家たちを名指しで批判していたからである。そこにはメーストル、ボナルド、シャトーブリアン、エクシュタインの名が見えるが、第一巻から早くも批判の俎上に上ったのが、フェリシテ・ド・ラムネ（一七八二—一八五四）である。

司教の選任や礼拝・宗教教育の権限を教皇庁から政府に移管すべしとするフランス国教主義《ガリカニスム》に対して、早くからラムネはそれを税金による教会管理を介した精神的権力の無力化と断じ、世俗政府に権力を一元化する専制体制としてガリカニズムを批判していた。その流麗な文体から俗に〝ボシュエの再来〟といわれたラムネだが、王権神授説に依拠するガリカニズム批判の点ではモーの司教と対極に位置する。「全面的に行政に従属した国家宗教を創設して、キリスト教をフランスから消滅させること、これこそ人々が必死に準備しているものなのである」[24]。のちにラムネはフランス政府との政教関係の維持を優先させる教皇庁から破門宣告を受けることになるが、メーストル亡き後の教皇至上主義の旗手として王政復古期に彼の名を一躍有名にした出世作こそ『宗教無関心論』（全四巻、一八一七—二四年、以下『無関心論』）である。

この書は同時代のヴォルテリアンたちを対象としていた点で、プロテスタント教会の普遍主義を標榜したシュライエルマッハーの『宗教論——宗教を軽んじる教養人への講話』（一七九九年）のカトリック版のような趣きを持つが、それ以上にカトリック教徒ラムネの普遍主義《カトリシズム》の論旨は明快である。中世の平和に宗教改革が個人的理性を人間に植え付け、権威を自由検討に置き換えて宗教的無政府状態を生み出している現在、権威の再建こそ社会に秩序を回復させる重要な鍵である。(25) 啓蒙主義者たち《フィロゾーフ》（特にルソー）は律法者が宗教を作ったというが、宗教は人間の発明品ではなく律法に先立つものであり、その証拠に宗教なき民族など古今東西を見渡しても存在しない。

この問題は律法者よりも古くから存在した全般的伝統、すなわち人間の組織制度を、そして実定法に先立つ潜在的な一つの宗教を想定しないでは解決されえない。〔…〕宗教は人間にとって極めて自然的であり、人間のうちにこれほど強固な感情はおそらくあるまい。人間精神が宗教を排斥するときも、人心にはこの宗教を思い起こさせる何ものかが残っている。そして万人に見出されるこの宗教本能はまた万人にとって同一である。〔…〕新大陸の砂漠にあって〝偉大な精霊〟を拝む哀れな野蛮人はボシュエのような明白・広汎な神の観念をもちろん有してはいない。だがこれらの野蛮人もボシュエと同じ宗教感情を有しているのだ。普遍的で滅びることなきこうした感情をどうして律法が作り出せようか？

(Ess. 1/47-48)

このようにラムネは全世界の異教のうちにそれに先立つ一神教の痕跡を見出すことで、キリスト教の普遍性《カトリシズム》とその権威を立証しようとする。だがこの主張は、自然宗教の普遍性からキリスト教を相対化し、その権威を貶めようとしたかつてのヴォルテールの戦略をいわば裏返しているにすぎない。なぜならラムネの護教論とヴォルテール的理神論は、前者が異教をキリスト教に、後者がキリスト教を異教のなかにそれぞれ回収しようとする点でベクトルは真逆だが、唯一神の観念をもはや選民の専売特許とは考えず、異教の背後に潜在的な一神教を想定する点で、実は両者は同じ前提を共有しているからである。第I部で確認したように、伝統的にカトリックと理神論は理論面では必ずしも折り合いが悪いわけではなく、偶像崇拝の解釈についてもラムネは同様の見方を示している。

「フェティシズムはアフリカの偶像崇拝民族のほぼ唯一の宗教である。〔…〕偶像崇拝とはまさに善霊・悪霊の崇拝であり、才覚や崇敬の念の点で際立った人々の幸福のための崇拝、つまり天使や聖人の崇拝だったのである」(Ess. 2/81-82)。教会の天使・聖人像崇拝を容認するカトリックの画像象徴説(崇敬説)の理屈が、ここでもそのまま偶像崇拝の解釈に適用されている。かつて自然神学による「神の観念の溶解」を前にピエール・ベールが最も恐れた事態が、いまやフランス随一と呼び声高いカトリック護教論者の筆を通して公然と主張されることになったのである。

コンスタン vs. ラムネ

ところでラムネが唱える宗教感情の普遍性には異議なしとしても、コンスタンが容認できなかったのは、この感情をカトリック教会の普遍性へと結びつけるラムネの態度とその論理矛盾にあった。その矛盾とは、『無関心論』第一巻ではこのように宗教感情の普遍性を認めていたにもかかわらず、第二巻以降、ラムネは人間の内面的感情を批判し、善悪や真理の判断基準として感情ではなく教会の権威をもちだすからである。

> 宗教感情をもはや宗教と呼ぶことはできない。なぜなら宗教とは必然的に法であり、社会全体の紐帯だからだ。精神の独立性を、あるいは各人が感情を持つように各人が宗教を持つ権利を証する表現として宗教思想や宗教感情について人は語る。だが結局、この宗教感情とは何であろうか？　われわれにそれを教えてくれないか？　なんという人間の深き貧困！　理由なき恐れ、心情の漠とした夢想、存在の憂鬱《メランコリー》、倦怠と嫌悪、つまりはわれわれの本性の貧しさと弱さへといきつく、お望みのものすべてである。人が感ずるものとは別の真理の基準を認めなければ最後に行き着くのはこうした無軌道さなのである。
> （Ess. 2/129, 強調イタリック）

それゆえ感情の代わりに真理の規準を与えるものこそ教会の権威である。「カトリック教会は唯一法的に構成された宗教社会であり、それが立脚する過去に現在を結ぶ社会であり、始まりの日付を持たず、ただ継続するだけの社会であり、いまだかつて変化したことなき社会であり、信仰を有し、もろもろのエスプリたちに命令を行使する社会であり、無謬性を標榜し、確実性を約束する社会である。これ以上何を要求できるであろう。そうだ、われらが求める権威とはこれである」（Ess. 3/25）。

感情という万人が一致する論理に依拠すれば、カトリック教会の普遍性は立証されるが、相対的にキリスト教の権威は低下せざるをえず、教会権威の維持・拡大を目指すラムネの思惑とはやはり折り合いが悪かったに違いない。というのも宗教の意味あいが道徳や感情に接近すれば、それだけ多様な信仰のどれもが正統な《宗教》になってしまうからである。ここにはコンスタンとラムネの間に《宗教》概念の明確なズレがあるのがわかる。ラムネ——そして多くのカトリック思想家[26]——にとって宗教とは個人の感情ではなく、あくまで教会という制度を中心とした社会秩序の構成要素たるべきであり、プロテスタンティズムと自然宗教の源泉としてラムネが宗教改革を激しく非難した最大の理由がここにあった。これに対し、感情を放棄したラムネに向けてコンスタンは次のように反論する。

「あなたがもし感情を放棄するなら、われわれの心情にある神的なガイドに代わるものは一体何なのか？〔…〕権力の受託者たちは、運命と契約を結んだといつも信じたがる。彼らはそのはかない用益者であるのに、自分たちが力の所有者であると夢想する。権威、それがかれらのスローガンである」(Rel. 591)。さらにこの「権威」をラムネが個人理性に代わる全体理性と呼んだところで、その無謬性が保障されるわけではない。なぜなら「人類の無謬の理性など無制限な人民主権の場合と事情は同じ」(Rel. 592) であり、主権に制限をかけないがゆえに引き起こされた恐怖政治と言論弾圧と同じ帰結を伴わざるをえないからである。簒奪的権威と合法的権威を区別できるのは、マジョリティーによる多数決＝全体理性ではなく「権威を所有するペテンに抗う自然の感情」しかありえない。このユグノーの末裔にとって権威ではなく、あくまで感情こそが「われわれに与えられている最も確実なガイド」、魂の根底を照らす「内的な光」であり、宗教史的にみても始まりの日付を持つことが明白な教会の権威に代替されるものではないのである。

コンスタンが『宗教論』全編を挙げて、聖職階級を生んだ天体・基体崇拝を宗教の起源におくデュピュイの学説に執拗に反対し、あくまで聖職階級なき野生状態（フェティシズム）を宗教の起源におこうとした理由がここにあった。もしラムネがいうように有史以来、聖職権威が常に宗教を支配してきたことを認めれば、革命後のカトリックによる精神的権威の再建という彼の主張に大きな論拠を与えかねないだろう。宗教史の研究は学問である前に、何よりもこの時代の宗教政策や政治的立場を左右する広い意味での政治的問題に属していたのである。[27]

「自由な宗教」としてのフェティシズム

コンスタンの理想とする宗教は、神的なものと交流する個人の内心に属するものであった。それゆえ宗教が国家と結びつき、恣意的に法を行使して個人の思想・信条を蹂躙し、神との交流を遮断するならば必然的に専制への道を歩むことになる。[28]「権威はどんな口実であれ宗教と融合してはならず」[29]、社会は「各人が最良だと思う方法でその神を礼拝する権利」[30]を保障せねばならない。これは、古代的自由（ルソーの説くような個人の権利の政治共同体への全面的譲渡）から生じた恐怖政治を防ぎ、近代的自由（私的生活と信仰の自由）の保障のために人民主権を制限すべしとする彼の主権制限論を背後で支える思想[31]であると同時に、彼の自由主義思想のなかで宗教論と政治論が直接に結びつく地点であった。[32]「私は四十年間、宗教、哲学、文学、産業、政治、あらゆる面で同一の原理を擁護してきた。それは自由の原理である。私がこの自由から解するもの、それは専制支配を望む権威に対する個人性の勝利である」[33]。

それでは王権＝カトリック体制、つまりコンスタンのいう聖職多神教が民衆の革命（フランス革命）で瓦解した十九世紀のフランス社会に彼が実現しようとした宗教とは何だったのか。その宗教進歩論からすれば、フェティシズム、多神教の次は一神教であり、決して宗教自体が消滅するとは想定されていない。しかし、七月王政を見届けた一八三〇年末にコンスタンは死去し、遺稿『宗教論』第三―四巻、続編『ローマの多神教』でも結局、検閲を恐れて多神教の没落までしか扱われず、一神教（キリスト教）も全面的に語られることはなかった。[34]だが理由はそれだけではない。政治権力と結託した一神教を専制《デスポティズム》とみなしていた彼自身、[35]一神教の到来を信仰の純化として描くことにある種の矛盾を感じていたからである。[36]『宗教論』の最終章は次のようなヴォルテール風の文章[37]で閉じられている。

各時代に制限なき、無限の、個人的な宗教的自由を宣言しよう。宗教的自由は宗教を不屈の力で包み込み、その改善可能性を保障するだろう。この自由は各形態が前の形態よりもいっそう純粋な宗教形態を増やすことだろう。〔…〕ただ一つのセクトは常に恐るべき敵対セクトである。敵に分かれた二つのセクトは武装した二つの野営地である。急流を分割せよ。もっと適切な表現をすれば、急流が千の小川に分流してゆくのをほっておけ。そうすれば千の小川は一つの急流なら荒廃させた大地を豊かにするだろう。(Rel. 576-577)

コンスタンは、理論面では宗教の複数性のなかに、実践面では聖職団なき合衆国の各宗派の調和のなかに、教会権力にも政治権力にも回収されない地点を確保する一方、宗教感情という人間本性のなかに狂信・無神論・功利主義に陥ることなき場所、すなわち人間の自由の根拠を見出した。[38]十九世紀前半のこの時代、コンスタンはもはや過去への回帰が不可能であり、宗教的信仰であれ、政治的信条であれ、道徳的信念であれ、社会的信頼であれ、人間の〝信ずる〟という純粋な精神的営為の問題へと収斂してゆくのを明確に自覚していた思想家であったといえる。しかし、宗教の分割や個人の内面を強調する彼の主張には、その精神的営為の根拠を最終的には分割不可能な個人のレベルまで後退せざるを得ない要素を常に孕んでいたことも確かだろう。宗教の本質を「信じること《クロワイヤンス》」におき、教義や司祭を擁する聖職宗教でも、国家に回収された一神教でもない、コンスタンの理想とする「自由な宗教」とは改めて何だったのか。彼自身はおそらく原始キリスト教に近いイメージを抱いていたが、十九世紀末の文芸批評家エミール・ファゲはこの点について興味深い診断を下している。

コンスタンはフェティシズムをもちろん嫌悪していた。だが奇妙なことだが彼は自分では気づかぬうちにそこへと回帰していった。フェティシズムとは何か？　それは個人の宗教だということだ。『フェティシズムはその本性からして聖職者の支配に抗う。フェティシュはその崇拝者がどんな状況でも自分で伺いを立てることのでき、それと直接契約を結べるような、携帯可能で拘束されない自由な存在である』――コンスタンの神とはまさにこれである。それは各人で作ることのでき、好きな時に伺いの立てられる自由に持ち運べる理想的な存在である（このコンスタンとかいう奴は賛辞を込めてこう書いているのだ！）。フェティシュとは〔…〕まさに貴方自身であり、貴方はこれと道徳談議をしている。政治面で自分の権利にしか従わないように、宗教でも貴方は自分の考えだけを崇めている。貴方の宗教は内面的フェティシズムであり、貴方の魂の守神の前で跪拝することである。[39]

この文章をファゲが著した十九世紀末は、フェティシズム概念がちょうど民族学的言説から性科学の領域へ移動していく時期と重なっている（ビネ『愛のフェティシズム』一八八七年）。コンスタンの宗教を「内面的フェティシズム」と断じるこの保守主義者にとって、「未開」宗教への回帰などまさに精神病的症例の一種にほかならない。ユグノーという出自や多情な私生活を標的にした、〝エゴイスト〟コンスタンに対する人格的な貶めは、ファゲに限らず十九世紀を通じて繰り返されてきたものであり、今日ではこの種の非難の論拠はほぼ失われている。(40)

しかし、ファゲの指摘を俟つまでもなく、コンスタン自身のフェティシズムに対する嫌悪と愛着の両義的な態度《ジレンマ》は、『宗教論』全体に漂うある種の形而上学に由来していた。十八世紀の啓示宗教や理神論を退け、野生状態のフェティシズムに宗教の起源を設定し、一元論的な人間学的論拠を確保しながらも、野蛮状態における二つの宗教への分岐を説き、すでにフェティシズムに具現されていた宗教感情という超歴史的概念に「自由な宗教」の正統性を回帰的に訴える『宗教論』の構図自体がそのことを物語っていた。のちに見るようにコンスタンの宗教論のこの形而上学的側面は同時代の社会学の始祖たちの批判に晒されることになるが、この書からちょうど百年後、二十世紀初頭のデモクラシーの危機に対峙するベルクソンの宗教哲学のなかで奇妙にも同種の形而上学に再び出会うことになる（この点は終章で検討する）。

神なき自由な世界？

啓蒙史の碩学ポール・アザールは、十八世紀末を生きた助祭ポタンと老人セラピオンなる師弟の次のようなエピソードを引いているが、そこでの弟子の嘆きは理神論のような主知主義的な宗教理解がロマン主義の時代に衰退してゆく理由の一端を示している。

セラピオンは非常に厳格な人で、非難の余地のない行動をしたが、神を人間の姿に似せて常に思い描いていた。ポタンが老セラピオンに十分に教説してやったので、セラピオンは自分の間違いを悟り、ポタンは旅を続けた。だがこのとき以来、セラピオンはお祈りをしたいとき、非常な絶望に落ち込むのが常であった。「ああ、私はなんと惨めなのだろう。彼らは私から私の神を奪ったのだ。私はもう、自分を誰に結びつけるべきなのか、誰を崇拝すべきなのか、誰に訴えかけることができるのかわからない」。あわれなセラピオンに対して、その後悔と涙に対して理神論者ならば一片の情容赦もかけなかったであろう。(41)

十八世紀は懐疑主義と合理主義の台頭に伴いキリスト教の妥当性が問われたが、十九世紀は人間と神をめぐる実存的な問いへと人々の意識が転換してゆく。〝なるほど多くの科学的知識を得た人間は迷信的ではなくなった。しかし、人間ははたして本当に宗教や神なしで生きていけるのか？(42)〟セラピオンの嘆きに見られるこのロマン主義的な苦悩は、スタール夫人によればなおも神なき世界に生きる近代人のそれでもある。「感情を信仰心の真実に当てはめてはならないと主張する理由があるだろうか。〔…〕神と人間の姿が互いに似ているという考え方はよくないからといっても、人間が自分のために作り上げる神の姿が人間の魂に似ていてはならないという理由になるだろうか。私の考えでは人はこのようにしか神を思い描くことはできないのである」(43)。近代社会における「神の死」とは、ここでの議論でいえば人間からフェティシュを剝奪することの云いにほかならない。

十八世紀まで「異教」は、もっぱらキリスト教の普遍史からの逸脱、あるいはヨーロッパ世界の外部に位置づけられてきた。しかし、「宗教」概念の内実がそれまでの理性や啓示に基づく理解から、ロマン主義以降、感性に基づくそれへと転換すると、野生・古代の信仰も文明宗教も、「宗教感情」や「宗教性」という普遍的な人間本性を前提とした、一律の心理学的・社会学的次元で捉えられることになった。それに伴い、キリスト教という文明宗教に依拠してきた旧体制の崩壊後の知識人たちにとって、遥か彼方の新大陸やアフリカの野生信仰、あるいはギリシアやエジプト、ガリアの古代社会の崇拝ももはや自らの〝高尚な〟宗教とは無縁の迷信ではなく、真剣に対峙すべきものへとその姿を変えていったのである。[44]

彼らは革命を歴史の進展のやり直し（Re-évolution）ととらえ、程度の差はあれキリスト教に代わる新たな宗教（革命宗教、市民宗教、芸術崇拝など）のモデルを古典古代やオリエント、そして「未開」の異教に求め、のちに見るように普遍史に代わる新たな歴史哲学の材料としてそれらを利用していった。コンスタンは、彼が他界する七月革命前後にフランスで沸騰する実践的な世俗宗教運動とは無縁であったが、それでもフェティシズムに対するその両義的な態度のうちには、民族学的言説から性科学的言説へと移動してゆく近代的なフェティシズム概念――近代人でさえ逃れることのできない内面的な精神的衝動――の兆候とともに、宗教の個人化＝世俗化というその後の近代社会の宗教の行方も予示されていた。

十九世紀後半の合理主義者フロイトやマルクスにおいてフェティシズムはあくまで近代人が克服すべき病癖・イデオロギーであったように、確かにコンスタンにとっても唾棄すべきものに違いなかった。「愚鈍」で「滑稽な」フェティシズムは人類最初の宗教ではあれ、現代に復権すべき宗教であるなどと彼が主張したことはない。しかし、ギリシア・ローマという本当に例外的な多神教以外の宗教、つまりカトリックを含む全世界の聖職多神教を、聖職団や司祭なきフェティシズムからの頽落態だとコンスタンが指弾する時、やはりファゲのいうように彼自身の「自由な宗教」をそこに重ねずにはいられない。コンスタンのフェティシズムは人類の幼年期の単なる精神状態というより、これまで人間と社会を統べるコスモスの重石であった「聖なる天蓋」(ピーター・バーガー)が取り去られる十九世紀の来るべき産業社会の前夜に、近代人自身がそのあらゆる自由と引き換えに信仰の問題を教会や国家ではなく個人ですべて背負わざるをえない時代の到来を告げていたようにみえる。

心理主義小説の傑作『アドルフ』の著者は、唯一の他者であった愛人の死を前にして主人公にすでにこう語らせていた。「あれほど惜しかったあの自由がいまはどれほど重くのしかかっていることか! あれほど忌々しかったあの束縛がいまはなんと心に空ろな穴をあけていることか!〔…〕なるほど私は自由になった。もう愛されてはいなかったからだ。私はすべての人に対して無縁の存在となったのである」[45]。神なき時代の個人と社会の両立という近代人のジレンマをすでに抱え込んでいたアドルフの姿[46]は、世紀末の合理主義者たちの唱えた世俗化論の自明性が失われたポスト世俗化時代のわれわれの姿にむしろ近いのかもしれない。

次章では、コンスタンが死去する一八三〇年に実質的なキャリアを開始するジュール・ミシュレの歴史学を取り上げ、「歴史」と異教をめぐる十九世紀の新たな展開——その風はオリエントからやってくる——に目を向けることにしたい。

註

(1) M. Barrès, *Le culte du moi. Sous l'œil des barbares*, Paris, 1911, p.17.〔『世界の文学二五 バレス』、伊吹武彦訳、中央公論社、一九七〇年、一〇頁〕
(2) L. Fedi, *op. cit.*, pp. 132-140.
(3) B. Constant, *De la Religion, considérée dans sa source, ses formes et ses développements*, présenté par T. Todorov et E. Hofman, Actes Sud, [1824-1831]1999. 以下、Rel. と本文に略記し、頁数を記す。
(4) 石塚正英、前掲書、一一〇頁、一三七頁。

(5) Bazard, *Doctrine de Saint-Simon, Exposition, 1828-1829*, Paris, 1924, p. 492, n. 356, par C. Bouglé et E. Halévy (ed.). コントのフェティシズム概念の受容については、かつてカンギレームが唱えたルロワ経由説が有力視されてきたが、この説にはほとんど根拠がない。次の拙稿を参照。T. Sugimoto, « L'histoire des religions et la pensée politique sous la Restauration : A. Comte et B. Constant devant le *fétichisme* »,『日仏社会学年報』第十八号、日仏社会学会、二〇〇八年、六七―八三頁。

(6) A. M. Iacono, *op. cit.*, p. 72.

(7) 中谷猛『近代フランスの自由とナショナリズム』法律文化社、一九九六年、四頁。

(8) Cf., P. L. Assoun, *Le fétichisme*, 2e ed., P.U.F, [1994]2002, p. 46.〔『フェティシズム』西尾彰泰・守谷てるみ訳、白水社、二〇〇八年、五九頁〕

(9) T. Todorov, « Un chef-d'œuvre oublié », in *De la Religion*, présenté par T. Todorov et E. Hofman, Actes Sud, 1999, p. 9.

(10) 一八〇六年に構想された『政治原理』は一九八〇年に、そして一八〇〇年に構想された『大国における共和制の可能性』は一九九一年にはじめて全体が出版された。ヴィタルは、この物理的要因に加え、コンスタンの政治論が忘却された三つの理由を挙げている。まず、端的に大著がないという点。次に十九世紀の政治思想家たちによるコンスタン個人に対する悪評。最後に、十九世紀リベラリズム思想史を支配してきたマルクス主義の影響。これにより革命と社会主義の過渡的思想としての地位しか与えられなかった。Cf., F. Vitale, *Benjamin Constant, Ecriture et Culpabilité*, Librairie Droz, 2000, pp.159-160.

(11) コンスタンとベルクソンの宗教論の類似性についてはすでにグイエによって指摘されている。「コンスタン同様、ベルクソンにとって、歴史的宗教はどれも二つの要素と結びついている。教義、信仰、勤め、教会、つまり彼が〝形態〟と呼んだものと、〝魂の内奥〟に由来する本来的に宗教的なものである」(H. Gouhier, *Benjamin Constant*, Desclée de Brouwer, 1967, pp. 58-59, p. 63)。ベルクソンの宗教論については、本書の最終章で検討を加えている。

(12) Cf., F. A. Isambert, « The early days of French sociology of religion », in *Social Compass*, vol.16, No.4, 1969, pp. 437-438.

(13) これに対して、宗教の歴史や制度の側面を重視したのが、のちに検討するコントからデュルケム、モースに至るフランスの社会学系統の論者たちである。宗教史家ミシェル・デプランは、十九世紀フランスの宗教研究の特徴を「政治的・社会的な反響や脈絡から逃れた宗教という考えが存在しなかった」点に求め、「ロマン主義的＝ゲルマン的＝プロテスタント的な文化的原型を引き継いだ完全に内面化された宗教観念」に対して、常に外在性と他律性に依拠してきたフランス型の宗教観を対置させている。「要するに「フランスでは」客観的で超然とした学者が実践的帰結とは無縁な知識で満たせるような空箱としての宗教概念がなかったということである。実際、歴史上普遍的に存在する与件として宗教感情を扱う、そういった研究が持つ価値を常に認めることができたいかなる理論的言説も存在しなかった。むしろ一連の理論的言説は宗教と政治の連関のいくつかの類型を証明しているからである」(M. Despland, « La religion au 19e siècle: quelques particularités françaises », in *Religion in history : the word, the idea, the reality*, by M. Despland and Gérard Vallée (ed.), 1992, p. 60〔強調筆者〕)

(14) スタール夫人『ドイツ論（三）――哲学と宗教』エレーヌ・グロートほか訳、鳥影社、一九九六年、二一八頁。

(15) B. Constant, « Du développement progressif des idées religieuses », in *De la liberté chez les modernes : Ecrits politiques*, présentés par M. Gauchet, Hachette, [1826] 1980, p. 523.

(16) 日記の記述を頼りにすれば、この分割の着想は早く一八〇四年二月にドイツの後期啓蒙詩人ヴィーラントから得たと述べている。「ヴィーラント、愛想まあまあ。不信心甚だし。宗教感情と既成宗教は違うとのうまい区別、忘るべからず。この区別によって、無神論者の乱雑さを避けることができ、しかも自由はまるまる残る。独断的な無神論は美しいものの全ての敵である。宗教における制度的《ポジティヴ》なもの、それは美と自由の全ての敵である」（B. Constant, « Journal intime », in *Œuvres de Benjamin Constant*, Gallimard, 1957, p. 235-236.〔『バンジャマン・コンスタン日記』高藤冬武訳、九州大学出版会、二〇一一年、一六頁〕）。管見の限り、「宗教感情」概念の初出がこの日記であることからしても、宗教の分割と宗教感情論は彼の思想の当初から不可分であった。ドイツ・プロテスタント思想と進歩思想のコンスタン自身の評価（Rel. 74）も参照。

(17) E. Faguet, *Politiques et Moralistes du XIXe siècle*, Première Série, Lecène, Paris, 1891, p. 237. Cf., P. Deguise, *Benjamin Constant méconnu : le livre De la religion, avec des documents inédits*, Librairie Droz, 1966, pp. 84-85.

(18) Vitale, *op. cit.*, p.185.

(19) H. Pinard de la Boullaye, *op. cit.*, p. 236. コンスタンは、神学の影響が比較的少なかった新興の大学だったハノーファー、そしてこのゲッチンゲンに通い詰め、ヘーレンやハイネらこの学派に連なる著作を『宗教論』でもふんだんに利用している。特に碩学クリストフ・マイナース（一七四九―一八一〇）の『宗教の一般的批判史』（一八〇六年）は比較主義の立場からド・ブロスのフェティシズム概念を宗教史に導入し、ゲッチンゲン学派の啓蒙史観を体現していた。ただ彼の思想には進歩思想が潜在的に含みこむ人種差別の特徴が顕著に現れている。Cf., Britta Rupp-Eisenreich, « Des choses occultes en histoire des sciences humaines: le destin de la « science nouvelle » de Christoph Meiners », in *L'Ethnographie*, t. 79, 1983, No.90/91, pp. 171-173.

(20) B. Constant, « Journaux intimes », in *Ibid.*, p.302.〔前掲訳書、九〇頁〕。

(21) L. Fedi, *op. cit.*, p.144.

(22) コンスタンによれば、孤立した人間が持つ神々もまた孤独であるとされる。Cf., B. Constant, *Du Polythéisme Romain*, chez Béchet Ainé, 1833, t.1, p. 111.

(23) Cf., B. Constant, « Du développement progressif... », in *ibid.*, pp. 532-536.

(24) F. R. de Lamennais, *De la Religion considérée dans ses rapports avec l'ordre politique et civil*, in *Œuvres complètes*, t.7, [1825]1836-1837, p. 60. このタイトルは、その前年に出版されたコンスタンの『宗教論』を明らかに意識している。

(25) Idem, *Essai sur l'indifférence en matière de religion*, in *Œuvres complètes*, t.1, [1817], 1836-1837, Paris, p.7-8. 以下、Ess と略記し、文中に巻数/頁数を記す。

(26) 「感情」という名詞に〝厚かましくも〟「宗教的」という形容詞を接続するコンスタンの宗教感情論が当時の論壇に呼び起こした反響については次を参照。Cf., B. Juden, « Accueil et rayonnement de la pensée de Benjamin Constant sur la religion », in *Benjamin Constant, Madame de Staël et le groupe de Coppet*, E. Hofmann (ed.), Oxford, 1982, pp.151-166

(27) ポスト革命期の宗教研究が志向した社会的・政治的役割については次を参照。Cf., M. Despland, *L'émergence des sciences de la religion*, L'Harmattan, 1999, pp. 45-83.

(28) Cf., B. Constant, « Des passions religieuses et de leurs rapports avec la morale », in P. Deguise, *op. cit.*, p. 280.

(29) Idem, « Journaux intimes », in *ibid.*, p. 330.〔前掲訳書、一一九頁〕

(30) Idem, *Du Polythéisme Romain*, ibid., t. 2, p. 308.

(31) 堤林剣は、コンスタンの宗教論が人間の改善可能性の議論と表裏一体のものであり、主権制限論を含む彼の政治理論が宗教論によって基礎づけられている点を明らかにしている。Cf., 堤林剣『コンスタンの思想世界』創文社、二〇〇九年、第二部第四—五章、八七—一五八頁。

(32) 一八〇六年頃に起草された『政治原理』(一八一五年)ではこう記されている。「政府はいかなる方法でも宗教に介入するなら悪を行う。政府が検討の精神を押しのけて宗教を維持しようとする場合にも悪を行う。なぜなら権力が影響力を振るえるのはどこまでも利益に対してのみであり、信条にはそれはできないからである」(B. Constant, « Principes de politique », in *Œuvres de Benjamin Constant*, Gallimard, 1957, p. 1188)。なお、「宗教の自由について」と題されたこの一七章の文章は政治の部分を削除した形で、のちの『宗教論』に再録されている。

(33) B. Constant, « Préface de Mélanges de littérature et de politique », in *De la liberté chez les modernes*, Hachette, 1980, p. 519.

(34) Cf., Deguise, *op. cit.*, p. 58.

(35)「この危険は有神論ではさらにもっと恐ろしいものとなる。有神論の神の権能は常に無制限であるからである。〔…〕退廃した残酷な神々（divinités = フェティシュ）を崇拝の対象としているが、しかし自分自身の心の法廷を徳に託すような礼拝であるなら、最も称賛すべき性質を帯びてはいてもその意思の行為一つで道徳を変えてしまうような神（dieu）を持つ宗教ほどには、有害ではない。宗教は決して一つの刑法でも、恣意的な法典でもない。それは神性（Divinité）と人間との関係、つまり人間を構成しているもの、すなわち道徳的・知的存在との関係、さらにいえば人間の魂・思想・意思との関係である。行為とは、どこまでもこの内的状態の表われとして人間の領域に属している」（Rel. 513）。この一文は『ローマの多神教』第一巻にも再録されている。Cf., B. Constant, *Du Polythéisme Romain*, t. 1, pp. 82-83.

(36) Cf., Deguise, *op. cit.*, p. 46.

(37)「もしもイギリスに宗旨が一つしかなかったならば、その専横は恐るべきものがあろう。もしも、二つしかなかったならばお互いに喉笛を切りあっただろう。しかしそこには三〇からもの宗旨があるので、みんな仲よく安穏に暮らしている」（ヴォルテール『哲学書簡』林達夫訳、岩波文庫、一九八〇年、四一頁）。訳者の林達夫によれば、これとほぼ同じフレーズはベールや『ペルシア人の手紙』のモンテスキューにも見られる。

(38) B. Constant, « Coup-d'œil sur la tendance générale des esprits dans le dix-neuvième siécle; Extrait du discourse pronounce par M. Benjamin Constant, dans la Séance d'ouverture de l'Athénée royal de Paris, le 3 décembre 1825 », in *Revue Encyclopédique*, Paris, 1825, t. 28, pp. 672-673.

(39) E. Faguet, *op. cit.* p. 246（強調イタリック）．ここでファゲが引用しているコンスタンの文章は、次にある。Cf., « Du développement progressif... », in *ibid.*, p. 534.

(40) Cf., Deguise, *op. cit.*, Préface, p. ix, p. 41, pp.63-66. サント・ブーヴ、バラント、ファゲ、トロー・ダンギャン、ギルマンらによる『宗教論』の誇張と過小評価、あるいは文章の改竄によってコンスタンが反宗教家からその後転向したというレッテルが長い間張られ続けてきた。この問題についてはデュギーズの他に次の文献を参照。Cf., F. Vitale, *op. cit.*, p. 199 ; T. Todorov, *Benjamin Constant : la passion démocratique*, Hachett, 1997, pp. 75-76, p. 107.〔『バンジャマン・コンスタン――民主主義への情熱』小野潮訳、法政大学出版局、二〇〇三年、七一―七二頁、一〇六頁〕

(41) アザール『十八世紀ヨーロッパ思想史』、一一五―一一六頁。

(42) L. Scubla, « Les hommes peuvent-ils se passer de religion? » in *Revue du Mouss*, N.22, 2003, pp. 90-117.

(43) スタール夫人、前掲書、二四八頁。
(44) すでに十八世紀啓蒙から始まっていた異教（主義）の復権がロマン主義まで継続していった例として、十八世紀初頭に理神論者トーランドによって蘇った古代ドゥルイド教団や、ヴォルテールやモーツァルトら啓蒙知識人の多くが所属したフリーメーソンの異教神秘・イシス崇拝の流れと、ブレイクやシェリー、シラー、トーマス・テイラーら十九世紀のイギリス・ロマン派の詩人たちの異教主義や、バランシュ、ラマルチーヌらフランスのオルフェウス主義とのつながりについてはすでに指摘されている（プルーデンス・ジョーンズ、ナイジェル・ペニック『ヨーロッパ異教史』山中朝昌訳、東京書籍、二〇〇五年、三三四―三四四頁。イヴ・ボンヌフォワ編『世界神話大事典』金光仁三郎ほか編訳、大修館書店、二〇〇一年、八六一―八六四頁）。また、異教とカトリックの結びつきでいえば、シャトーブリアン、ラムネ、あるいはケルト系にその祖先を持つユゴーらロマン主義者の多くが、〃文明フランス〃の中心地パリではなく、ケルト・ガリア文化が色濃いブルターニュという〃文明の内なる野蛮〃に出自を持つのも偶然ではないだろう。ブルターニュにおける民衆文化とロマン主義との密接な関係については、次の研究を参照。Cf. 原聖『〈民族起源〉の精神史――ブルターニュとフランス近代』岩波書店、二〇〇三年、一二五―一七二頁。
(45) B. Constant, *Adolphe*, Garnier Frères, 1955, p.143.［「アドルフ」『世界の文学――フランス』安藤元雄訳、集英社、一九九〇年、三六七頁］その序文の草稿でコンスタン自身、この小説で描きたかったのは「われわれの世紀の主要な精神疾患の一つであった」（ibid., p. 304）と述べていた。
(46) 水田洋は『アドルフ』の隠されたテーマとして、「個人と社会」の近代的ジレンマの問題をすでに指摘している。Cf. 水田洋「アダム・スミス、コンスタン、マケンジー」『東京経大学会誌』第一三七号、一九八四年、八九―一一七頁。

第六章　「普遍史」とオリエント――ミシュレとロマン主義の時代

一　「歴史の世紀」の宗教性

「歴史家ではないミシュレ」

「ミシュレを最大の歴史家だと言ってはならない。彼は年代記作家であり、記憶の作家《メモリアリスト》なのだ。彼は歴史家ではない人々のなかで最大な者の一人〔…〕と言わねばならない」[1]。詩人シャルル・ペギーは晩年にミシュレをこう評した。だが彼が生涯賛辞を惜しまなかったミシュレを歴史家と呼ばないのは奇妙に映るかもしれない。ドレフュス事件に挫折したペギーにとって、歴史上の事件を均質な時間に「記載」する実証主義の歴史家に対し、ベルクソン流の生命の持続を歴史まで広げ、出来事を「記憶《メモワール》」として復活させたのが天才ミシュレであった。実際にはミシュレはベルクソン哲学と直接には無縁であり、彼を実証史学の対極におくのも現在では留保がいるだろう。だが「歴史家ではないミシュレ」というペギーの指摘はミシュレの歴史学に常につきまとう神秘主義的な一面を衝いている。

ジュール・ミシュレ（一七九八―一八七四）は、「歴史学」という学問がまだ成立を見ない十九世紀前半に『世界史序説』（*Introduction à l'histoire universelle*）という作品でその実質的なキャリアを開始した。ただ

〝世界史〟と言っても、それは原題が示す通り、古くは中世の教父たちから十七世紀の『世界史論』（*Discours sur l'histoire universelle*）のボシュエに至る伝統的なキリスト教「普遍史《イストワール・ユニヴェルセル》」の響きを帯びている。普遍史とは人類史を聖書の枠組みで描く神の救済史であり、十八世紀啓蒙を挟んだ十九世紀のミシュレの思想にそれが直接表れているわけではない。だが地上のあらゆる民族の出来事を事実の集積ではなく一つの「全体史」に収め、そこに歴史の方向を読み取るその発想はミシュレに限らずこの時代の思想家たちも共有したものだった。「三状態の法則」で知られる、彼と同い年の社会学の創始者オーギュスト・コントが「大ボシュエ」に敬意を払ったのも、「全体史」というミシュレと同様の関心からであった（『実証哲学講義』第四七講）。これまで普遍史が与えてきた歴史の意味を刷新し、いわば世俗化することがこの時代の〝歴史学〟の役割だったとすれば、世界史とは本来的にニュートラルな概念ではなく、確かに近代の特殊西欧的価値を背負った一つの新しい歴史意識であったといえる。[2]

ところで「歴史の創始者」（リュシアン・フェーヴル）の方のその後の歩みは、しかし世界史というより〝歴史家ミシュレ〟の名を不動のものとする国民史の仕事へと向ってゆく。ライフワーク『フランス史』（全一七巻、一八三三―六七年）に代表されるその作品は、その後のフランスのナショナル・アイデンティティの形成に大きな影響を与えたことはよく知られている。すでに完結したその膨大な作品群を前にした現代のわれわれには、初期の『世界史序説』（一八三一年、以下『序説』）は歴史学と哲学が融合した半ば神学的な作品の印象を受けるに違いない。おそらく「歴史哲学」という呼称が無難なところだが、それさえも現代ではどこか宗教的な（つまり前学問的な）響きを帯びた言葉に感じるだろう。

十九世紀は「歴史の世紀」と呼ばれるほど多くの歴史書が著されたが、ナショナリズムの高揚、厳密な史料批判の要請からヨーロッパ規模で世界史への関心が低下した時期であり、[3]ミシュレの関心の移動も同時代の動向と連動しているように見える。第三共和政期に制度化される「共和国の歴史学」は実証主義を基礎にしたとはいえ、彼もその源流の一つだったことは確かであり（例えば弟子のガブリエル・モノーを介して）[4]、さらに二十世紀のアナール派の社会史（ミクロ・ヒストリー）に与えたその後の影響についてはもはや多言を要さないだろう。

しかし、その作品群を改めて眺めるなら、彼が決して世界史＝普遍史への関心を失ってしまったわけではないことがわかる。例えば『序説』の内容を深化させた晩年の『人類の聖書』（一八六四年）はその代表的な作品である。また彼自身、『序説』序文でこの書に「『フランス史序説』という題をつけることも十分に可能だった」と述べているように、「フランス史」と「世界史」を互換的に考えていたミシュレにとって、その後の国民史の作品も世界史の構想と不可分だったと――『フランス史』自体が『序説』の一部だったとさえ――考えることもできるだろう。現代では世界史（学問）と普遍史（宗教）は別物と考えられているが、ミシュレの歴史学のなかで初期の『序説』と晩年の『人類の聖書』を結ぶ「普遍史」――あるいはその言葉のキリスト教的な響きを避けるなら――「宗教史」の構想はどのような位置を占めていたのだろうか。まずは彼の歴史学の宗教性に注目してみたい。

ポスト革命期の歴史と宗教

今日では「反教権主義者」として知られるミシュレだが、その著作に散見される信仰や聖性といった「宗教的なもの」への関心についてはこれまでも指摘されてきた。彼は『民衆』（一八四六年）でフランスや革命自体を「新しい宗教」と呼び、翌年の『フランス革命史』では革命期の連盟祭に「真の信仰」を見出している。これらは単なるレトリックではなく、ミシュレはキリスト教に代わる十九世紀の新しい宗教を革命フランスの精神的な紐帯として歴史的に描き出そうとした。また聖ルイやジャンヌ・ダルクの「受難」を描く『フランス史』の壮大な叙述も一種の聖性の歴史として捉えることも可能だろう。(5) カトリック＝王権体制が崩壊する大革命から二月革命に至るフランスの社会情況を無視しては、彼の歴史学のこうした宗教的性格を理解することはできない。「歴史」と「宗教」を語ることは、なおも社会体制が流動的だったこの時代の政治的立場を左右する主要な争点の一つでありつづけたからである。

新たな社会秩序の構築の鍵はキリスト教の再建か、新宗教の創設か？ ポスト革命期に提起されたこの問いに対して、宗教史家ミシェル・デプランは前者の思想の始祖としてメーストル（カトリック）を、後者のそれとしてサン＝シモン(実証主義)を挙げている。(6) この二つの思想潮流は社会の存立を前者が教会の権威に、後者が科学の権威に求める点で相違はあるが、人民主権論への批判とそれが破壊した「精神的権威」の再建という立場を共有していた。〝十九世紀の新たな精神的権威の復興〟の歴史的証明のために、カトリック陣営が組み上げた世界史が伝統的な普遍史に基づいていたのはもちろん、「新キリスト教」を唱えたサン＝シモンとその弟子たちや人類教の創始者コントが古代から近代の科学史の考察に力を入れた理由も精神的権威の歴史的普遍性というテーマに関わっている。(7) そして精神権／世俗権の二元論や社会組織に対する教会制度の重要性といったテーマを、独自の聖俗論や宗教定義へと結実させたのが十九世紀末のデュルケム社会学であったことはすでに学説史の常識に属している。

だが第三の潮流として、十八世紀の反教権主義と革命期の共和派イデオローグの流れを汲む広い意味でのリベラル派の系譜（スタール夫人、コンスタン、ギゾー、クザン）がある。帝政期から王政復古期まで多くの困難を経験した彼らは、大革命の歴史的意義を再確認しつつ、マイノリティー（プロテスタント）の立場から世俗権力の宗教権力への従属を批判し、政治的・宗教的自由の擁護のために独自の宗教史を構築しようとした。[8] ここにはプロテスタントの潮流がカトリシズムや実証主義に由来するフランス社会学の主流から弾かれてきた（あるいは社会学ではなく「政治学」と呼ばれてきた）理由の一端があるが、リベラル派は決して宗教を無視することなくカトリシズムや実証主義の宗教史に対抗しようとした。今では彼らの歴史学・文明史を「宗教史」と呼ぶのはやはり違和感があるとはいえ、この三つの思想潮流はキリスト教への立場は違っても宗教自体は否定せず、社会と宗教、民衆と教会、自由と権威といった歴史的関心を共有していた。「精神的権威」の問題は復古王政とカトリックの再国教化という同時代の政治的な次元に加え、そうした権威の起源・到来を正当化する歴史的な次元とも結びついており、その理論闘争の場こそ広い意味での宗教史だったからである。

以下ではまず、『序説』に結実する若きミシュレの思想を醸成した知的環境に触れるために、王政復古期の宗教史研究の動向を概観する。これまでもヴィーコの歴史哲学のミシュレへの影響は多く論じられてきたが、ここではもう少し広い当時の思想状況、特にドイツの神話学研究を介したオリエント学の隆盛を視野に収めることにしたい。ボシュエやヴィーコの世界史と十九世紀のそれが決定的に異なるのはオリエントの知見の西欧への流入にあり、その受容の仕方にカトリックとリベラル派では政治的な相違がみられたからである。議論の後半では、『序説』のオリエントの位置づけを中心にその影響を検討する。予想されるように基本的にはミシュレはリベラル派の流れにあったといえるが、多少の態度の振幅もそこには含まれている。そして教会批判を鮮明にしていくその後のミシュレの思想的変化を晩年の『人類の聖書』に読み取りながら、彼の歴史学における世界史＝普遍史の構想が持つ政治的な意味について考えていきたい。

二　オリエンタル・ルネサンス

オリエントとドイツ・ロマン主義

宗教史家ハンス・キッペンベルクは「同時に歴史哲学でないような本来の意味における歴史記述はあり得ない」という歴史家ヘイドン・ホワイトの考えが、マックス・ミュラーからデュルケムに至る十九世紀の宗教史の記述にも妥当すると述べている。[9] ここでいう宗教史とは、ある地域の教会制度や信者の活動変化の史的記録ではなく、諸宗教の変遷を描く際に動員される、その思想家固有の宗教観に基づく歴史認識である。例えば中世までキリスト教の作家たちは聖書を根拠に異教を排除しつつ普遍史（教会史）自体を人類史として描いてきた。この前提は異教主義の台頭を承けた十八世紀啓蒙期に決定的に崩壊していくが、[10] キッペンベルクによれば神学に代わる（ないし受け継ぐ）十九世紀の新たな宗教哲学の一つが当時ヨーロッパを席捲したオリエント学である。

主に英仏の植民地主義の思想的起源を辿ったサイードの『オリエンタリズム』（一九七八年）は研究対象から外しているが、当時フランスの知識人に大きな影響を与えたのがドイツの神話学・文献学研究である。[11] クザンやギゾーがフランスにドイツ観念論を導入した同じ頃、ゲレスの『アジア世界神話史』の仏訳（一八一一九年）を皮切りに、仏学士院入りを果たしたクロイツァーの『古代民族の象徴学と神話学』仏訳（全十巻、一八二五―五一年、以下『象徴学』）が、そして「印哲ブーム」の口火を切ったヘルダー『人類史の哲学考』仏訳（一八二七年）が先の二人に師事したエドガー・キネ（一八〇三―七五）によって刊行される。これらの特徴は「印欧語族」論から人類単一言語仮説を唱えたイギリスの言語学者ウィリアム・ジョーンズ（一七四六―九四）を踏襲し、人類史の原初をアジア（インド）におき、そこに民族と学問の統一が保たれた高度文明を想定する点にあった。

この思想はヘブライズムとヘレニズムの伝統を徐々に揺るがし、学者だけでなく作家や詩人が関与する当時最大の思想的源泉へと成長する。ここにかつてのルネサンスが中世を終わらせたように古典時代の刷新を使命とした「オリエンタル・ルネサンス」（キネ『宗教精髄』一八四二年）と呼ばれる思想運動が誕生する。キネはこの書で「西洋化したオリエントの言語を辿ることは一歩ずつゲルマン民族の移動を辿ること」と同じであり、ドイツの言語や神話はその遠い「アジアの天分の残響」をとどめていると論じた。[12] こうした考えが当時流行した理由の一つは、未開＝自然状態の言語・宗教起源の分析からキリスト教批判を展開した十八世紀啓蒙に対して、それを論駁する強力な反証がそこに見出されたからである。

この思想の最初の伝播者となったフリードリヒ・シュレーゲル（一七七二―一八二九）は一八〇八年の有名な論文で、サンスクリット語が西欧語の祖語だとするジョーンズを踏まえ「諸民族の歴史においてアジアの住民とヨーロッパ人は一つの家族の構成員」だと主張した。それによれば、粗野な叫びや自然の模倣から進歩を認める十八世紀感覚論の複数言語発生説は誤りであり、人類はその発祥地インドで「純粋な思想世界の最高の概念」をすでに獲得していたとされる。[13] この議論は一見するとヘブライ語＝神与言語説を放棄したキリスト教批判に映るが、かつてのジョーンズやデュペロンの関心と同様、シュレーゲルの論証も最新の言語学を利用して神与言語をサンスクリット語という「異質な他者へと偽装」[14]させ、創世記の物語を史実の寓話《アレゴリー》として裏づける作業であった。実際、シュレーゲルはこの直後にケルン大聖堂でカトリックに改宗し、かつてのギリシア研究に由来する共和政賛美からオリエント研究に入れ込む一八〇〇年以降、君主政の擁護へと旋回している。

十九世紀初頭、シュレーゲル兄弟に限らずゲレス、ブレンターノ、アダム・ミュラーらも当時瀕死の状態だったカトリックに急速に接近している。フランスのロマン主義者が啓蒙主義＝哲学に反発して伝統的な神的啓示に依拠したのに対し、神学と哲学がさほど離れていなかったドイツで彼らが向かった先が思弁哲学であった。[15]その一人シェリングによれば、無限なるもの（神）は有限な歴史的形態（教会）を介して地上に顕れる。「有限において無限なるものを直観することに向かう宗教の理念は主として存在のうちに表現されるほかはない。〔…〕このような象徴的直観は生ける芸術作品としての教会である」[16]。教会や聖人像を偶像崇拝として唾棄する啓蒙理神論やカルヴィニズムに対し、ロマン主義者はむしろこうした感覚的媒介のうちに神の象徴・アレゴリーを見て取ったのである（のちにこの思想はロマン派詩人W・ミュラーから息子のM・ミュラーのインド神話学へ受け継がれることになる）。

コンスタンが標的だったといわれる一八〇五年の仏語論文でアウグスト・シュレーゲル（兄）が啓蒙主義批判の武器としたのもこのアレゴリー論であった。彼によれば、人類の原初は前世紀が吹聴したルソー流の自然状態ではなく、子供の教育に必ず大人が要るように無知な民族を指導した教養民族が実在したという。「白痴状態から救われた人々の末裔は教養ある異邦人をまさに半神のように崇拝した」。これが神話の起源であり、神話とは現実の出来事のアレゴリーにほかならない。そしてジョーンズに倣いつつ、彼も定石通り教養民族の出自をインドに探しにゆく。最太古のインドに「非常に賢明かつ明晰な一民族が実在した」のは史的事実であり、その後の人類史は進歩ではなく堕落の過程である。われわれはいまやこの人類史の謎を解く「普遍史上の大発見前夜」に到達したのだ。

制度や習慣は改善可能性の名の下にすべて進歩の障害だとされ、その安定性に異議が唱えられてきた。だがわれわれの改善が大いに吹聴されているが、大抵は単なる流行のための美名にすぎぬとわれわれは認めるべきである。何度も向きを変えたり、今日創ったものを明日破壊することが前進なのではない。(17)

こうしたシュレーゲルらのオリエント研究に「カトリックの陰謀(18)」を嗅ぎとったゲーテやハイネら古典派の作家たちや、真の宗教と教会聖職制《フェティシズム》を区別し、後者を心術の退落態として糾弾したカント(『理性の限界内の宗教』)、そして宗教感情の覚醒剤として象徴的行為を用いるローマ教会の危険性を説いたシュライエルマッハーのような牧師たちは、もちろんロマン主義者たちと一線を画した。しかし、新教の極端な個人主義への嫌悪とローマ教会の権威への傾倒、そして古典主義の破棄により、啓蒙主義のルーツであるルネサンスと宗教改革が破壊した中世カトリック世界への回帰がこの世代の多くの若者の心を捉えたのである。十八世紀末のオリエント文化への視線の転換はこうした文脈と結びつき、単一言語＝民族仮説、宗教の原始啓示説、人類の堕落史観《デカダンス》、つまりシェンクのいう「ロマン主義とカトリシズムの同盟(19)」を生み出すことになった。かつてカール・シュミットがこの思想風景を「政治的ロマン主義」として描き出したように、政治的にもこの同盟は十八世紀啓蒙と自由主義の批判と連動して展開されていく。次にドイツ神話学のフランスへの流入に伴うこの政治的側面を追うことにしたい。

エクシュタイン男爵とフランス・ロマン主義

一八一〇年にナポレオン政府が一度出版を差し止め、一三年にようやく陽の目を見た帝政期のスタール夫人『ドイツ論』を除けば、ドイツ思想の本格的なフランスへの導入は王政復古期にはじまる。復古王政へ向かう当時のフランスは、ノアの大洪水を地質学から〝証明〟したキヴィエがラマルクの進化説を批判し、一八一一年からパリ文科大学《ソルボンヌ》の哲学史講座に登壇したロワイエ＝コラールがスコットランド哲学を武器に十八世紀感覚論を一掃すると、イデオローグ思想から離れていた若者たちはすでに反啓蒙の方向に動き出していた。

こうした状況でドイツ神話学のフランス導入に尽力したのが雑誌『カトリック』の主幹フェルディナン・エクシュタイン男爵（一七九〇—一八六一）である。デンマーク出身の彼の知的遍歴をみると、この時代のドイツ語圏知識人の典型的な道程を示しているのがわかる。[20] 多くのロマン主義者が集ったハイデルベルク大学で、のちに『象徴学』（一八一〇—一二年）で国際的な名声を博す神話学者Fr・クロイツァー（一七七一—一八五八）に師事したのち、彼もまた一八〇九年にオーヴァーベックら「ナザレ派[21]」の芸術家らとともにローマでカトリックに改宗している。当時クロイツァーの大学の同僚で文献学者のハインリヒ・フォス（一七五一—一八二六）が自身の教え子でもあったエクシュタインの改宗に激怒し、自著『アンチ象徴学』（一八二四年）でクロイツァーの書に潜在するカトリシズムを告発したように、[22] 神話学研究が彼の改宗の契機となったとみて間違いない。そしてこのローマ滞在で知ったフンボルトの仲介で、エクシュタインは当時ウィーンにいたシュレーゲル（弟）の門を叩くのである。

百日天下の際にベルギーでの反仏活動がルイ十八世に認められ、彼はマルセイユ地域の警察署長に任命される。程なく行政閑職を手に入れてパリに出ると、『アジア・ジャーナル』をはじめ複数の専門誌から自身の『カトリック』を含む一般誌まで精力的に寄稿し持論を展開した。「私は古代インドの神秘的な暗がりに入ってゆくことに喜びを見出した。〔…〕野生的、野蛮的、文明的などの民族もその言語や習俗、法が深い検討に付される資格を持つ。諸民族の家族はどのように分割し、枝分かれしたのか？[23]」。だが遺憾にも今日のカトリックはこの大問題に答える新たな歴史哲学を欠いている。もはやボシュエの普遍史では不十分であり、現代のオリエント研究から「創世記の第一編が含意する崇高な真理」を明らかにしなければならない。

> あらゆる原始信仰、特に人類の発祥地に最も近いアジアの教義のなかには、カトリシズム以前のカトリシズムとでも呼びうる伝承から明かされる真理の土台が存在する。〔…〕これは古代全体を通じて自然宗教の名で称えられてきたが、ここから曖昧な理神論のようなものと解してはならぬ。それは教義、秘儀、儀礼、崇拝、そして来世を備えた本源的・実定的な一つの教義である。確かにこの教義は偶像崇拝の蒙昧さで毀損されたが、この暗闘を通じてもなお認識可能であり、人類の没落に由来する神の子の責務の基礎を成すものである。[24]

キリスト教以前に神の教義が「楽園」インドに実在したとするこの議論は彼以前からカトリックの護教論の一つとなっていたものだが、特にエクシュタインがその普及役として狙いをつけたのが「詩神《ミューズ》」の詩人たちである。ロマン主義文学を「民衆の神秘主義、十七世紀のドイツ神智学、そしてギリシア・ローマの芸術的伝統とは無縁な土着のポエジー」と定義しているように、彼は古典主義に対する歴史と文学の共闘をこの疑似創世記史学から引き出そうとしていた。のちに『東方詩集』(一八二九年)を出す王党派の若きカトリック詩人ユゴーはこの呼びかけに応答した一人だった。「貴方が『白旗』を盛り上げていこうと尽力されている論文の数々といつも私は同じ路線にあります。〔…〕さっそくこれらのすばらしい論文をラマルチーヌに送ります。たぶん彼も満足を覚えることでしょう」(一八二四年十一月二十八日、エクシュタイン宛書簡)。

王党派の機関紙『白旗』の同じ寄稿者であり、『宗教無関心論』の成功でカトリック思想家としての地位を確立していたラムネも、イエス以前の「オリエントのモニュメントのなかにすでに人間の原始的堕落と救い主への待望があった新たな証拠」(一八二四年一月十六日、同宛書簡)の発見に期待を寄せた。すでに見たように、異教以前のキリスト教の痕跡を探していたこの頃のラムネは、科学による教会攻撃への反撃として当時最新の言語学からカトリック再生の糸口を引きだそうとしていた。その五年後に出された自著では「言語の比較研究と民族の起原に関する研究はあらゆる点で聖書に語られている原始の事実へ導くもの」とのべ、それを解明する任務は「教会に負わされた果たすべき崇高な使命である」と断言している。[25] 十八世紀に比較民族学の方法が拓かれ、そこから原初の楽園を否定する進歩思想が生まれたことはすでに触れたが、決して十九世紀にそうした神話解釈が廃れてしまったわけではない。クリストフ・ヤメによれば、むしろこの時代の民族学の発展は「神話の終焉の前触れとなるものではなく、逆に神話がますます再評価されていく始まり」[26] だったのである。

一八三〇年にラムネが雑誌『未来』を創刊するとエクシュタインもそれに積極的に協力した。一八二〇年代後半以降のエクシュタインの人脈を辿ると、そのほかにバランシュ、モンタランベール、ヴィニー、オザナム、そしてド・ブロスの伝記作家フォワセらカトリック文士たちを中心に知己を広げ、三〇年代にはレカミエ夫人のサロンに出入りし、ミシュレ、ミツケヴィッチ、リトレ、ルナンらとも顔をあわせている。ユゴーと出会う一八二三年から死去する六一年のこの期間こそシュワブによればまさに「オリエントの果実がカトリックの環境に植えつけられた時期(27)」だったのである。

オリエント宗教史論争

王政復古期にはフランスの東洋学の中心となるアジア協会がカルカッタ、ロンドンに続きパリにも創設され、コレージュ・ド・フランスのシルヴェストル・ド・サシ(一七五八―一八三八)や、〝仏教徒〟ショーペンハウアーも愛読者だったアベル＝レミュザ(一七八八―一八三二)ら専門の東洋学者がすでに活躍していた。しかし、若きロマン主義者やカトリック党派への一般誌を介した影響の点ではエクシュタインの方が大きく、彼自身も意識的にそうした戦略をとっていた。(28) だがオリエント学の名声が過熱するにつれて、その〝インド＝キリスト教〟論に対する批判も独仏両国で現れてくる。

周知のように世界精神が東洋からゲルマン的キリスト教世界へ向かうヘーゲルの世界史の構図は、原初民族の空間的移動をそのまま歴史のステージに反映させるヘルダー以来のオリエント学の影響を確かに受けている。しかし、最初の宗教形態は精神と自然が一体化したものであり、この埋没性から精神が離脱する自由の獲得過程がヘーゲルの宗教史だとすれば(『宗教哲学講義』)、原初宗教(オリエント宗教)の状態は決して自然から解放された完全な宗教(キリスト教)ではありえない。ロマン主義者たちは「原始的な啓示」から悪への堕落を再び正当化し始めたが、それは善悪の区別がない意識の未分化な状態に善の意識を持ち込む誤謬だからである。それゆえヘーゲルは原初の人間が最高善を有していたとする考えは「全くばかげた」ものであり、原初には楽園ではなく「動物の園」があったと主張する。[29]

一八二〇年代の講義を基にした『歴史哲学講義』では、かつての流出論を焼直したこうした「宗教的な起源神話」がフランスに流入している現状について語られている。「フランスの宗教哲学者ラムネ司祭は真の宗教の基準を打ちたてようとして、普遍的なカトリックこそが最高の真正な宗教であると堂々たる論陣を張っています［…］」。一方、エクシュタイン男爵はドイツから借用した自然哲学の観念とFr・シュレーゲル流の手法を用いて（いずれも軽薄なものですが）、自分の主宰する雑誌『カトリック』で原始カトリックを擁護しています」。[30] 親ギリシアと表裏をなすヘーゲルのオリエント蔑視（アジア的専制）はオリエンタリズムの文脈でたびたび批判されてきた。だがドロワも自戒して述べるように、そうした態度は当時のロマン主義批判の文脈から読み直せばまた別の側面が見えてくるだろう。[31]

ヘーゲルの批判をフランスでさらに戦闘的に展開したのがコンスタンである。ヘーゲルの講義録の出版はコンスタン没後であり、ナポレオン評価を含め政治思想でも両者は相いれない面もあるが、宗教形態と区別される精神の自己展開としての宗教史と、そこから導かれる宗教進歩と堕落論批判、親ギリシア／反オリエントというヘーゲルのモチーフは啓蒙プロテスタント系宗教史としては当然とはいえ、『宗教論』の構図とかなり重なるところがある。この書が王政復古期に黙殺された理由の一つは当時のカトリック反動に加え、「インド狂」の風潮に冷や水を浴びせるその反オリエント主義にあった。コンスタンはインドのカースト宗教の中に「古代カトリシズム」を探し出し、人類の宗教が原初から聖職団（彼が皮肉る「古代イエズス会組織」）に支配されていたとするエクシュタインに対し、「ドイツの大学生なら誰でも知っている知識」を振りかざし、オリエントの神権政治をヨーロッパに移植するその愚行をこき下ろしている。

この作家の目的は権威を独占する巨大な知的権力の構築である。つまりこの権力はヨーロッパをエジプトのパロディにしようとしているのだ。人間を抑圧したバラモンやドゥルイドは彼の賛辞の的である。〔…〕司祭のくびきから解放される不幸を経験したギリシア人は彼の興味は引かず、ただ聖職者の支配がギリシア人の頭脳を抑え込んでいた頃の幸福な時代の名残だけしか関心がない。だが彼はインドの信仰の中に最高度の偉大な道徳的善を見、われわれをそこへ導こうとする。彼の著作がほとんど読まれていないのは誠に残念である。（Rel. 802-803）

前章で観たように、オリエントの聖職宗教にギリシアの自由宗教を対置させ、後者の系譜に革命フランスを位置づけながら、コンスタンはインド＝キリスト教論を逆手にとって革命後の世界になおも残存する聖職団（カトリック教会）こそ東洋のカースト宗教の末裔だと指弾する。彼もまたヘルダー、クロイツァー、ゲレスらのドイツ神話学から多くを学んだとはいえ、方法論的にはド・ブロス、G・ルロワ、デュピュイ、コンドルセらフランスの進歩主義の遺産を受け継いでいる印象がやはり強い。[32] 宗教形態（聖職団）からの民衆の宗教感情の離脱に「進歩」を見出す彼にとって、宗教改革とフランス革命は人間の政治的・宗教的自由が獲得される歴史的過程であり、その起源はオリエントではなくあくまでギリシアにあったとするのである。

一方、エクシュタインは「読者にフェティシズムしか語っていない書物を〝宗教論〟などと呼ぶ」この厚顔無恥な著者に対し、歴史の動因として宗教感情ではなく「教会が歩む歴史的行動」を対置させる。人間の感情が神性を渇望するというそのルソー譲りの主張は、せいぜい「花が日光に方角を変えて太陽を渇望する」というに等しい、宗教論とは呼べぬ曖昧な代物である。前世紀の改善可能性論ももはや十九世紀の神話学の水準からは検討に値するものではない。宗教とは社会秩序の基礎をなす教会の観念と不可分であり、権威の源泉を民衆の漠たる感情に求めることはできない。[33] なぜなら「われわれの教義は人間からではなく教会から由来する」からである。

はたして権威を行使する役目が大衆のうちにあるだろうか？〔…〕大衆以上に非理性的なものが、デモクラシー以上に専制的なものがあるだろうか？〔…〕コンスタン氏の意図は異教の聖職団への攻撃が教会まで跳ね返って打撃を与えることにある。〔…〕だが歴史家たちはこの同じ聖職団が諸民族を引き上げ、開明させた点を忘れるべきでない。この団体が行使した支配がなければ、東洋も西洋も、決していかなる技芸も文明も手に入れることは出来なかったのである。[34]

聖職団こそ文明史の主体だとするこの主張は当然、十九世紀の公教育の指導的担い手こそカトリック教会だとする論理へと導かれていく。公教育から教会を排除する「たちの悪いプロテスタンティズムと結託した自由主義」への批判をその後もエクシュタインは歴史家たちに訴えていくことだろう。コンスタン（自由主義）とエクシュタイン（カトリック）のこの論争は、古代宗教史の研究が当時の政治的・宗教的立場を左右する一つのアリーナであったことを示している。次節では王政復古期のこうした知的環境のなかで思索活動を開始する若きミシュレの世界史＝普遍史の構想を、その政治的な側面も念頭に置きながら検討することにしたい。

三　ミシュレの世界史＝宗教史の構想

七月革命と『世界史序説』

前節では古代宗教史に関する論争に触れたが、公教育権を教会に要求するエクシュタインの主張には実は「教育の自由」をめぐる王政復古期の政治論争が反映している。革命期には宗教からの教育の「自由」が求められたが、帝政期の教育機関《ウニヴェルシテ》による世俗教育の独占《モノポル》以来、逆に聖職者たちは「教育の自由」を掲げて宗教教育の復権を声高に主張していたからである。これにより教会側が「自由」を政府に要求するという奇妙な状況が現れることになったが、リベラル派のリーダー・コンスタンが死去する一八三〇年前後から、カトリック・王党派vs.自由主義・共和派という王政復古期の比較的単純な構図から「自由」に対する人々の思想的立場が流動化していく。

文学界では、ユゴーをはじめロマン主義保守派詩人の偶像だった外相シャトーブリアンが一八二四年に罷免され、翌年のシャルル十世の戴冠でユルトラ反動が頂点に達すると、王党派のロマン主義者たちは次第にリベラル派と接触していった。思想界でもカトリック内部で三〇年代前半に「神と自由」の標語を掲げた『未来』紙上でラムネ派が宗教・教育の自由の要求から公認宗教体制《コンコルダート》とポーランド問題の教皇の対応を批判する[35]に及び、それを弾劾した教皇庁と袂を分かつと、この「リベラル・カトリック」にさらにサン＝シモン教団から離反した元「使徒」たちが思想的に接近している。三〇年代以降、社会改革者たちの間で、大革命は福音書の成就だったとする〝イエス＝革命家〟言説が広がり始めるが、これらの動きもこの時代に顕在化する社会問題に対する教会の対応への不満を共有していた。(36) このように離散と衆合を重ねた緩やかな思想の連合体は、かつて「自由」を唱えていたはずの純理派《ドクトリネール》が保守・体制側にまわると「ブルジョワ立憲王政」と教会への批判を軸に、立場の違いを越えて思想的に四八年の二月革命を準備することになる。

その意味で大革命以来はじめて民衆が蜂起した七月革命（一八三〇年）はこの時代の「自由」の意味の拡大と流動化を生んだ最初の大きな契機であった。そしてこの「七月」の衝撃を学問にまで押し広げ、歴史における「自由」の勝利を謳って論壇に登場したのが若きミシュレである。七月革命の翌年に出された『序説』はいわばその最初の宣言書である。「近年、運命が世界と学問を支配しているように見えた。それは哲学と歴史の中に悠然と身を置いていた。だが自由は社会において異議を唱えた。今や学問においても自由が声を上げるべき時である。もしこの序説がその目的を実現できるなら、歴史は永遠の抗議、自由の漸進的な勝利として姿を現すであろう(37)」。

この小著の目的は、しかし七月革命史の叙述ではなく、歴史の先端に位置するこの「七月」の来歴を人類史の起源まで遡り、自由の勝利を世界史という壮大なレベルで跡付けることにあった。ミシュレの関心はあくまで人類の「全体史」にある。「世界と共に一つの戦いが始まった。それは世界が続く限り終わらない戦いである。つまり人間の自然に対する、精神の物質に対する、自由の運命に対する戦いである。歴史とは果てしないこの闘争を物語る以外の何物でもない」（IHU. 5：一〇―一一）。ミシュレによれば、この歴史の闘争の出発点に位置するのが人類の発祥地インドである。自然・物質・運命の前に自由が屈しているこの地から、オリエント諸国、ギリシア・ローマを介して中世キリスト教、近代の西欧各国を辿るにつれて、人類は自然と運命の圧制から解放されるとともに、都市、産業、法といった文明も徐々に樹立され、最終的に世界史の終局に現れた「七月」のフランスが「今後人類という船の水先案内人」に指名される。

世界史を自由の展開過程として描くこの構図はヘーゲルの歴史哲学を思わせる。だがヘーゲルに対するミシュレのそこでの態度は概して厳しい。ミシュレによれば、ヘーゲルはシェリングの汎神論を批判したが、それは「人間的自由の聖なる隠れ家を荒らし、歴史を化石にするため」（IHU. 35：四一〔ただし初版には Hegel の文字はない〕）だったという。ここでの批判は、しかしヘーゲル自身というより、直接にはそのフランスの導入者クザンに向けられたものだった。歴史を自由と運命の闘争と論じた『序説』全体が、実は当時歴史の運命論を説いていたクザンへの批判を念頭に置いていたからである。[38]

いずれにしても、地図上の空間的な差異を原初民族の東西の移動に合わせた時間的順序に置き換えるオリエント学の論理がそこには見て取れる。人類の起源をアジアに置く発想は、ギリシア・ローマをヨーロッパの起源においた『学問統一論』（一八二五年）では見られないものであり、この変化はヘルダーの仏訳者となるキネと出会った一八二五年から『序説』までの六年間のミシュレのドイツ思想の受容と並行しているのがわかる。[39] 二八年夏には、ハイデルベルクに留学していたキネを頼りにドイツを訪れ、彼が師事していたクロイツァーをはじめ、A・シュレーゲル、ティーク、そしてミシュレがのちに「ドイツ最大の天才」と呼ぶヨーゼフ・ゲレスら多くの知識人の知遇を得ている。

フランスが世界史の中心に置かれた『序説』ではドイツに対する評価は辛いとはいえ、一八二六年春先の「アイデア日記」はすでにミシュレの世界史の構想の多少の変化を伝えている。「『人類史の統一論』。もしも神が無限なるものであり、無限に先を見通す賢明なるものであるなら、世界史は一つの体系となる。もっぱらオリエントから出発することとなろう〔…〕アジアから発し、そしてアジアへと戻らねばならぬ智慧の光」[40]。キネと出会う以前から民族の特性をその言語史から導こうとしていたミシュレは、ヴィーコへの関心とともにドイツの学識にもその糸口を見出したようにみえる（グリムとクロイツァーへの関心は一八三七年の『フランス法の起源』に結実する）。これらのアイデアの結晶が『序説』だとすれば、彼が強調する「七月」の影響はいったん脇におき、宗教史の観点からそれを改めて読み返す必要がある。

自由思想家ミシュレ？

『序説』のミシュレは、このようにオリエント学の構図に自身の祖国愛を加味した独自の「自由」の歴史哲学を展開した。だがそこでの「自由」の意味は、物質、自然、運命からの自由ではあっても、決して宗教からの自由ではなかった。ミシュレはむしろ世界史の神の足跡と人間的自由の展開を重ねて考えているからである。彼は最初の神の出現を自然に圧倒されたインドの絶望のなかに設定する。「自然に圧倒された人間は闘う気力を失い無条件降伏する。〔…〕そして自らの存在をすべてそこに委ね、暗く絶望的な安逸とともに、神〔Dieu〕が一切であり、一切が神であること、そして自分自身はこの唯一の実体の偶発事であり、一現象にすぎないことを認める。〔…〕人間は西方へと走り去り、ペルシアへの長い旅と人間の自由の漸進的解放を開始する」（IHU. 8：一三）。その後この神はペルシアでその聖なる姿《イマージュ》が「偶像」となり、エジプト、イスラエル、ギリシア、ローマへと向かうにつれて、この物質化した神々（偶像崇拝）からの精神の離脱・純化の過程が先述の文明史とパラレルに描かれていく。

確かにミシュレの詩的な叙述は常に明瞭というわけではない。だが物質や自然に対する精神の闘争のうちに自由が現れるとすれば、ミシュレのいう自由とは原初の神の示現を表しているようにみえる。例えばイスラエルの神も「自由」の名で言い換えられている。「人間の自由はペルシアがインドの偶像を破壊したようにエジプトの金の仔牛を呪った。唯一の神には唯一の神殿が要るのだ」（IHU. 11：一六）。ミシュレにとってあらゆる時代の民族の神はどれも原初の神（自由）のいわば物質を纏った象徴であり、『序説』に限って言えば彼がヴィーコの歴史哲学を引き合いにだすのもこの神の「摂理[41]」の問題にかかわっていた。そうだとすれば、物質から完全に解放された（脱象徴化[42]された）原初の神がその本来の姿を現す宗教が何かは明らかだろう。

> 世界の英雄的原理、自由は長いことサタンの名のもとに運命と一体化し、呪われてきたが、自らの真の名のもとに姿を現した。人間は次第にアジアの自然的世界観から訣別し、産業と検討によって自由に属する一つの世界を自らのために作った。自分の子供を選別する継母にして排他的な神である運命という自然＝神から人間は離れていった。それは人間と人間を区別せず、社会の面でも、宗教の面でも、万人に向けて分け隔てない愛と慈父のごとき懐を啓いてくれる純粋な神、魂の神に到達するためであった。
> （IHU. 26-27：二二）

ミシュレにとって、インドの原初の神（自由）がオリエントの長旅を終え、西洋にその姿を現す宗教こそ〝愛の宗教〟キリスト教なのである。ここには当時広まっていたインド＝キリスト教論の響きが感じられる。[43]

中世において教皇と皇帝が戴冠する司教階級（神の帝国）と封建階級（人の帝国）が互いに対峙する「見事なシステム」が築かれ、宗教精神が世俗の権力を支配する「中世の長期にわたる奇跡」が実現された。ほどなくこの神は「神なき自由」の国イギリスではなく、十九世紀のフランスで「自由のなかの平等と秩序」を実現する「社会的な神」への最後の一歩を歩むだろう（IHU. 68：七七）。若きミシュレのキリスト教へのオマージュは、キリスト教迫害期のローマのコロセウムに突如降り立った彼自身の一種の信仰告白めいた文章でおそらく頂点に達する。

私は自由が破壊したコロセウムの中央部に立つ木製の十字架に喜んで口づけした。壁の中でライオンやヒョウのなかに若々しいキリスト教信仰が現れた時、なんと強くその十字架を抱きしめねばならなかったことか！　だが未来がどうであれ、今日もなお日増しに孤独なあの十字架は宗教的魂の唯一の避難所ではないのか？　祭壇はその栄誉を失い、人類は徐々にそこから離れている。だがお願いだから言ってほしい、もし知っているならもう一つの祭壇が建てられたのではないかと。（IHU. 22：二八）

一八四〇年代から教育の自由をめぐりイエズス会との闘争に入った晩年のミシュレは、『フランス史』の一八六九年の有名な序文で、この熱烈な信仰に満ちた若き日の文章を弁明した。当時「カトリック制度のさもしい模倣」をしていたサン＝シモン教団の集会で説教師が「十字架を倒せ！」と叫ぶ光景にショックを受け、その若さゆえの高揚感から書かれたものだったと。それは「七月と自由から、また聖職者たちへの勝利から霊感を受けた私の小著〔『序説』〕のなかでは、ほとんど機能しない文章である。〔…〕私は敵に優し

ジェローム『キリスト教徒コロセウム殉教図』(1883年)

くすることの危険をあまり感じていなかったのである」[44]。だが実際には「七月」以前から「小著」を準備していたミシュレにとって、この時代のキリスト教への共感ははたして本当に単なる若さゆえの無自覚な態度だったのだろうか。

『序説』が出版されると、運命論として批判されたクザン派、そして自由に対する物質優位の嫌疑をかけられたサン゠シモン派(「産業汎神論」)を除けば、概ね言論界に好評を以て迎えられた[45]。特に「ボシュエの改訂版」としていち早く賛辞を呈したのがカトリック陣営であった。かつてミシュレが教師だったサント゠バルブ高校出身のラムネ派のモンタランベールからこの「称賛に値する小著」を知ったエクシュタインは、『未来』紙上でクザンの運命論と十八世紀の懐疑主義を退けた気鋭の歴史哲学者としてこのヴィーコの弟子を激励した[46]。これに対し、三カ月後に出した『ローマ史』の献本状でミシュレの方も各雑誌が『序説』に向ける「小心者の敵意」を黙らせるにはエクシュタインの賛同が必要だとして、その書評を自ら依頼している。一八三三年に『フランス史』（第一―二巻）が出るとエクシュタインはその執筆を買って出て『ヨーロッパ評論』に五回にわたり書評を掲載し、個人的にも何度かミシュレを自宅に招いたようだ。[47]

確かにエクシュタインを含むカトリックの論壇はいつまでも「真のキリスト者」に脱皮しないミシュレにいらだちを示し、『序説』以降の著作の評価も厳しさを増している。[48]その点で晩年に反カトリックの一貫性を誇示したように、ミシュレは十八世紀の進歩思想と大革命の息子であり続けた。しかし、「自由」の意味の流動化が始まった三〇年代前半に彼が表明した、世界史における神の摂理としての自由の展開、そして七月革命に現れた「自由のなかの平等と秩序」という『序説』のテーマは、デレも指摘するように、神と自由の両立を説くラムネ派や当時の「リベラル・カトリック」に近い立場にいたことを示しているようにみえる。[49]その後、教皇庁からの破門以降、腐敗した教会に対する批判を一段と強めていくラムネと、反教権主義の旗色を鮮明にしていくミシュレが一様に民衆に関心を寄せていくのはおそらく偶然ではないだろう。

四　フランスという宗教の歴史

『人類の聖書』の宗教史

「それで私がカトリックだと結論づけるだって！　それ以上馬鹿げたことがあろうか！」。先の『フランス史』序文のこの叫びは、若きミシュレを「熱烈なカトリック」と揶揄したプルードンのような人々に向けたものだったのか、今ではもちろん知る由もない。[50]ただミシュレがそこで弁明の必要を感じたのは『序説』だけでなく、その多くは『フランス史』第二巻（一八三三年）の最終章に向けられていた。彼はそこで民衆の保護・解放者としての中世の教会の役割とそのゴシック芸術を称賛し、キリスト教の不滅を説いていたからである。『序説』の宗教史認識と同様、その芸術史もゴシック建築のなかにインドと中世キリスト教という「世界の両端にある普遍的、つまりカトリックな傾向」を「同一物の無限の反復」として認め、その間に位置する異教のギリシア芸術（そしてゴシック以降のルネサンス様式）をデカダンスだと批判していた。[51]

だが四〇年代からキネとともに教会批判を開始したミシュレは中世史の叙述に「欠陥」を認め、一八五二年以降の版ではこれらの主張をほとんど削除した。さらに二月革命前夜に刊行された『フランス革命史』では大革命とカトリシズムの永遠の対立が宣言され、一八四〇年の講義から生まれた『フランス史』第七巻「ルネサンス」（一八五五年）では、『序説』で闘争相手とされていた「自然」の復権と、中世史で貶められたルネサンス様式の再評価が説かれるに至る。「自然に対する優しさと善意こそルネサンスの真の意味である。自由思想家の党派は人間的かつ共感的な党派なのだ[52]」（IHU. 68：七七）。「自然」の復権は『民衆』（一八四六年）でも、そのユダヤ＝キリスト教的偏見に対置される形ですでに表明されたものだった。この一連の変化において、ようやくわれわれのよく知る〝自由思想家〟ミシュレの姿に出会うのである。では彼の世界史の構想にはどのような変化が見られたのか。晩年の著作『人類の聖書』（一八六四年）を手掛かりにこの点を見ていこう。

一八三一年の『序説』のキーワードの一つが自然と人間の「闘争」だったとすれば、『人類の聖書』のそれは「和解」である。ミシュレによれば、オリエント研究の進展の成果は古代民族の不一致ではなく一致にあり、各民族がそれぞれ一節ずつ書き込んでいるような人類に共通する一冊の聖書がある。「本書の中に否定的なものは何一つない。〔…〕これは一見そうと思われるような宗教の歴史ではない。宗教史を他と切り離して単体で書くことはもはやできない」[53]。宗教史は家庭、法、産業といった精神活動のすべてを包含した精神史の一部にすぎず、宗教はこの精神活動の原因ではなく結果にすぎない。人間の精神活動（心情）という原因から宗教（信仰）という結果がいかに生まれたのかを問うのがこの書の主題であり、狭隘な宗教史ではその課題に応えられないのである。十九世紀も後半になると、この書でも利用されているルナンやM・ミュラーら専門の宗教史研究が登場するが、「全体史」というミシュレの方針は初期からの一貫した態度であり、ここでもあくまで広い意味での宗教史＝世界史として検討していこう。

『序説』の時と同様、ミシュレは世界史の出発点をインド（＝アーリア人）におき、ペルシア、ギリシアという「光の民」から、そこから分岐した「薄明の民」エジプト、シリア、フリュギア、ユダヤ、そしてヨーロッパ中世へと考察を進める。インドから西洋へという構図はビュルヌフをはじめ、名前の挙がっているクロイツァー、A・シュレーゲルなどドイツの学識に対する変わらぬ信頼も示しているようにみえる。ミシュレによれば、十八世紀のジョーンズやデュペロンの功績に帰される古代アジアの発見は同時に「ヨーロッパの母」の発見、「アジアとヨーロッパの完璧な一致」を示すものであった。「インドは、ギリシア、ローマ、近代ヨーロッパにとって人種、思想、言語の主要かつ支配的な源泉だった。さらにはセム族の動き、つまりユダヤ＝アラブの影響はいかに考慮すべきものであったとしても副次的（Bib. 15：三〇）であり、「我々の正当な祖先は光の民、アーリア人である」（Bib. 25：三八）と主張される。セムの系譜とインド＝ゲルマンの系譜を分離するこうした主張には確かにこの時代の反ユダヤ主義の思想的土壌が垣間見える[54]。啓蒙思想以来、キリスト教批判は異教主義の相対的復興を伴い、程度の差はあれ常に〝アーリア神話〟につきまとわれてきた。[55]

やはりサイードがいうようにミシュレは盟友キネとともにこうした「ヨーロッパのロマン主義的共同事業」[56]に何の疑いもない多くの協力者の一人だったのだろうか？　しかし、ティエリのような人種理論から距離をとってきたミシュレが東洋学者に負っているものは厳密にいえば史料だけであり、もはや彼らの思想ではない。彼はインドの経典『ラーマーヤナ』の中からバラモンの支配カーストに抵抗する〝自由な精神〟に注目する。最初の宗教は「心の必要から生まれた」ものであり、宗教が専制的・非生産的となったのはのちに聖職者組織が煩わしい掟で縛り上げたからにすぎない。「最初はまず神々が結果だったこと、人間の魂の産物だったことをはっきり証明するのが非常に重要である。さもないと天から降りてきて神々に好きなように支配させると、彼らは歴史を抑圧し、のみ込み曇らせてしまう。以上がまことに明晰かつ信頼できる近代的方法である」(Bib. 64：六五)。人間が歴史を作るというヴィーコの近代的方法を示唆しつつ、ミシュレはその主人公である民衆をインドの中に探し求める。『『ラーマーヤナ』は、バラモンや戦士だけでなく商人たち＝ヴァイシュヤにも向けられている。ヴァイシュヤは語源学によればもともとは民衆を意味していた無限に数の多いカーストだった」(ibid.:52 = 58)。それゆえ神の慈悲から外れるものは奴隷や動物といった「弱い素朴なものたち」を含めて誰もおらず、「カースト廃止に力強く寄与した」『ラーマーヤナ』こそ自由な精神の胎動がはじめてみられた書であったとされるのである。

ミシュレのインドの叙述はこの時代の多くの東洋研究に支えられているとはいえ、しかしそれは彼独自の解釈が施されたものだった。同様の解釈はインドにつづき「光の民」の系譜とされるペルシア、そしてギリシアにも適用されていく。そこで注目されるのは、これまでミシュレにおいてキリスト教との繋がりが強調されてきたインドが、ここではギリシアという「光の民」と密接な関係に置かれている点である。十八世紀末の〝オリエントの発見〟がヘレニズム文化の刷新を呼び、古典主義からロマン主義への大きな転換の契機だったとすれば、インドとギリシアの結合というミシュレの構想はいくつかの点で「オリエンタル・ルネサンス」の構図とは異質である。つまり『人類の聖書』はオリエントとヘレニズムの結合という体裁を取って、実際にはカトリック＝ロマン主義に抗して古典主義の再生（「ヘ、レ、ニ、ズ、ム、・ルネサンス」の発見者ミシュレ！）にその主題が置かれていたのではないのか。最後にギリシアとコンスタンへのミシュレの評価を一瞥して、この点を確認しておきたい。

古代ギリシアから革命フランスへ

『人類の聖書』において、インドの『ラーマーヤナ』に息づいていた自由な精神が「世界を救う精神」としてはっきりと姿を表す場――かつては中世キリスト教に置かれていた――がギリシアである。「薄明の民」フェニキアやバビロニアの偶像崇拝の侵入を撃退し、アジアに対するヨーロッパの永遠の勝利をもたらしたこの生命力こそ、「ギリシアが二千年後、鉛のような長い年月の後にその微かな影と遥かな反響だけでルネサンスをうみ出す」力となるものである（Bib. 133：一一五）。それは中世を粉砕するルネサンスの遠因であり、ギリシアの自由にほかならない。「インドの内的魂は、外見は聖職者の桎梏が極めて強かったにもかかわらず、ドグマに抗して自由をいかに保持し続けたことか。だがこの自由はさらにどれだけ多くギリシアに存在したことか！　ギリシアにはこういう桎梏は何一つなく、絶えず自らの手で自らを幾度も作り上げてきたのである」（Bib. 168-169：一四二）。ギリシアがインドよりも自由に恵まれていたのは、「ギ、リ、シ、ア、に、はどんな時代も、現実には正規の聖職団は存在しなかった」(Bib. 159：一三四）からである。
『序説』と違い、ここでは「自由」の意味が聖職団（教会）からの自由に変化しているのがわかる。そしてここで引かれるのが王政復古期にカトリック＝オリエント宗教史を糾弾したコンスタンの『宗教論』なのである。「しばしば浅薄なコンスタンの書はここでは力強く大きな注目に値する」(ibid.)。ミシュレが「浅薄」と呼ぶのは、オリエントの習俗の一切を「あまりにも単純に宗教的欺瞞のせいにした」[57]コンスタンの時に過剰な戦闘的態度に由来している。ミシュレにとってもはや闘争の時代は終わり、諸宗教は調和しながら一つの聖書へと和解の段階に入らねばならないのだ。しかし、彼の批判は決してコンスタンへの本質的な批判を意味しない。両者にとって歴史と宗教は――トドロフの言葉を借りれば――人間が意識的存在である限りで自己の外部に現在とは違う場を人間に希求させる点で実は同じ理由（＝自由）から存在するからである。[58]コンスタンがギリシアにみた聖職権威からの民衆の解放という自由の宗教史を、「光の民」はもちろん「薄明の民」を含めた全世界の宗教伝承まで拡張しようとするミシュレはむしろ『宗教論』の思想に忠実でさえある。「まだ私が若いころに経験した、ギリシアの起源に関する自由と神権政治の間の、真実と偽りの学識の間の記憶すべき決闘[59]はここに決着した」(Bib. 157：一三二)。

その後、このインド＝ギリシアの自由はローマに引き継がれ、この後継者はオリエントにも門戸を開き、人類全体の祖国となった。「最初のストア主義者ゼノンはすでに世界の普遍の国《シテ・ウニベルセル》についてこう述べていた。『愛がシテを救う神である』と。愛、つまり相互の友情であり、人間の友愛である。当初から明確に聖なる三位一体が出現していたのだ。魂の自由―平等の自由（それは奴隷まで及ぶ）―愛（万人の万人に対する）である」(Bib. 419：三四七)。この古代のトリニティは、キリスト教的中世を粉砕し、ルネサンスと革命への希望をつなぐ「インドから八九年〔大革命〕までの光の奔流」となって十九世紀フランスへと流れ込んでゆく――。

ミシュレは三位一体の起源を中世キリスト教ではなく古代ギリシアに見出し、自由・平等・博愛という革命の理念の展開として宗教史を描こうとした。そうであるなら、中世の叙述で幕を閉じる『人類の聖書』以降の宗教史はいわばミシュレ自身によってすでに書かれていたと言えるだろう。なぜなら彼にとって、『フランス史』は「フランスという一つの宗教」（『民衆』）の歴史であったからである。ペギーが見て取ったように、ミシュレの歴史学をその後の歴史学から際立たせているもの――と同時に実証史家たちが切り捨てたもの――こそ、世俗の共和国を背後で支える宗教史、十九世紀の新たな普遍史の構想であったのである。

次章では、こうした自由主義の社会・宗教思想に対して、カトリックとは別の方向から批判の矢を放つ、この時代の社会学思想の系譜に目を向けることにしたい。

註

（1）Ch. Péguy, *Clio, Dialogue de l'histoire et l'âme païenne*, in *Œuvres en prose complètes*, t. 3, Gallimard, [1917]1992, p. 1182.〔『歴史との対話』山崎庸一郎訳、中央出版社、一九七七年、三六九頁〕

（2）松宮秀治『文明と文化の思想』白水社、二〇一四年、二一七―二一八頁。

（3）前川貞次郎『歴史を考える』ミネルヴァ書房、一九八八年、六四頁。

（4）渡辺和行『近代フランスの歴史学と歴史家――クリオとナショナリズム』ミネルヴァ書房、二〇〇九年、七七―七八頁。

（5）真野倫平『死の歴史学――ミシュレ『フランス史』を読む』藤原書店、二〇〇八年、一三四頁。

（6）M. Despland, *op. cit.*, 1999, pp. 45-52.

（7）P. Bénichou, *Le temps des prophètes : Doctrines de l'âge romantique*, in *Romantismes français* I, Gallimard, [1977]2004, pp. 677-753.

（8）É. Harpaz, *L'Ecole libérale sous la Restauration*, Droz. 1968, pp. 51-60.

（9）キッペンベルク、前掲書、一一頁。

（10）岡崎、前掲書のほか次も参照。同『聖書 vs. 世界史――キリスト教的世界観とは何か』講談社現代新書、一九九六年。

（11）R. Schwab, *La Renaissance orientale*, Payot, 1950, pp. 277-308.

（12）E. Quinet, *Du génie des religions*, Paris, 1842, pp. 78-90.

（13）フリードリヒ・シュレーゲル「インド人の言語と英知について」『ドイツ・ロマン派全集九――無限への憧憬』薗田宗人・深見茂編訳、国書刊行会、一九八四年、二〇九頁。

（14）エーコ、前掲書、一五七頁。

（15）B. Reardon, *Religion in the age of romanticism : studies in early nineteenth century thought*, Cambridge University Press, 1985, pp. 117-118.

（16）フリードリヒ・シェリング『学問論』勝田守一訳、岩波文庫、一九六七年、一一四頁。

（17）A.-G. Schlegel, « Considérations sur la civilisation en général et sur l'origine et la décadence des religions», in *Œuvres de M.Auguste-Guillaume de Schlegel, écrites en Français*, t.1, Leipzig, [1805]1846, p. 314.

（18）ハインリヒ・ハイネ『ドイツ・ロマン派』山崎章甫訳、未来社、一九六五年、七三頁。

（19）H・G・シェンク『ロマン主義の精神』生松敬三・塚本明子訳、みすず書房、一九七五年、一二四頁。

（20）N. Burtin, *Le baron d'Eckstein: un semeur d'idées au temps de la restauration*, Paris, 1931.

（21）ロマン派の象徴主義に依拠し、中世画家アルブレヒト・デューラー（一四七一―一五二八）を師と仰ぐこのキリスト教芸術集団は、一八三〇年代に七月革命のドイツへの流入を阻止するプロイセンの反動的文化政策の強力な庇護を受けることになる。その象徴芸術論は、それゆえサン＝シモン主義、さらにはド・ブロスやコンスタンの宗教論をも武器に当時の反動体制を批判していたハイネやヘーゲル左派、フォイエルバッハ、マルクスら唯物論者の標的となった（Cf., マーガレット・ローズ『失われた美学――マルクスとアヴァンギャルド』長田謙一ほか訳、法政大学出版局、一九九二年、第一部）。シェリングの象徴論がドイツ・カトリシズムに浸透し、ロマン主義が反仏

郵 便 は が き

おそれいりますが切手をおはりください。

101-0052

東京都千代田区神田小川町3-24

白 水 社 行

購読申込書

■ご注文の書籍はご指定の書店にお届けします．なお，直送をご希望の場合は冊数に関係なく送料300円をご負担願います．

書 名	本体価格	部 数

★価格は税抜きです

(ふりがな)

お 名 前 (Tel.)

ご 住 所 (〒)

ご指定書店名（必ずご記入ください） Tel.	取 次	（この欄は小社で記入いたします）

『民衆と司祭の社会学』について　(9538)

■その他小社出版物についてのご意見・ご感想もお書きください。

■あなたのコメントを広告やホームページ等で紹介してもよろしいですか？
1. はい（お名前は掲載しません。紹介させていただいた方には粗品を進呈します）　2. いいえ

ご住所	〒　電話（　　　）		
(ふりがな) お名前	（　　歳） 1. 男　2. 女		
ご職業または学校名		お求めの書店名	

■この本を何でお知りになりましたか？
1. 新聞広告（朝日・毎日・読売・日経・他〈　　〉）
2. 雑誌広告（雑誌名　　）
3. 書評（新聞または雑誌名　　）　4.《白水社の本棚》を見て
5. 店頭で見て　6. 白水社のホームページを見て　7. その他（　　）

■お買い求めの動機は？
1. 著者・翻訳者に関心があるので　2. タイトルに引かれて　3. 帯の文章を読んで
4. 広告を見て　5. 装丁が良かったので　6. その他（　　）

■出版案内ご入用の方はご希望のものに印をおつけください。
1. 白水社ブックカタログ　2. 新書カタログ　3. 辞典・語学書カタログ
4. パブリッシャーズ・レビュー《白水社の本棚》（新刊案内／1・4・7・10月刊）

※ご記入いただいた個人情報は、ご希望のあった目録などの送付、また今後の本作りの参考にさせていただく以外の目的で使用することはありません。なお書店を指定して書籍を注文された場合は、お名前・ご住所・お電話番号をご指定書店に連絡させていただきます。

反動体制と結託していることに気づいたキネも、三〇年代後半から政治的には激烈なドイツ批判者に変貌している。Cf., W. Aeschimann, *La pensée d'Edgar Quinet : étude sur la formation de ses idées*, Anthropos, 1986, p. 250-64; P. Pénisson, « Michelet, Quinet et l'Allemagne », in *Revue de synthèse*, IVe S. no2. 1988.

(22) Pinard de la Boullaye, *op. cit.*, pp. 285-286. この時代のドイツの新文学運動を最初に「ロマン主義」と形容したのがこのフォスである。ブレンターノ、ゲレス、アルニムらハイデルベルクのカトリック勢力に批判的だったフォスは、嘲笑的に彼らを「完全なるロマン主義にして新米の神秘主義者たち」と呼んだことに由来する。それゆえこの名称は、元来はローマ派に対する蔑称だった。Cf., 薗田宗人「無限への憧憬」『ドイツ・ロマン派全集九――無限への憧憬』同前、三七六頁。

(23) F. Eckstein, *Le Catholique*, t.14, Paris. 1829, p. 337.

(24) *ibid.*, t.3, 1826, pp. 171-172（強調イタリック、以下同）。

(25) F. Lamennais, *Des progrès de la Révolution et de la guerre contre l'Eglise*, Paris, 1829, pp. 278-80.

(26) クリストフ・ヤメ『神話　芸術　現実』久保陽一編訳、公論社、一九九八年、四三頁。

(27) Schwab, *op. cit.*, p. 287.

(28) Burtin, *op.cit.*, p. 354.

(29) フリードリヒ・ヘーゲル『宗教哲学講義』山﨑純訳、創文社、二〇〇一年、一三六頁。

(30) 同『歴史哲学講義』長谷川宏訳、岩波文庫、一九九四年、一〇四―五頁。

(31) ロジェ＝ポル・ドロワ『虚無の信仰』島田裕巳・田桐正彦訳、トランスビュー、二〇〇二年、一二三頁。実際、この方面からのヘーゲルの読み直しが近年進んでいる。Cf., 神山伸弘（研究代表）『ヘーゲルとオリエント――ヘーゲル世界史哲学にオリエント世界像を結ばせた文化接触資料とその世界像の反歴史性』科研費成果報告書、二〇一二年。

(32) M. David, « Vue comparée des idées de Herder et de Benjamin Constant sur l'étude des religions », in *Numen*, No.3, 1956, pp. 23-24.

(33) エクシュタインからコンスタン批判の抜き刷りを受け取ったラムネも、返礼の手紙で同様の危機感を洩らしている。「コンスタン氏より貴方は何千倍も正しい。〔…〕でもこの男の本はほとんど無害です。まず誰も読みませんから。われわれはもはやジャン＝ジャックの感情主義《センチメンタリズム》の時代にはいません。この世のすべてのフェティシュに祈ってもそれを蘇らせるなど無理な話です。私の間違いでなければ現代の病は懐疑主義、それも学問を殺すほどの博学なそれです」(« Lettre de Lamennais au baron d'Eckstein, le 15 sep. 1827 », in L. Le Guillou (ed.), *Le»Bron» d'Eckstein et ses contemporains: Lamennais, Lacordaire, Montalembert, Foisset, Michelet, Renan, Hugo: correspondances, avec un choix de ses articles*, H. Champion, 2003, p. 34).

(34) F. Eckstein, *Réponse de M. le Baron d'Eckstein aux attaques dirigées contre lui par M. Benjamin Constant, dans son ouvrage intitulé: De la Religion: Extrait du Catholique*, Paris, pp. 40-41.

(35) ポーランド問題に対するラムネ派と教皇庁の態度とその問題の争点については次を参照。Cf., 大野一道「ラムネーの変貌——『一信者の言葉』発表まで」『「民衆」の発見——ミシュレからペギーへ』藤原書店、二〇一一年、二六三—二九〇頁。

(36) F. P. Bowman, *Le Christ Romantique*, Droz, 1973, p. 13, p. 87-91, pp. 108-119.

(37) J. Michelet, 1831, *Introduction à l'histoire universelle*, Paris, p. 5.〔『世界史入門』大野一道編訳、藤原書店、一九九三年、一一頁〕(以下、本文にIHUと略記し、頁:邦訳頁と併記する)。

(38) P. Viallaneix, « INTRODUCTION », in *Œuvres complètes de Jules Michelet*, t. 2, Flammarion, 1971, pp. 217-225.

(39) ミシュレの一八二五年以降の「読書ノート」には再読も含め、スタール夫人『ドイツ論』、ヘルダー『人類史の哲学考』、クロイツァー『象徴学』、コンスタン『宗教論』、〔エクシュタイン〕『カトリック』、シュレーゲル『インド人の言語と叡智』、ヘーレン、ゲーテ、ヘーゲルの名前が見える(Cf., Michelet, *Écrits de Jeunesse*, Gallimard, 1959, pp. 321-331.〔『全体史の誕生』大野一道編訳、藤原書店、二〇一四年、二七八—二八九頁〕)。ケーギは、これらの読書やドイツ旅行の知遇を含め、ミシュレが自身のドイツ理解を「ゲーテの敵対者〔ロマン主義者〕たちの学派において学んだ」(ヴェルナー・ケーギ『ミシュレとグリム』西澤龍生訳、論創社、二〇〇四年、三一頁)と指摘している。

(40) Michelet, *op. cit.*, 1959, p. 237〔前掲訳書、二五〇—二五一頁〕

(41)「ボシュエは世界史を狭い枠組みに押し込めたが、人類の発展に不動の標石を敷いた。ヴォルテールはその発展を否定し、歴史を盲目の偶然に委ねて風の前の塵のように吹き飛ばした。イタリアの哲学者〔ヴィーコ〕の著作で、あらゆる時代のあらゆる民族の神、摂理 Providence がはじめて歴史上に現れた」(IHU. 151:八五)。

(42) ミシュレは、象徴主義《サンボリスム》(インド)から詩へ、詩から散文(フランス)への文体のこの脱象徴化の過程をデモクラシーの史的到来と連動させている(IHU. 56:六四)。この認識はカトリックと距離を置く同時代の自由主義文学の傾向と一致するが(Cf., Bénichou, *op. cit.*, [1973]2004, Chap. 5; Idem, *op. cit.*, [1977]2004, p. 927)、象徴主義はミシュレが自負する自身の歴史学の方法でもあり、象徴主義を「危険かつ豊饒な原理」(『ヴィーコ選集』「序文」一八三五年）と呼ぶ彼の態度は両義的である（Cf., Despland, *op. cit.*, 1999, pp. 282-284, pp. 295-298）。ミシュレが「危険」と呼ぶのは、その政治的適用が一因にあったように思われる。ヴィーコとの関連でその豊饒さの面を論じたものとしては次を参照。坂本さやか「ミシュレの理論的言説における象徴の問題」『明學佛文論叢』明治学院大学文学会、第四三号、二〇一〇年。

(43) おそらくミシュレはこの時すでに、のちにコレージュ・ド・フランスの同僚となる東洋学者ウジェーヌ・ビュルヌフ（一八〇一―五二）を介してこの考えに触れていた。後で触れる『フランス史』第二巻最終章のインド論は二七年のビュルヌフ論文を典拠に挙げており、その第八巻では「天才的考証家〔ビュルヌフ〕がインドのキリスト教を我々に明らかにした」(Michelet, « Histoire de France au seizième siècle », in *Œuvres complètes*, t. 7, Flammarion, [1855]1971, p. 275.〔『フランス史Ⅲ』大野一道編訳、藤原書店、二〇一〇年、二三七頁〕）と述べている。

(44) Michelet, « Préface de 1869 », in *Œuvres complètes*, t. 4, Flammarion, [1869]1971, p. 16.〔「一八六九年の序文」『フランス史Ⅰ』立川孝一・真野倫平編訳、藤原書店、二〇一〇年、三三頁〕

(45) É. Fauquet, *Michelet, ou La gloire du professeur d'histoire*, Éditions du Cerf. 1990, p. 160-165.

(46) Eckstein, « L'Avenir, 1er mai 1831 », in *Œuvres complètes de Jules Michelet*, t. 2, Flammarion, [1831] 1971, p. 302-306.

(47) L. Le Guillou, *Le «Bron» d'Eckstein et ses contemporains*, Honoré Champion, 2003, pp. 265-278.

(48) ミシュレを含むフランス歴史哲学全般に対する晩年のエクシュタインの厳しい評価は次を参照。Cf. 飯塚勝久『フランス歴史哲学の発見』未來社、一九九五年、一〇五―一一七頁。

(49) J-R, Derré, *Lamennais ses amis et le mouvement des idées à l'époque romantique : 1824-1834*, Klincksieck, 1962, pp. 584-97; Fauquet, *op. cit.*, pp. 169-70.

(50) ロラン・バルト『ミシュレ』藤本治訳、みすず書房、一九七四年、二五五頁。

(51) Michelet, « APPENDICE - version primitive du chapitre VIII », in *Œuvres complètes*, t. 4, Flammarion. [1833]1971, pp. 712-27.〔「芸術の原理としての受難」『フランス史Ⅰ』立川孝一・真野倫平編訳、藤原書店、二〇一〇年、三九七―四二九頁〕

(52) Michelet, *op. cit.*, [1855]1971, p. 253.〔前掲訳書、二二一頁〕

(53) Michelet, *Bible de l'humanité*, Paris,1864, p. iii.〔『人類の聖書』大野一道訳、藤原書店、二〇〇一年、一三頁〕（以下、本文に Bib と略記し、頁：邦訳頁と併記する）。

(54) 工藤庸子『ヨーロッパ文明批判序説――植民地・共和国・オリエンタリズム』東京大学出版会、二〇〇三年、三一〇―三四三頁。
(55) Cf., レオン・ポリアコフ『アーリア神話』アーリア主義研究会訳、法政大学出版局、一九八五年。
(56) エドワード・サイード『オリエンタリズム』今沢紀子訳、平凡社、一九九三年、上巻、三一八頁。
(57) Michelet, « Note de Michelet sur le baron d'Eckstein », in *Correspondance générale*, Honoré Champion, 1994, p. 356.
(58) Todorov, *op. cit.*, p. 13.
(59) この「決闘」とは二〇年代半ばのコンスタンとエクシュタインのあの論争を指している。ミシュレはこの件について後段(Bib. 443:三六九)でも触れており、その回想記も残している(Cf., Michelet, *op. cit.*, 1994)。

第七章　民衆・宗教・社会学——サン＝シモンとコント

「コントが社会科学の父とみなされるのは正当であり、彼がこの新科学に与えた社会学という名称が永遠に彼のものであるのは正当なのである」

デュルケム「十九世紀フランス社会学」（一九〇〇年）

フランスの社会学と政治学、あるいは広い意味での社会学的思考と政治学的思考は、十九世紀以来つねに緊張関係をはらみながら歴史的に展開してきた。大雑把にいえば、二十世紀前半まで社会研究をリードしたのは、デュルケム学派に代表される社会学や伝統的な社会主義の潮流であったといってよいだろう。デュルケムとともにフランスで社会学の講座が大学制度に導入されるのは十九世紀末であり、政治思想の伝統と比較すれば社会学は当時まで在野の一新興学問にすぎなかったが、第三共和政期の急速な制度化と思想の広がりとともに、社会主義、共和主義、カトリック勢力の対立構図に挟撃されるかたちで、逆に社会研究の表舞台から退いていったのは政治思想の方であった。

レイモン・アロンは、二十世紀半ばまで英米圏ではすでに認知されているトクヴィルのような政治思想家がフランスではいまだ認知されていない理由をかつてこう述べていた。「近代社会学のデュルケム学派が、オーギュスト・コントに負うところが大きかったために、フランスの社会学者は政治制度上の現象を無視してもっぱら社会構造上の現象に目を奪われてきたからである」[1]。戦前からヴェーバー社会学をフランスに積極的に紹介していたアロンにとって、現実判断と価値判断を混同し、政治の領域から自由を締め出してきた張本人こそ自国の実証主義者たちであった[2]。ところがソ連の「収容所群島」の実態が明らかとなる二十世紀後半からマルクス主義の衰退や修正派の登場に伴い、今度はアロンの知的周辺がトクヴィル復興に象徴される自由主義と政治哲学復権の思想的震源地の一つとなってゆく[3]。八〇年代からは、社会学の領域でもデュルケムの政治学的読解の機運が高まるとともにコント＝デュルケムの伝統的な系譜関係の見直し論も現れるが、こうした動きも自由主義の再評価の流れと無関係ではないだろう[4]。

このような思想史のトレンドからすると、コントやその師サン＝シモンは社会学の先駆者の肩書はあるものの、レイモン・ブードンのような正統的社会学や、政治哲学とは距離を置く構造主義の側からさえ目立った再評価もなかったように、これまでお世辞にも決して〝流行り〟の思想家であったとはいえない。実際、専門化が高度に進んだ現代の社会学では学説史でその名前を目にする程度というのが実情だろう。ここでの目的は、しかし「見直し論」の見直しや、政治学的読解の可能性を古典的社会学のうちに探り、新自由主義が席捲する現代にその新たな意義を明らかにするなどというよりは、はるかに慎ましいものである。

二十世紀後半から社会の研究の中心が社会学から政治哲学の領域へと移っていったとすれば、それ以前に十九世紀のコントやサン＝シモンは、逆に彼らが「形而上学」とよぶ伝統的政治学からその中心を「実証」政治学、すなわち社会学という新たな領域へと移動させようとした。アロンはこうした古典的社会学の企てを「政治の社会への従属」と批判したが、この時代の社会学的思考は決して政治の問題を無視したわけではなく、政治学も無抵抗にそれに従属したわけでもない。社会学と政治学が徐々にその線引きをめぐって争いはじめた時代まで遡行することで、両者の緊張関係を明らかにし、社会学とその土台にある実証主義という十九世紀の知的運動とは何であったのかを改めて問い直すことがここでの目的である。

具体的には、革命後の混乱する十九世紀前半のフランス社会における民衆と宗教を取り上げ、いまだ未分化だった社会学と政治学が依拠している思想的土台の相違を中心に議論を進めていくことにしたい。この時代は、知識の面でいえば社会学や宗教学など、神学から離脱しはじめた社会・人間諸科学の胎動期にあたる一方、政治面では政教和約《コンコルダ》(一八〇一年)からカトリックの再国教化が争われた王政復古期まで宗教が大きな政治的焦点となった時期であり、前章までに見てきたように宗教を問うことは単に学術的な問いにとどまらず、社会体制のあり方を左右する一つの争点でもあったからである。こうした時代背景から、まず前半部では民衆の表象を通じて、広くこの時代の社会秩序と宗教問題をめぐる二つの思考の対照点を確認する。そして後半では政治的思考との緊張関係のなかにサン゠シモンとコントの社会学思想を位置づけ、主に彼らの政治学批判の歴史的文脈から現在の社会学の源流としての社会学的思考にアプローチすることにしたい。

一　「宗教」から「宗教的なるもの」へ

民衆・野生人・異教徒

十九世紀前半の文学や社会史研究によれば、大革命、ナポレオン神話、パリの都市空間と並び、この時代とりわけ大きな関心を集めたテーマが「民衆《プープル》」である。前世紀までは無秩序、非合理の表象にすぎなかったこの言葉はいうまでもなくフランス革命後、その表象に大きな変化を受けることになった。彼らはもはや単なる暴動や一揆の首謀者ではなく、実践的には革命運動の担い手であり、原理的にも主権の受託者（人民主権）となったからである。[5] 革命直後から人権・自由・平等の革命原理を徹底してこの概念に託したのがルソー＝ジャコバン的伝統であったとすれば、「民衆」概念と革命とのある種崇高なつながりの起源は確かにここにあるといえる。

だが「民衆」概念研究で知られるアレン・ペサンによれば、彼が「教条的民衆主義《ポピュリスム》」と呼ぶこの伝統的な民衆像は、三〇年代以降、均質なイメージから徐々に分裂してゆくという。「一八三〇年以降の民衆主義世代を特徴づけるものこそ、紛れもなく《民衆の複合的観念》である。民衆とは遠くにあって近くにあり、われわれの内にあって外にあり、〔…〕偉大且つ無、無垢にして汚がれし者、常に勝利と敗北を定められし存在、つまりこの世代にとって民衆とは謎めいたものに思われたのである」[6]。民衆は社会学者の言うような歴史の産物というよりむしろその唯一の作者であり、社会内のヒエラルキーに居場所を持たないある種の闖入者なのである。ペサンはこうした民衆像のアンヴィヴァレントな捉え難さのうちに、四八年の二月革命で頂点に達するその神話的性格の端緒を求めているのだが、七月革命前後に現れたこの複合的な表象は、この時代の民衆に重ね合わされたいくつかのイメージからも見て取れる。

この時代、民衆はなによりもまず文明社会に侵入した〃野生人《ソバージュ》〃として現れた。名著『労働階級と危険な階級』（一九八四年）でルイ・シュヴァリエが描いたように、それは貧困、放浪癖、非社会性、そして生物学的な差異にまで人間性が抹消されている点で文明の埒外にいる紛れもない野蛮人である。「もしあなたが彼らが住んでいる呪われた地区にあえて足を踏み込むならば〔…〕文明のまさにこの中心地〔パリ〕で、獣並みの愚鈍さから野生の生活に再び陥っている何千という人々に遭遇するであろう」[7]。西欧が到達した文明社会の頂点であるはずの十九世紀のパリこそ、驚くことに未開人が住む「人跡未踏の森」（バルザック）だったというこの軽蔑的な比喩は、二十世紀の保守主義者や大衆社会論者――例えばオルテガのような西欧中心主義者――までつねに需要に事欠かない。だがその一方で民衆の本能的な素朴さを称賛するミシュレやキネ、ユゴーら「民衆主義者《ポピュリスト》」（ペサン）たちによって、当初は罵声でしかなった「野生人」「流浪民」という名称は、次第に民衆自身による自己規定の表現へと転換してゆく。「今日ではよく民衆の上昇と進歩が野蛮人の侵入と比較される。野蛮人！　私の気に入るところだ、この言葉を受け入れよう〔…〕。彼らは新しい精気に満ち溢れている。野蛮人とは未来のローマを目指して歩む旅人なのである」(8)（ミシュレ）。世紀後半には、「野蛮人」に対してさらに「プロレタリア」という称号を被せたのはプルードンだった。

　ところで、もし民衆が野生人なら、彼らはもはや文明宗教＝キリスト教徒でもありえないだろう。続いて民衆はローマ教会から解放された〝異教徒《パイエン》〟として現れた。例えば歴史家としてのエドガー・キネにとって、フランス革命はなによりも宗教の革命とみなされる。「旧信仰に対する抵抗運動、その信仰から抜け出そうとするフランスの努力が革命そのものであった。〔…〕偶像破壊者たちの熱情は、おそらく民衆がイニシアティヴをとった唯一の運動であった。〔…〕いまだ半ば野生の民衆は、旧体制の聖職者の保護から騒々しく出て行こうとしていたのである」(9)。今日では非キリスト教化運動として知られる動きのなかで、民衆はまず革命によって王権とともに瓦解した教会からの離反者であり、「偶像破壊者たち」として現れるのである。

　ここでペサンが社会内の〝闖入者〟と呼ぶような民衆の姿に出会うことになるのだが、これによってその謎のすべてが解けるわけではもちろんない。はたして彼ら野生人はなおもキリスト教徒なのか。そうでないなら一体何者なのか。社会性なき未開の民は果たして信仰を携えているのか。もしそうならどういう宗教なのか？――大革命が政治革命にとどまらず、かつての宗教改革にも類するある種の宗教革命だったとすれば、こうした問いに答えることは民衆の神話性の解明だけでなく、この時代の宗教のあり方をめぐる社会学と政治学の態度の違いをみるうえでも一つの手掛かりとなりうる。この点を明らかにするために、次にこの時代の民衆＝異教徒が持つ両義的な宗教的表象をさらに掘り下げよう。

「宗教」の社会学

ある人々には、民衆＝異教徒は社会秩序の土台である宗教組織に再びすぐにでも包摂されねばならぬ、紛れもない無信仰者に映った。このグループの筆頭は革命をキリスト教からの明白な逸脱とみなし、従来の教会制度の再建を唱えるカトリックの教権主義者たちである。「考えられうる制度はすべて宗教観念に立脚しており、しかもキリスト教に比肩する宗教など地上に存在しないとすれば、「キリスト教とその他の宗教との比較など詭弁なのであって、いくつかの特徴からして比較など問題外である」[10]。異教に対してキリスト教の権威を対置させるメーストルのこうした断言は、真の宗教＝キリスト教というその主張自体がすでに信仰の一部をなしている点で、同時代のボナルドやラムネらの見解とも多くの点で共通している。だがこのグループの構成員はこうした反革命派に限られない。なるほどカトリックという大伽藍を古い納屋から引っ張り出してくることはないし、〝文明社会の野生児〟ルソーの評価も真逆であるにもかかわらず、革命祭典という従来の教会に代わる新たな宗教によって社会に秩序を与えようとする点で、その対極にいる革命の当事者たちもその一員だからである。

だがそもそも革命祭典は宗教たりうるのか？　この問いはもちろん宗教の定義いかんにかかってくる。かつて革命史家アルベール・マチエは、諸々の革命祭典が党派的な政治的計略には還元できず、おしなべてカトリック教会に代わる新たな宗教、すなわち革命宗教（une religion révolutionnaire）だとしてこの問いに答えた。革命家たちは共通の信仰を持ち、それを表明する共通の儀式を行い、廃棄されたかつての信仰の象徴や偶像の代わりにすべてのフランス人に全く新たなものを用意することを目的としていたのならば、「どうしてその他あらゆる宗教と本質的にはまったく同じ革命宗教が存在したと結論づけてはならないだろうか？(11)」。ここで無条件に宗教の要件に数えられているのが、『宗教生活の原初形態』（一九一二年）でデュルケムが下した有名な宗教定義(12)であり、二十世紀初頭になってマチエがこの問いを再び蒸し返した理由の一つがこれであった。

教会組織を中心に社会性と宗教性を重ねあわせるデュルケムに倣い、マチエもまた宗教的事実は神の観念や超自然性への信仰ではなくその形態から規定されること、その起源は個人の感情ではなく社会的な集合感情にあること、そして宗教は個人を社会に統合する公共制度の延長にほかならないことを確認し、次のように書く。「宗教改革と大革命という〔歴史上の〕二大危機は一方が宗教的で、他方が社会的なのではなく、どちらも同じ程度に社会的でありかつ宗教的なのである(13)」。この主張はたしかに革命の持つ宗教的なものの一面を捉えている。

しかし、デュルケムに依拠するマチエのこうした革命的な宗教性は、ルターやカルヴァンのような宗教改革的情熱――つまりはキネが描いたような異教徒たちの偶像破壊的情熱――とはやはり異質である。マチエ自身、宗教定義の際の留保としてひっそりと次のように脚注に書かざるをえなかった。「もちろんここでは、多くのプロテスタントにとって重要な概念である《内面的宗教》、つまり個人の感情については脇に置くものとする」[14]。だが彼にとって、はたしてプロテスタンティズムはそれでも宗教といえるのだろうか？　さしあたりここでの問いは、宗教を定義することが宗教学の管轄に収まらない、政治的な争点でもあることをやはり示唆している。

いずれにしても教権主義者と革命祭典の指導者たちはいわば民衆の管轄権をめぐって宗派争いをしていたにもかかわらず、暴力化した非キリスト教化運動や革命そのものの終結、つまりは秩序の回復と社会統合の鍵を制度宗教に求める点では一致をみていたのである。民衆とは真の宗教に対置される意味での異教徒であって、彼らを導く真の宗教の司祭――その所属が共和国であれ、ローマであれ――を必要とするものであり、同じ道徳的共同社会の入信式を済ませない限りは信仰を持つとは想定されえない無信仰者なのである。ここではデュルケムの宗教定義を再び想起するだけで十分かもしれない。革命とは一つの運動であり、それが神罰なのか、新世界の生みの苦しみなのかにかかわらず、あくまで両者にとってそれが宗教であるとはその定義からして決して呼べない代物なのである。

「宗教的なもの」の政治学

これに対してむしろ革命自体が宗教であり、異教徒は入信式など必要のない、信仰だけですでに宗教的存在であるとする別の者たちもいた。プロテスタントを中心とする、啓蒙理神論から初期ロマン主義までの流れを汲む思想家たちがそれである。彼らにとって異教徒とは無信仰者ではなく単にキリスト教徒（ないしカトリック）ではないという意味でしかない。その思想傾向は多彩だが、したがってさしあたりはカトリックや社会学の宗教定義とは異なる宗教的なもの、ないし異教的なものを帯びている点で共通する人々と括っておこう。いずれにしてもここでは宗教の定義自体の変更が要求されるのである。トクヴィルは『旧体制と大革命』のよく知られた箇所で、マチエよりも半世紀前にフランス革命の宗教革命的性格を指摘したが、その意味は明らかに異なっている。

フランス革命はフランスの改革というよりも人類の再生を目指していたふしがあるので、従来の最も激烈な政治革命でさえ生み出したことのない情熱に火を付けた。それは宣教活動を生み出し、宣伝活動を創始した。この活動によってついにフランス革命はかつて人々を大恐慌に陥れた宗教革命の様相を呈しかねなかった。否むしろ、フランス革命はそれ自体、ある種の新しい宗教となったのだ。(15)

この新たな宗教は革命による一国の社会的無秩序を立て直したり、歴史的記憶の断絶を埋め合わせる単なる功利的な方便ではない。むしろこの革命自体が、今日の学術タームでいう民族宗教に対置される、宣教を旨とする世界宗教的な様相を呈している点で一つの宗教なのである。なるほどこの宗教には神も礼拝もないが、革命家自身の自国民への変わらぬ信頼、社会変革と人類再生の使命といった「感情や情熱がまさに彼らのうちで一種の新しい宗教(16)」へと転換したとトクヴィルは観るのである。

亡命ユグノーの末裔であるコンスタンにおいては、すでに検討したように宗教感情の概念は宗教形態(カトリック教会)と対置される点ではっきりと政治的な様相を伴って現れる。「いかに満足のゆく制度的形態《フォルム・ポジティヴ》であっても、すべて未来の進歩と対立する萌芽を含む。形態はそれ自体で発見の面で知性に従うことを拒否し、また日々純化される感情の面で魂に従うことを拒否するという教義的・静的特徴を帯びる。〔…〕この時、宗教感情はいわばこの硬直した形態から分離する。宗教感情は自らを害さない別の形態を希求し、それを見つけるまでこの感情は動き回る。これこそが宗教史である」(Rel. 53)。コンスタンにとって、この概念は人類史＝宗教史という長期的なスパンで宗教改革とフランス革命をつなぐ弁証法的な動力となり、近代的個人に政治的自由を確保する論拠として現れるのである。

こうしたトクヴィルやコンスタンの新たな宗教観のうちに、マチエが革命宗教から除外した《内面的宗教》の輪郭をつかむことができるだろう。クロード・ルフォールは、トクヴィルをはじめキネやミシュレにも共通するこの「新しい宗教としての大革命」が、ド・メーストルやビュシェなどのネオ・カトリック思想家から、サン＝シモンやコントといった社会学思想の起源に立つ世俗宗教論者までの幅広い「新しい宗教観念」とは異質である点に注意を促している。なるほど自由は制度によってしか持続しえず、さもなくば国民〈プープル〉は大衆に転落せざるをえないとするトクヴィル自身の思想からすれば、ミシュレやキネ以上にこの表象への態度に留保や迷いがないわけではない。だがルフォールによれば、この時代の「新しい宗教制度を作るためになされた試みにはなんら負うものがない」[17]点において、それは全く独自な宗教表象なのである。

また別の論者は、この表象をもっと荒々しい側面から捉えている。内面的宗教は外的規範につねに従うわけではなく、時に聖画像破壊やヴァンダリズムを伴うからである。モナ・オズーフは、マチエ以前の革命祭典研究が——ミシュレやキネを除けば——決して評価できなかった、「本来の」革命祭典の無規律な活動にこそむしろ祭りの本質をみた。彼女は祭りを、共同体の集合的沸騰を核とするデュルケム型と、逆に共同体の聖性・タブーを侵犯する祝祭的高揚を軸とするフロイト型に分け、マチエのデュルケム的な祭典観に後者を対置させる。これは非キリスト教化運動に異教的女性原理の出現やバッカス的乱痴気の欲動《リビドー》をみるリオタールが「サンキュロット的パガニスム」[19]と呼ぶものに正確に対応しており、革命祭典のこうした〝異教的〟な読み替えによって、オズーフはかつてマチエがデュルケムに依拠させた革命宗教の意味を、トクヴィル＝ミシュレ型の「新しい宗教としての大革命」（彼女の言葉では「革命的飛躍《エラン》そのもの」）へと書き換えることに成功した。[20]

こうしたルフォールやオズーフによるトクヴィルやミシュレの宗教的読解に共通する態度を求めるならば、それは制度宗教の人為的な拘束性からはみ出るような個人の宗教感情や欲動に基づく内面的宗教性に注目することで、デュルケム＝マチエ流の社会学的な「宗教」概念に異教的な揺さぶりをかけようとした点にあったといえる。周知のように彼らはアロンやフランソワ・フュレの思想圏にある人々であり、社会学に対して宗教の政治学的解釈とも呼ぶべきものを対置させたといってもよい。かつてベルクソンが静的宗教に対して近代の動的宗教たるデモクラシーの概念を対置させたのにも類比できる意味で、社会学的思考の専有物だった「宗教」概念は、ここでは一神から汎神への流出のごとくに相対化され、その客観的な形態や機能から明確に定義できる「宗教」ではなく、複合的で捉え難き民衆像と重なるような「宗教的なもの」として現れるのである。

二　実証主義による「宗教」の再発明

宗教・知識・歴史——構想と課題

前節では旧教会権力から解放された民衆＝異教徒への視線の相違から、宗教の社会学的思考と政治学的思考の特徴とその思想的布置をみてきた。この二つの思考は各思想家ごとに互いに浸透しあい、二者択一的にはっきりと色分けできるようなものではもちろんない。ただ、一つ確かなことは、革命後の十九世紀において「宗教」から「宗教的なもの」への表象の転換が行われたということである。

マルセル・ゴーシェはこの転換を「宗教からの脱出」と呼んでいるが、同時にこの移動はそれに付随して「宗教の再発明」をも呼び寄せると指摘している。[21] すでに予想されるように、社会学の起源に位置づけられるサン＝シモン（派）やコントの思想は、キリスト教からの脱出を実証社会科学の課題としつつも、それと同時に後年におしなべて世俗的な制度宗教――新キリスト教（サン＝シモン）、サン＝シモン教（サン＝シモン派）、人類教（コント、ルルー）――の構想を持つに至ったように、「宗教的なもの」への移動に対して、キリスト教とは異なる形で――それが世俗的《ライック》ということだが――抵抗し、革命を終結させようとした理論（社会学）と実践（世俗宗教）だったと見ることができる。以下ではキリスト教から身を剝がしつつも、実証主義という名のもとに世俗宗教を立ち上げようとする、一見矛盾にも映る彼らの態度を、政治学や「宗教的なもの」への抵抗という視点から扱うことで、社会学という学問が持っていた本来的な構想に迫ることにしたい。

クロード・アンリ・サン＝シモン（一七六〇―一八二五）の思想遍歴は、かつてフランク・マニュエルをして「理論的諸奇行」といわしめたように、その生涯に一貫した思考様式を見出すことは容易ではない。それに加えて協力者としてオーギュスト・ティエリ、そしてオーギュスト・コント（一七九八―一八五七）が入れ替わりで執筆に参加し、コント自身の署名がある一本の論文と晩年になって帰属を明かした一部の文書群を除けば、この三人の文章を個別に確定することはまず不可能である。一八二四年にサン＝シモンと理論的・人格的な絶縁状態に入ったコントは、これ以降、かつての師とは異なる自分の思想のオリジナリティを生涯にわたり喧伝したせいもあり、アンリ・グイエのような研究者はコントの思想には特にサン＝シモンに負うものは何もないと主張するまでにいたった。(22)

確かに今読み返すと両者の文章には力点の相違はあるが、彼らが共同執筆を続けた七年間は少なくとも対外的には完全に歩調を合わせており、二人の相違はいわば同一思想内の分業といった方が正確である。政治学的思考とのコントラストを見定めるためにも、相違にこだわらずにまずは彼らに共通する思想の構えを取り出すことにしたい。(23)

当時の多くの思想家たちと同様、サン＝シモンとコントの第一の課題は、フランス革命とナポレオン戦争の混乱からフランス、ヨーロッパをいかに救い出すかという社会の再組織の問題である。それは単なる社会科学の方法論の構築ではなく、そもそも社会秩序とは何かという原理的な問いであり、彼らにとって宗教は実証科学が否定すべき迷信というより、社会秩序がこれまで依拠してきた原理として社会科学が考察すべき歴史的事実である。サン＝シモンの宗教論といえば晩年の『新キリスト教』（一八二五年）が著名だが、初期の著作から宗教は過去の人類が社会秩序に投影してきた世界観・人間の観念体系として登場する。

「宗教、一般政治、道徳、公教育の体系は、観念の体系の応用にほかならないこと、換言すれば異なった側面から考察された思想の体系であることがわかる。それゆえ新しい科学体系が完成されれば、宗教、一般政治、道徳、公教育の諸体系の再組織化がおこなわれ、聖職者集団が再組織されるのは明らかである。〔…〕一国の諸組織は社会秩序についての一般的観念の個別的な適用であること、それであるからヨーロッパ政治の一般的体系の再組織化は、それに続いて政治的結合によってこの広大な（ヨーロッパ）社会を形成している様々な国民の国家的再組織を次々ともたらすであろう、ということがわかる」。[24]

ここには彼らの社会組織思想の基本的な二つのエッセンスが含まれている。まずここでは最初の論点を取り上げよう。第一に、宗教とはその時代の一般観念体系の具現であり、この思想体系の欠如が社会的危機を生むとする考えである。例えばかつての一神教の体系は、当時の紛れもない「知識」の集大成であると同時に、そこから導き出された神の観念を中心に人々を纏め上げる教会組織を基盤とした社会秩序を体現していた。人々は聖書に基づく共通の歴史観と世界観の原理に一様に従っており、その秩序の根底には「信じる」という土台がある。ローマ教会という普遍的な精神的権力が世俗の政治権力を教導していた中世の二重権力体制こそその典型であった。ところが十一世紀のアラビア科学の西欧への流入から宗教改革までの一連の動きによって、政治的には教皇制に依拠するヨーロッパ普遍主義が解体され、精神的にも聖職者たちの権威が失墜し、もはや彼らのいうことを誰も信じなくなってしまった。社会秩序の土台が人々の「信じる」ことにあるとすれば、既存の知識への懐疑は同時に社会秩序に決定的な打撃を与えることになった——。

サン＝シモンとコントの知識論は、こうした懐疑運動の延長上に啓蒙主義と大革命を位置づけている点でそのまま彼らの歴史観へと接続される。中世末期から大革命までの約七世紀間、一貫して精神的権力への批判活動が継続されてきたとすれば、現在の社会的混乱は大革命のような直近の社会的事件よりも、キリスト教への啓蒙主義の知的革命、さらには宗教改革にまでその構造的原因を求める必要がある。人類史をこの批判的時代と有機的時代の交互運動とみなすサン＝シモンの認識では、十九世紀のフランス社会は再び中世と同じ有機的＝組織的時代に入らなければならない。コントがサン＝シモンと訣別する前にこの認識を下敷きに定式化したのが、人間精神が歴史的に神学状態（軍事体制＝有神論時代）、形而上学状態（法曹体制＝批判的時代）、実証状態（産業体制＝論証的時代）を通過するというのいわゆる「三状態の法則」(la loi des trois états) である。通常、両者の歴史観は「進歩史観」というフレーズで括られることが多いが、厳密にいえばそれはコンドルセのように人類の知識が無限に蓄積してゆく段階史観というより、各時代の知識に応じて世界観が変化を遂げる相対的な歴史観といった方が正確である。

以上、彼らの共同作業の狙いは、啓蒙主義と革命が最終的に崩壊させた古い一般観念＝神学体系に代えて、人々が信じるに足る新しい知識体系＝実証体系を歴史法則に依拠して再構築することにあった。宗教改革以来の懐疑と批判の運動を決定的に停止させること、これこそ再び社会に秩序を取り戻す鍵である。「社会の無秩序が道徳的・政治的諸観念の古い体系の没落に起因するならば、この無秩序は新しい体系の受容によってのみ終了する。なぜなら社会体制は絶対に一つの体系が必要だからである」[25]。サン＝シモンと出会ってわずか四カ月後に掲載されたこのコントの第一声は、サン＝シモンの思想を早くも自分のものとしたことを示している。社会は何よりも観念の共同体であって、その崩壊が社会的アノミーを産むというこの視点は、のちにデュルケムが多くの紙幅を費やして論じたように、彼がサン＝シモン（とコント）のうちに見出した社会学の先駆的論点の一つであった[26]。

精神的権力と政治学批判

それでは十九世紀のフランス社会に実際に、誰がどのように新しい一般観念体系を構築し、その成員に「信じ」させるのか？　サン＝シモンが先の引用で提起した第二の論点こそ、科学的体系の形成・維持のための新たな聖職団の要請である。「宗教は学識ある人々が無知な人々を統治するための一般科学の応用」

(S-S. 6/169：一＝一七五）だとすれば、社会の再組織には世俗的権力よりも一般観念を創始する精神的権力の再建が優先されるべきだからである。「観念の体系、宗教原理が再組織されるときに聖職者団は再組織される。〔…〕聖職者団の再組織は科学集団の再組織以外のものではありえない。けだし、聖職者集団は、科学集団たるべきだからである」(S-S. 5/31：二＝二〇)。

すでにサン＝シモンは実質的なデビュー作『ジュネーヴ人の手紙』(一八〇三年)でも、「精神的な権力を学者の手に、世俗的な権力を有産者の手に」と書き記し、さらにヴォルテール＝ロベスピエール的見解に立って「私は宗教を人間の発明したものと見なし、人類の全般的組織化を目指す唯一の政治制度として考察する」(S-S. 1/58：一＝七三)と予告し、一八一〇年の草稿ではっきりとこう書いた。「一般的現象と特殊的諸現象との運行の観察に基礎を置いた新しい体系は、啓示された諸観念の虚偽性、僧侶の無知、その野心、その専横、等々を次々に明らかにした。この新しい体系は、実証的諸科学に従事する学者達が、自分たちの発見する自然の諸法則と自分たちの定める道徳の諸原理〔…〕を教える権限を与えられる教会と呼ばれる一つの集団に統合されるときに完全に組織される」(S-S. 6/304-305：一＝二五七―二五八)。

「教会」とは科学者集団であり、もちろん伝統的な教会組織ではない。学者階級が担うこの精神的権力は、世俗的権力が法律家や政治家から産業者へと移譲される(議会＝政府不要論)のと同様、かつての聖職者との交代を迫る点で教権主義者の主張とは異なる。だが返す刀で、社会制度としての精神的権力が永遠に消滅し続けることもありえない。理論は実践に先立つとすれば、産業者が担い手の世俗的権力を教導する「精神的権力なき真の政体など存在しない」からである。

したがって精神的権力を考慮しない十八世紀の政体論はもはや問題ではなく、実際には政体には次の二つしかない。すなわち中世カトリック世界が実現していた軍事＝信仰体制か、革命以降に実現されるべき産業＝実証体制である。「文明化された人間の存続可能な全期間はこの二大社会体制に必ず分けられる」（S-S. 3/13：四＝二七）ならば、実質的には中世末期から大革命までの過渡期には固有の意味での社会組織は存在せず、この時代はいわば中世社会の食いつぶしの期間にすぎない。ここから二人の批判は、この過渡的＝批判的時代に社会研究を主導していた自由主義（彼らのいう「批判学説」）の政治思想家たちに向けられる。彼らの誤りはすべて、過去の歴史に観察を適用せずに歴史法則を看過し、十八世紀の「形而上学的学説を真の政治学だと勘違い」してそれが実証状態でも通用すると考える点にある。なるほど政体論や社会契約論はもはや人間の知識の状態と相容れなくなった教会神学と封建体制を崩壊させる歴史的役目を果たした。コントによれば、これは三状態の「法則」であって善悪の問題でも、人間の意思で変更できるものでもない。だが破壊的《ネガティヴ》政治学はここでその役割を終え、革命後に必要な組織の原理に化けることはできない。例えば中世の神学時代には軍事、実証状態には産業という具合に必ず社会組織には目的が設定されるが、この批判的時代には何らの目的もないからである。

こういうと社会契約の目的は自由の維持の保障だというかもしれない。〔…しかし〕個人の自由の維持は社会契約の目的となりえない。〔…〕人は自由になるために協同することは決してない。未開人は狩りや戦争をするために協同するが、自由を手に入れるために協同することは確実にない。なぜなら自由を手に入れたいなら彼らは一人でいたほうがずっと良いからである。繰り返すが、活動には目的が必要であり、自由は活動の目的とはなりえない。　（S-S. 3/15：四＝三〇〔サン＝シモン名の論文〕）

今日では「積極的《ポジティヴ》自由観」（バーリン）として知られるこの議論（ただ厳密にいえば彼らに固有の意味での自由論はない）から必然的に導かれるのが人権論と信仰の自由への両面批判である。人権の源泉を神に求めようが（アメリカ独立宣言）、民衆に求めようが（人民主権）大した違いはない。自由が単なる孤独の言い換えにすぎないように、人権もそれを万民に宣言しただけで社会の目的が設定されなければ、人々を結びつける積極的《ポジティヴ》な原理にはならないからである。人々が同じ目的で結合するときはじめて「社会」が存在するのであり、人間は家族・国家・人類のいずれにせよ、社会関係を捨象して自らが何者であるのかを知ることはできない。「これこそ群居動物の社会から人間社会を区別するもの[27]」（コント）であり、個人（コギト）から逆に社会を導き出す理論はすべて形而上学とみなされるのである。

コントの「実証」政治学

このように人権論が世俗の形而上学だとすれば、精神上の形而上学は信仰の自由と自由検討の原理である。これも封建制批判に役立ったが、どんな社会組織も一般思想体系が必要である以上、やはり実証状態で採用すべき原理ではない。特にこの問題に力を入れたのがコントであった。「この〔原理の〕宣言は政治的にも道徳的にも、一切の神学的権威の存立を不可能にさせた。信仰が各人の任意になったら二つの心情告白が完全に一致するなどありえないからである。〔…〕要するに信仰の無制限の自由と全くの神学的無関心は、その政治的結果の点では同じところに行きつくだけである。いずれの場合も宗教的信仰はもはや道徳の基礎としての役割を果たしえない」（App. 18：上＝四四）。

もしどのような信仰でも個人が自由に選択できるなら、社会全体ではどの宗教も信じられていないに等しいであろう。理屈だけでいえば、百人が百様の信仰を選べばもはや信仰とは名ばかりで単なる個人的見解の相違にすぎず、この原理はむしろ宗教観念がもはや社会的紐帯には不適格だと自ら宣言しているようなものではないか。宗教多元論は結局は宗教的無関心に陥るという結論だけなら初期ラムネのようなカトリック思想と同じだが、コントが教会権威の代わりに紐帯原理を託すのが科学の権威なのである。

実証科学は「啓示の力ではなく証明の力」であって、その証明を理解できる人ならもはや信仰の必要はない。証明能力なき民衆なら実証学者の証明を信頼すればよいだけで、ここに精神的権力が公教育を掌握する根拠がある。コントは一八二四年の『産業者の教理問答』第三分冊「実証政治学体系」（後に「社会の再組織のための科学的研究プラン」と改題）と題した論文で、のちに有名になる宣言を行った。「天文学や物理学や化学や生理学では、権威ある人々の定めた原理を信頼しないことが愚かしいのは明白であるから、その意味でこれらの学問に信仰の自由はない」（App. 53：上＝一〇〇―一〇一）。われわれは日々の生活のなかで意識的・無意識的に一体何を根拠に意見や判断を下しているのか。キリスト教の世界観や普遍史が失墜した現在、科学の権威以上に人々の判断の根拠に足る信頼度の点で比肩できるものがあるだろうか。ここで問われているのもやはり「信じること」と秩序の連続性である。後期の大著[28]に再びこの論文のタイトルを与えていることからもわかるように、生涯を通じたコントの一貫した関心は、いまだに占星術や錬金術の次元にある「形而上学的《メタフィジック》」政治学を観察科学の域に引き上げること、つまり天文学から生物学までの実証諸科学と同じ明証性を持つ「実証」政治学、すなわち社会学（社会形而下学《フィジック・ソシアル》）の構築であったのである。

このようにサン＝シモン、とりわけコントの根本的な問題意識は、単に自然科学の方法論の社会科学への適用という技術的な問題ではなく、端的にいえば科学の権威による世界観の全面的刷新の企て――のちに『実証哲学講義』（一八三〇―四二年）に結実する壮大な知識体系の刷新――なのである。別言すれば、啓示から証明への転換の試みであり、コントにとって、なるほど、この転換はもはや民衆に強制すべきかつての宗教的信仰ではなく、おのずと受け入れらるべき科学的証明の点で恣意的な選択の次元を超えている。「科学に基づいた専制政治がいつの日か行われはしまいかという危惧は滑稽な馬鹿げた妄想であって、実証的思考と全く無縁な人々の心にしか生じえないであろう」（App. 42：上＝八一）。科学と科学者に対する彼の強烈なこだわりは、最終的に精神的権力の担い手として科学者以外に産業者や芸術家までも担ぎ出し、精神的権力と世俗的権力の区別を曖昧にするサン＝シモンとの訣別の一因にもなってゆく。(29)

だがそれでもなお、なぜすべての人間が（社会）科学者の権威を無条件に受け入れねばならないのかという問いは残る。コントが信仰と呼ぶにせよ、信頼と呼ぶにせよ、やはりそこでは依然として人々の「信じる」ことが問われている――晩年に彼自身が大司祭を務める人類教教会を立ち上げた理由の一端がここにある――のであり、自然諸科学への信頼はまだしも、道徳の社会的適用とされる「実証」政治学の明証性であればなおさらであろう。啓蒙主義の流れを汲むリベラル派、特にコントの歴史観とことごとく衝突するプロテスタント陣営の批判が向けられたのがこの点である。

三　社会学と政治学の交叉

一八二五年、サン＝シモンの死後、コントはすぐにかつての師との見解の相違を明確にするために、科学史と精神的権力に関する二本の論文を立て続けにサン＝シモン主義者の雑誌『生産者』に寄稿する。コントは最終的には彼らとも絶縁するが、この時点ではまだ師の直弟子として一目置かれていた。論文の内容はこれまでの主張に加え、中世の再評価、フランス独立教会主義《ガリカニズム》・政治経済学・主権国家への全面批判、端的にいえば教皇至上主義へのシンパシーが表明された極めて論争的なものであった。

古い社会体制の没落によってここ三世紀の間に生み出された革命的偏見のなかで最も古くからはびこり、最も広範にまき散らされた偏見〔…〕こそ、精神的権力は社会に存在すべきではないとする原理であり、これも結局は同じことだが、精神的権力を完全に世俗的権力に従わせようとする見解〔ガリカニズム〕である。国王と民衆は批判学説のその他の論点に関しては、程度の差はあれあらゆる点で公然と争っているが、この出発点に関しては完全に一致している。プロテスタンティズムが勝利した国々では、このような精神的権力〔ローマ教会〕の否定ないしその没収が一様に、そして露骨に宣言されたのである。（App. 161：下＝八四）

宗教改革以来、国際間の紐帯が断ち切られ、主権国家が互いに戦争と植民地争奪にしのぎを削り、法さえ守ればひたすら私益を追求できる利己主義が蔓延した。もし社会全体が個人の私益に全面的に委ねられるなら、かつての「〔軍事的〕征服を〔産業的〕独占と言い換え、強者の権利による専制を金持ちの権利による専制と言い換える以外に旧政治秩序にまさる実際の利点など何も残らない」（App. 210：下＝一三三）であろう。国際秩序を主権国家に解体し、精神的権力を世俗的権力に従属させるならば、それはもはや文明と呼べる状態ではない。「教皇権の没収以来、一体何が起こったのか？　ヨーロッパの諸勢力が互いに対立しながら、野生の状態に再び転落したのである」（App. 183：下＝八七）。

『生産者』はその時代の世論に深い影響を及ぼさなかったが、コンスタンとラムネの宗教論の相次ぐ出版、シャルル十世のランスでの即位とユルトラ反動という折からの政治状況も相まって、一八二五―二六年の言論界は活発な論争を巻き起こした。[30] 創刊当初、この雑誌は世間的には師の生前の筆禍事件の記憶もあり、サン＝シモン主義というその思想的出自を明かしていなかったが、サン＝シモンの生前から批判文書を準備していた作家スタンダールはすぐにそれを見抜き、二五年末に出版した『産業者に対する新たな陰謀』という冊子で産業家をたぶらかすサン＝シモン主義者たちの「山師根性」を皮肉っている。「毎週土曜日〔『生産者』発売日〕、わが国の大産業家が自分たちこそ社会の全階級の首位に立つ存在であるなどと宣言させられていることがいかに滑稽であるのか、産業家に気づいてもらうことこそフランスの幸福を早めることである」。[31] この非難に応戦したアルマン・カレは、『生産者』誌上でサン＝シモンを「人類の恩人」[32]と呼んでその思想的素性を明かし、この論評を契機に『生産者』は各方面から論争を挑まれることになる。

宗教改革以来の知的・道徳的危機の終結を宣言し、懐疑主義に対する「教義主義《ドグマティズム》こそ人間の知性の正常な状態である」（App. 202：下＝一二一）と断じるコントやローランの強烈な主張を前に、『生産者』批判に乗り出したのがバンジャマン・コンスタンである。彼は一八二六年二月に『百科全書評論』に自由主義経済学者シャルル・デュノワイエの『産業と道徳――自由との関係からの考察』（一八二五年）の書評を掲載する。これは『征服と簒奪の精神』（一八一四年）でコンスタンが文明の全否定を行ったとするデュノワイエの誤解の解消を目的としていたが、[33] その際にコンスタンが自分の主張と混同してほしくない学派として暗に批判を加えたのがサン＝シモン派の産業主義思想であった。

各時代の硬直した宗教形態（聖職団）からの宗教感情（民衆）の離脱に人類史の進歩をみるコンスタンの歴史認識からすれば、精神的権力への政治権力の従属という神権政治の再来は、その担い手が聖職者であれ、科学者であれ、信仰をはじめとする近代的個人の自由の侵害であり、政治学を実証科学で粉飾してもその無謬性は保障されない。『生産者』の主張は、単に〝産業〟という言葉――しかもディノワイエのそれとは全く異質な言葉[34]――を乱用して古代の神権政治を復活させる夢想にすぎない。「自由にも産業にも等しく有害な、訳の分からない神権政治の創始に熱を上げている〔…〕産業教皇制《パピスム・アンデュストリエル》の創設を目論む新セクト」を、コンスタンは古代カースト宗教になぞらえて「テーベやメンフィスの司祭の真似事」と断じ、教権主義者もろとも批判の俎上に上げる。

ラムネとメーストルはわれわれにこう語る。〝信じよ、そして服従せよ。神がそれを命じ、われわれはそれを神の名において貴方たちに命じるのだから〟。新セクトは、われわれにこう叫ぶ。〝服従せよ、そして信じよ。われわれは至高の知識を携えているのだから〟、と。だがそれを証明するのは誰なのか？〔…〕諸君は事実上、すべての誤謬は破棄されたなどと理由をつけて自由検討は無用になったと想定している。また正確科学〔自然科学〕と同様、もはや哲学・政治・道徳でも証明された真理を信じるのみだと考えている。だがこの証明された真理とは一体どこにあるのか？[35]

リベラル派の雑誌『グローブ』も、「発行から四カ月、いまだ唯の一つの実証的な考えも実践的な見解も生産していない」[36]『生産者』の編集者たちを古代エジプトの神官に、また彼らの「再組織の妄想狂」をインドの狂信カーストになぞらえて非難し、逆に「自らの個性を享受するために自立へと誘う自由の精神」[37]をこの雑誌の編集者たちに諭しながら『生産者』の主張を重ねて論駁した。サン＝シモン主義者を古代オリエントの聖職カーストと重ね合わせるこうした指弾は、ダルマーニュも指摘するように当時の『グローブ』の常套手段であったが、[38]『宗教論』のコンスタンと一致するこのやり方は偶然ではないだろう。一八二六年の時点で『宗教論』の刊行は第二巻までだったが、この年にコンスタンは『進歩的百科全書』誌で産業の進歩を停滞させる古代聖職カースト批判の論文を公にしており、『宗教論』のカトリック＝聖職多神教批判の構図はすでに知られていたからである。

一八二〇年代後半の老コンスタンはリベラル派の闘士として演壇に立つ一方、『宗教論』の各巻を通してラムネやエクシュタインらカトリック陣営と宗教史上の激しい理論闘争を繰り広げ、さらには雑誌論文を介して「新セクト」にも論争を仕掛ける驚異的な執念を死の直前まで見せつづけた。他方、論文掲載後に精神的発作から療養所生活を送っていたコントに代わり、この批判に応戦したのが『生産者』の若きサン＝シモン主義者たちであった。

サン＝シモン派の反撃と野生への視線

当時『生産者』の主幹だったアンファンタンはこの批判に応答し、われわれはほどなく「未来を支配する実証哲学の大司祭を任命するであろう[39]」と宣言し、『グローブ』は「自分たちの個性を十分に享受している、オーストラリア《ヌーヴェル・オランダ》の野生人の教義を説いている」(40)とこちらも皮肉を込めてやり返した。のちに彼自身がサン＝シモン教会の最高教父へ、コントが人類教の大司祭へと「昇格」することを考えれば、こうした発言は単なる冗語として受け取るべきでない。彼らの反論で一様に興味深いのは、サン＝シモン主義者たちが自らの学説を〝文明人＝社会的存在〟の表象に重ね合わせる一方、リベラル派のそれを〝野生人＝無政府的個人主義〟(41)の表象とみなしていた点である。もはや南方大陸など過去の伝説に属したが、オーストラリアはこの時代も――そして『原初形態』のデュルケムまで――文明の恩恵が届かず、社会化《シヴィリゼ》されていない土地の代名詞だったのである。彼らにとって、宗教の本質を宗教感情にみるコンスタンのルソー譲りの「漠然とした感情主義《サンチマンタリズム》」は容認できない。なぜなら精神的権力は決して個人の感情や経験には還元されえないからである。

コンスタン氏によれば、現在のところ宗教感情は新しい形態を探している最中とのことである。〔…だが〕われわれは司祭なき、聖職団なき宗教などというものを考えることができない。人々が宗教を望むや、少なくとも歴史的に受容されてきたわれわれが唯一是認できる意味でこの言葉〔宗教〕を解するならば、同じく司祭も望まねばならぬように思われるからだ。だがコンスタン氏はまったくそれを望んでいない。〔…〕氏はまた、宗教を改善するための諸観念・知性・道徳を体系化し、規則づけることも望まない。率直に言えば、宗教、観念、知性、道徳、宗教的自由といったすべての抽象観念がいわば人類の上空を滑空し、この形而上学的な運動の中で洗練、発展、改善を遂げるなどとは、とんだ滑稽な光景ではないか！(42)

旧教会から離脱した宗教感情は、すぐに新たな宗教形態に宿らなければならない。もし宗教の意味合いがこうした浮遊する個人感情にまで拡張されるなら、各人が崇める多様な崇拝のどれもが正当な〝宗教〟になってしまうだろう。ここでもやはり宗教の定義が焦点となる。古代教父以来の定義（Religare《結びつける》 → Religion）を踏襲するコントやサン＝シモン主義者からラムネやエクシュタイン(43)といったカトリック思想家――さらにはデュルケム――まで、人々を結びつける教会や司祭といった外在制度なき宗教など、その定義からして〝宗教〟とは呼べないからである。(44)

一八二六年の秋に『生産者』は財政難から廃刊する。だがその二年後に預言的な教説を携えて再び世間に姿を現したサン＝シモン主義者たちは、「教父《子供っぽい父》」アンファンタンとバザールを中心にサン＝シモン学説の有名な一連の公開講演（一八二八―二九年）を行い、コンスタンの中心概念であった宗教感情の歴史的役割を「あまりに脆弱で例外的なもの」(45)としてなおも批判しつづけた。実際のところ宗教的色彩を帯びて再登場した彼らにとって、自らの宗教学説とコンスタンのそれとの相違を明確にする必要に迫られていたのである。(46)

これに対してコンスタンは死去直前の一八二九年に出版した論集のなかで加筆を行い、ついに教団として現われたサン＝シモン主義者になおも応答している。「老婆心ながら自称預言者たちに忠告しておく。すべての宗教は原初はどれも自由なものから始まったのだ。〔…〕これら宗教は微力ではあったが、権威に対して戦いを挑み、自由検討だけがこれを打倒しえたのである」(47)。このユグノーの末裔にとって、道徳の基準は多数決ではなく宗教感情であり、これこそ魂の根底を照らす「内的な光」であって、宗教史的にみても始まりの日付を持つことが明白な教会権威に代替されてしまうものではない。文明以前の野生状態の原初宗教は自由な宗教だったと語る老コンスタンは、ここではっきりと聖職団なきフェティシズムが自由な宗教であることを認めた。

宗教と政治をめぐるこの一連の論争を読み返してわかるのは、それがいわば十九世紀の「司祭」と「野生人」による社会の主導権争いの様相を帯びていたということである。司祭の役目は野放図な遊牧民に規律と教養を与え、彼らを文明化・社会化することにある。野生人とはもはや西欧から遥か彼方の未開の民ではなく、現実の十九世紀フランスの民衆像そのものだとすれば、文明化の使命の論理は西欧の外部だけでなく、いやむしろその内部の「文明が生み出した野生人たち」[48]（ユゴー）にこそ適用されねばならない。この意味で、コントやサン゠シモン派の歴史哲学は、キリスト教の普遍史に代わる通時的な世界史記述であると同時に、野生人゠民衆を野生状態から文明・社会状態へと引き上げる共時的な必然性を示す論拠でもあったのである。

その一方、遊牧の野生人は自らの自由のために、科学を駆使して文明化を強要する司祭の専制権力に抗う。自由主義者や民衆主義者にとって、キリスト教という「文明」宗教と聖職団の支配が瓦解した後に来るべき信仰は、「司祭」の宗教（ソシオクラシー）[49]ではなく、「野生人」の宗教（デモクラシー）であったからである。この対立は、社会主義と自由主義の共和主義的統合の模索をその特徴とする十九世紀のフランス政治文化の起源に位置すると同時に、[50]王政復古下における「宗教」の政治的位置づけを標定するうえで、宗教の定義や宗教史——ギゾーやミシュレの歴史学も含む——の理解が一つの政治的争点となった理由を端的に示している。

世俗の時代の「信じること」のゆくえ

「実証主義とは革命によって提起された宗教問題に対する宗教的応答である」[51]。かつてこうアンリ・グイエが喝破したように、サン＝シモンとコントにとっての基本問題は、人間の「信じる」ことと社会秩序との連続性をめぐる原理的な問いであった。「信じる」とは、宗教的な信仰から日常的な習慣まで幅広く使われる言葉だが、それに疑いが生じれば私的な人間関係から社会全体まで壊してしまうような何かである。「習慣はそれが受け入れられているという、ただそれだけの理由で公平のすべてを形成する。これこそがその権威の神秘的基礎である」[52]。『パンセ』の著者によれば、この権威の神秘的起源は民衆から遠ざけておかねばならない。なぜなら起源の詮索は秩序の崩壊を意味するからである。宗教・言語・国家など権威の起源を暴露することで社会批判を展開したのが十八世紀啓蒙主義だったとすれば、起源の探究を断念して法則秩序に定位し、民衆に背を向けることなく古い知識体系の刷新を通して万人が信じるに足る権威の再建を引き受けたのが十九世紀のフランス実証主義であった。

もちろん十九世紀の再建計画は、かつての知識体系とはまったく異なる、脱神秘的＝顕教的な土台の上に築かれなければならなかった。伝統的に中世スコラ哲学まで、信仰 fides とは不可視である点で学知 scientia と、啓示の点で臆見 opinio と区別される両者の中間的存在とされてきたが、[53]デカルト以降の近代合理主義の流れのなかで信仰と臆見、つまり真の宗教（キリスト教）と異教の区別が徐々に消滅してゆくと、十九世紀には決定的に学知と迷信（信仰）の問題、すなわち知識の真偽の二者択一の問題に還元されてゆくことになった。「信仰」が迷信に分類されてしまった時代に、なおも公共的に何かを「信じる」ことが果たして可能なのか、これこそ十九世紀前半の思想家たちが共有した原理的な問いであったといってよい。カトリックの伝統主義者たちが社会的権威の根拠として学知でも、迷信でもない、信仰（キリスト教）の再生を目指したのはもちろんだが、例えばバークのような保守主義者たちが公然と迷信《プレジュディス》に依拠したのに対し、あくまで合理主義の流れを歴史の必然（科学史という〝伝統〟）として受け入れ、学知、つまり科学を根拠に「信じる」ことの問題を個人の選択のレベルから脱却させようとしたのが実証主義の本来的な構想であったといえる。

とりわけこの構想を晩年まで追求したのが実証哲学の創始者コントであり、その大きな課題はプロテスタンティズムを退けて中世のヨーロッパ普遍主義の枠組みを維持しつつ、諸個人・諸国民の紐帯となるべきカトリックの教理に取って代わる精神的・道徳的教義＝社会学の創始であった。それゆえホッブズの政治哲学のように普遍主義からの主権国家の離脱に正統性を与え、中世の二重権力体制を世俗的権力へと一元化してゆく過程を仮に近代の世俗化《セキュラリゼーション》と呼ぶならば、コントにとって、人間精神の進歩はこの世俗化の過程と重なるのではまったくない。むしろ、この流れに抗して十九世紀の産業社会に「世俗的《ライック》な精神的権力」（ベニシュー）を創始することこそ、彼の社会学創始の目的であり、晩年における人類教創設へと至る実践的モチーフであったのである。

なるほど精神権力の再建などというそのユートピア的な構想は、二十世紀の全体主義を経験した現代の社会学との親近性より、むしろ両者の間の埋めがたい溝をわれわれに感じさせるに違いない。実際、ハイエクやポパーら自由主義者による批判以降、十九世紀実証主義は社会科学の方法論や歴史法則をめぐる古典的疑似科学の問題群に矮小化されてしまった感がある。しかし、経済や文化のグローバル化を背景とした移民やライシテといった多国間にまたがる現代の諸問題を一瞥してみても、実証主義がかつて持っていた脱ネーション的な巨視的構想力は、「社会」という言葉が希薄になった――あるいはその存在を「信じら」れなくなった――今日の社会（学）に再び活力を与える可能性をなおも秘めているといえよう。次章では、現代の知識（科学）社会学の知見を頼りに、そうしたコント思想の新たな解釈の可能性を一つの試論として提示することにしたい。

註

（1）R. Aron. *Les Etapes de la pensee sociologique*, Gallimard,1967, p. 224.〔『社会学的思考の流れＩ』北川隆吉ほか訳、法政大学出版局、一九七四年、二四一―二四二頁〕
（2）レイモン・アロン『ヴェーバーへの道』川上源太郎訳、福村出版、一九八二年、一二八頁。
（3）宇野重規『政治哲学へ――現代フランスとの対話』東京大学出版会、二〇〇四年、三六―五六頁。
（4）Cf., 北川忠明『フランス政治社会学研究――デュルケムと現代』青木書店、一九九四年。菊谷和宏『トクヴィルとデュルケーム』東信堂、二〇〇五年。
（5）小倉考誠『歴史と表象――近代フランスの歴史小説を読む』新曜社、一九九七年、一三二頁。
（6）A. Pessin, *Le mythe du peuple : et la société française du XIXe siècle*, PUF, 1992, p. 15.
（7）L. Chevalier, *Classes laborieuses et classes dangereuses à Paris, pendant la première moitié du XIXe siècle*, Hachette, 1984, p. 594.〔『労働階級と危険な階級』喜安朗ほか訳、みすず書房、一九九三年、三四一頁〕
（8）J. Michelet, *Le Peuple*, Paris, [1846]1866, pp. xxxiii.〔『民衆』大野一道訳、みすず書房、一九七七年、二八頁〕
（9）E. Quinet, *La Revolution*, t. 2. Paris, [1865]1889, pp. 66-67.
（10）ド・メーストル「フランス革命についての考察」『資料フランス革命』河野健二編、田中正人訳、岩波書店、一九八九年、六一六―六一七頁。
（11）A. Mathiez, *Les origines des cultes révolutionnaires,1789-1792*, Paris. 1904, p. 13.〔『革命宗教の起源』杉本隆司訳、白水社、二〇一二年、一八頁（強調筆者）〕

（12）「宗教とは、聖なる事物、すなわち分離され、禁止された事物に関わる諸信念と諸実践との連帯的な体系であり、それらの信念と実践とは、教会（Eglise）と呼ばれる同一の道徳的共同体に、これに加入するすべての人々を結び付けるものである」（É. Durkheim, *Les formes élémentaires de la vie religieuse*, Générale Française, [1912] 1991, pp.108-109.〔『宗教生活の原初形態』古野清人訳、岩波文庫、一九七五年、八六―八七頁〕）。正確には、マチエはのちの『宗教生活の原初形態』（一九一二年）に再録される『社会学年報』のデュルケム論文「宗教現象の定義について」（一八九九年）に依拠している。

（13）Mathiez, *op. cit.*, p. 13.〔前掲訳書、一九頁〕

（14）*Ibid.*, p. 10.〔前掲訳書、一六一頁〕

（15）A. Tocqueville, *L'Ancien Régime et la Révolution*, in *Œuvres complètes d'Alexis de Tocqueville*, Paris, t. 4, 1866, p. 19.〔『旧体制と大革命』小山勉訳、ちくま学芸文庫一九九八年、一一四頁〕

（16）*Ibid.*, p. 220.〔前掲訳書、三三〇頁〕

（17）クロード・ルフォール「新しい宗教としての革命」『エクリール』宇京頼三訳、法政大学出版局、一九九五年、二四一頁。

（18）M. Ozouf, *La fête révolutionnaire, 1789-1799*, Gallimard, 1976, pp. 37-43.〔『革命祭典』立川孝一訳、岩波書店、一九八八年、三二―四一頁〕

（19）フランソワ・リオタール『異教入門』山縣熙ほか訳、法政大学出版局、二〇〇〇年、一五八頁。

（20）モナ・オズーフ「革命的宗教」、フュレ／オズーフ監修『フランス革命事典I』河野健二ほか訳、みすず書房、一九九五年、六二二頁。

（21）M. Gauchet, *op. cit.*,1998, p. 26.〔前掲訳書、四五―四六頁〕

（22）H. Gouhier, *La jeunesse d'Auguste Comte et la formation du positivisme*, J. Vrin, 1936, t. 1,pp. 15-17, t. 2, p. 2.

（23）コントとサン＝シモンの決裂の経緯と思想的力点の違いについては、次を参照。Cf., 杉本隆司「訳者解説　科学と産業の相剋――コントとサン＝シモン」『科学＝宗教という地平』白水社、二〇一三年、一九三―二一一頁。

（24）H. Saint-Simon, *Œuvres de Saint-Simon*, Anthropos, 1966, t. 5, p. 18.〔『サン＝シモン著作集（二）』森博訳恒星社恒星閣、一九八七年、一二二頁（強調筆者）〕（以下、サン＝シモンの著作は、本文中にS-Sと略記し、巻数／頁：巻数／訳頁を併記する）。

（25）A. Comte, « Programme des travaux qui seront employés dans l'ouvrage L'Industrie », in *Ecrits de jeunesse, 1816-1828*,

Mouton, [1817]1970, p. 43.

（26）É. Durkheim, *Le Socialisme : sa définition, ses débuts, la doctrine saint-simonienne*, Retz-C.E.P.L., [1928]1978, pp. 109-123.〔『社会主義およびサン＝シモン』森博訳、恒星社恒星閣、一九七七、一一三—一二九頁〕

（27）A. Comte, *Appendice général du Système de Politique Positive, contenant tous les opuscules primitifs de l'auteur sur la philosophie sociale*, in *Œuvres d'Auguste Comte*, t.10, Anthropos, [1819-1828]1971, p. 63.〔『ソシオロジーの起源へ』杉本隆司訳、白水社、二〇一三年、一一六頁〕（以下、コントの初期論集からの引用は、本文中にAppと略記し、頁数：訳頁を併記する。邦訳は二冊に分かれるため、『ソシオロジーの起源へ』を「上」、『科学＝宗教という地平』〔同訳、白水社、二〇一三年〕を「下」と記し、訳頁の前に添える）。

（28）Cf., Comte, *Système de politique positive, ou traité de sociologie, instituant la Religion de l'Humanité*, in *Œuvres d'Auguste Comte*, t. 7-10, Anthropos, [1851-1854]1971.

（29）M. Pickering, *Auguste Comte : An Intellectual Biography, Volume I*, Cambrige University Press, 1993, pp. 235-239.

（30）Cf., S. Charléty, *Histoire du Saint-Simonisme*, P.Hartmann, 1931, pp. 41 et seq.〔『サン＝シモン主義の歴史』沢崎浩平・小杉隆芳訳、法政大学出版局、一九八六年、四七頁以下〕; P. Bénichou, op. cit., [1977]2004, pp. 483-489.

（31）Stendhal, « D'un nouveau complot contre les industriels », in *Mélanges I*, Slatkine Reprints, 1986, p. 283.〔スタンダール「工業家に対する新しい陰謀について」『文学論集』生島遼一ほか訳、人文書院、一九七三年、三〇九頁〕。Cf., F. Rude, *Stendhal et la pensée sociale de son temps*, Plon, 1967, pp.118-119.

（32）A. Carrel, « Répomse à une brochure intitulée: *D'un Nouveau Complot contre les Industriels*, par M. de Stendhall », in *Le Producteur*, Paris, t. 1, p. 440. シャルレッティは『生産者』にサン＝シモンの名が始めて登場するのは一八二六年五月だとしているが、これは明らかに遅すぎる。Cf., S.Charléty, *op. cit.*, p. 31.〔前掲訳書、三七頁〕

（33）デュノワイエに対するコンスタンのこの反論については、すでに安藤隆穂の分析がある。Cf., 安藤隆穂「バンジャマン・コンスタンとフランス自由主義」『市民社会の思想』宮本憲一ほか編、御茶ノ水書房、一九八三年、一二三—一二五頁。

（34）王政復古期における、デュノワイエ、シスモンディとサン＝シモン（派）における二つの「産業」概念の対立関係を追求した論考として次を参照。Cf., 岩本吉弘「シャルル・デュノワイエと〝二つの産業主義〟前編・後編」『一橋論叢』第一一七巻第二—三号、一九九七—九八年、同『王政復古期フランスにおける産業主義と反産業主義——近代社会主義思想の形成過程に関する一試論』一橋大学社会科学古典資料センター、一九九四年。

(35) B. Constant, « Le compte rendu : L'industrie et la morale considérées dans leur rapport avec la liberté, par Ch. Dunoyer », in *Revue Encyclopédique*, t. 29, février. 1826, pp. 433-434.

(36) [s.n], « De l'abus de la critique », in *Le Globe*, le 29 avril, 1826, No. 55, t. 3, p. 293（強調イタリック）

(37) M. D., « De la doctrine sociale de M. Montlosier, et des systèmes de corporations », in *Le Globe*, le 9 sept.,1826, No.12, t. 4, p. 62. この匿名のイニシャル M. D. はたびたび批判論文を載せた常連だったが、その身元は不明である。Cf., P. Benichou *op. cit.*, [1977]2004, pp. 489-491.

(38) H-R. d'Allemagne, *Les saint-simoniens 1827-1837*, Paris,1930, p. 55.

(39) P. Enfantin, « Considérations sur l'organisation féodale et l'organisation industrielle », in *Le Producteur, de l'industrie, des sciences et des beaux-arts*, t. 3, 1826, p. 71.

(40) Enfantin, « Réponse au Globe », in *Le Producteur*, t. 4, 1826, p. 504（強調イタリック）

(41) 個人主義（individualisme）という言葉は、『生産者』第四巻で利己主義批判の文脈ではじめて現れる。Cf., *Le Producteur*, 1826, t. 4, p. 296.

(42) M. M, « Le compte rendu : Encyclopédie progressive », in *Le Producteur*, t. 4, 1826, pp.136-137.

(43) もちろんサン＝シモン主義者たちがラムネやエクシュタインのようなカトリックの教義や堕落史観にまで賛同したわけではない。バザールのエクシュタイン批判は次を参照。Cf., Bazard, « Troisième lettre à M. le baron d'Eckstein », in *Le Producteur*, t. 4, Paris, 1826, p. 358; Idem, « Du Catholique et de M. D'Eckstein », in *ibid.*, p. 520.

(44) コントの「宗教」定義を挙げておこう。「［人間］存在は、自らの行為を律する優越的支配力へと向けられる、自らの感情と思考の全体的収斂により内的且つ外的に結ばれる。その時に真の宗教が存在する」(Comte, *op. cit.*, [1851-1854]1971, t. 2, p. 18)。コントは晩年に人類教を創始し、それに伴い社会統合の原理として共感（Sympathie）の役割を重視してゆくが、それをプロテスタント的な宗教感情論と混同することはできない。彼は人類教の崇拝対象として死者と生者から成る「大存在」(Grand-Être) を提起し、その役割を相変わらず革命の「運動を存在に従属させて知的・道徳的危機を終了させる」(*Ibid.*, t. 3, p. 3) ことに充てているように、宗教感情論を廃棄するために社会感情論を提出している点に注意がいる。

(45) [Bazard et Enfantin], *Doctrine de Saint-Simon, Exposition, Première année, 1828-1829*, Nouvelle édition, publiée par C. Bouglé et E. Halévy, Paris, [1830]1924, p. 493. コンスタンの「個人主義的」宗教哲学に対するサン＝シモン主義者の批判は次も参照。Cf., *Ibid*, p. 348, p. 404.

（46） Cf., *Doctrine de Saint-Simon*, p. 404, n. 275. この版の編集者ブーグレとアレヴィがそこで指摘するように、彼らは宗教感情（sentiment religieux）ではなく、宗教性（Religiosité）という言葉をあえて用いている。サン＝シモンの遺稿『新キリスト教』の序文で、確かに高弟のロドリーグはこの著作の目的を「社会における宗教感情の働きを明確にさせること」と説いているが、奇妙なことにサン＝シモン自身はそこで宗教感情の議論など行っていない。ロドリーグの真意は、宗教感情の称揚ではなく、有機的時代に感情を形態へと収斂させることに力点がある（この点は、フランク・マニュエル『サン＝シモンの新世界』森博訳、恒星社恒星閣、一九七五年、下巻、六三三―六三四頁を参照）。ここにはちょうど論争中だったコンスタンの『宗教論』への応答の意味が込められており、この姿勢は一八三〇年の『サン＝シモン教理解説』でも一貫している。

（47） Constant, *Mélanges de littérature et de politique*, Pichon et Didier. 1829, p. 162.

（48） ヴィクトル・ユゴー『レ・ミゼラブル2』辻昶訳、潮出版、二〇〇〇年、三五九頁。

（49） Sociocratie はコントの造語である。ギリシア語で「神」は Theos だが、コントは教義面で神学（théologie）に代わる社会学（sociologie）を提起したように、神学状態の神権政治（théocratie）に代わる社会体制として実証状態の社会権政治（sociocratie）を構想した。Cf., Comte, *Catéchisme positiviste, ou sommaire exposition de la Religion universelle*, in *Œuvres d'Auguste Comte*, t. 11, [1852]1971, p. 303.

（50） Cf., Ph. Raynaud, « Aux origins de notre culture politique », in *Mélanges sur l'œuvre de Paul Bénichou*, Gallimard, 1995, pp. 106-120.

（51） Gouhier, *op. cit.*, t. 1, p. 10.

（52） パスカル、前掲書、一八八頁。

（53） アウグスティヌス『信の効用』第二章、およびトマス・アクィナス『神学大全』第二編第二部、第一問題―第四問題などを参照。

第八章　権威と信頼の政治学――コントの実証主義再考

「一片の流言はよく国を傾けることができる」

清水幾太郎『流言蜚語』（昭和十二年）

「科学の権威は科学的意見の中にある。〔…〕科学とその持続的進歩について語ることは、科学の基本原理と、これを応用したり修正したりするときの科学者の誠実さとに対する信頼を公言することである」(1)

マイケル・ポラニー『科学・信念・社会』（一九六四年）

一　震災と社会学

震災後の社会を手掛かりに

東日本大震災による福島第一原発事故はなおも社会に不安を与えている。事故当初、政府は国民のパニックを恐れて被害予測を過小に評価し、マスコミも専門家を連日メディアに登場させて国民の不安を解消しようとした。最初はアカデミズムの権威に耳を傾けていた一般市民も、産業界と学界、マスコミの多岐の利害関係が明らかになるにつれ、若い世代を中心にいわゆる〝御用学者〟への不信が広がった。他方で利害とは無縁な〝反原発学者〟や海外の研究者の意見に注目が集まり、三・一一以降日本は「本当のこと」を求めて世論の全国的な分裂状態に陥った。この事故は科学（者）と社会をめぐる従来の知識社会学的な問いを改めて提起させたが、特に問い直されるべきは社会全体が正確に何を信じてよいのかわからない危機的な状況での社会的な「信頼の在りか」の問題である。(2)震災以降、科学者が少なからぬ市民の信用を失った事実は科学者倫理の枠を越え、「信頼」を軸とした社会構造の根幹まで及ぶ問いの広がりを有している。

原子力問題に限らず、知識の専門化が進行した現代ではあらゆる場面で市民がその判断を求められる状況が増えている。六〇年代の公害問題を皮切りに、地球温暖化、ＢＳＥ、遺伝子組み換え等、科学技術の問題がその恩恵に伴うリスクとして日常生活にまで入り込む「科学化する日常」(3)と呼ばれる状況が出現した。他方で冷戦の終結以降、市場のグローバル化を背景に政治・経済レベルでの過度の自由化が進行し、「自己責任」論に象徴されるように倫理的にもあらゆる問題を個人の自助努力で解決すべきだとする社会風潮が強まっている。端的にいえば近代の合理的人間観が求める自律した個人の理想とは裏腹に、個人では対応できない高度な知識が要求される問題の前に市民が立たされることになったのである。実際には個人で専門知識を身につけて個々の問題に対処するのはまず不可能であり、専門家＝他者にますます判断を仰がざるを得ない状況——情報の氾濫する現代では知識の外注化《アウトソーシング》はグルメから医療、選挙まで多岐に及ぶ——にある。

一般に市民がある問題の判断を下す根拠は、それまでの教育環境やマスコミ報道であり、最終的にはそれらの背後にある科学者共同体の権威にある。この権威はレフェリー制度を基盤とした科学者相互の審査を経た知識の科学的合理性に由来する。(4)だがその小さな共同体を一歩出れば、科学的知識を自ら検証してその正誤を判断しているわけではない市民が科学者の見解を信用する（権威を認める）理由は、科学者や科学組織が一致してその見解を認めているというこの事実自体にある。それゆえ科学の権威とは、厳密にいえば知識自体というより、さしあたりその見解を述べる学者や組織に対する人々の信頼から生まれている。[5] 逆にいえば学者や組織に何らかの疑念（例えば産業との癒着）が生じた場合、彼らが提示するいかなる科学的見解も市民は信用しない。

これらが示唆しているのは、市民が科学者の見解を信じないのは素人＝市民に専門知識が欠けているがゆえにそれを疑ったり、パニックに陥る（いわゆる〝欠如モデル〟）というより、むしろ科学やその組織自体に対する人々の不信に主たる要因があるという点である。周知のように近年では、科学と社会の問題を一方的な知識の「提供―受容」関係からではなく、科学的合理性を超えた《トランス・サイエンス的》領域で社会的合理性を形成するための幅広い社会的ファクター（信頼、感情、コンセンサス、コミュニケーション等）から論じる「リスク社会論」や「科学技術社会論」（ＳＴＳ）に関心が集まっている。[6]

こうした議論に共通しているのは、合理性の基準を専門科学だけに求めるのではなく、その恩恵とリスクを被る生活者を含めた幅広い社会的観点も合理性の枠内に組み込もうとするその姿勢にあるといえる。これらの研究は、当然にもおおむね先ほど挙げた理系の諸問題を題材に科学と社会の関係を論じてきたが、ここではそのような信頼関係のあり方を広く政治の領域から社会秩序の次元にまで昇華させようとした古典的試みとしてオーギュスト・コントが提唱した社会学の構想を再検討してみたい。

十九世紀実証主義への批判

一般にコントの名はsociologieという言葉の創始者、実証哲学の祖として知られるが、彼の社会学はフランス革命といういわば〝人災〟を契機として生まれている。革命のような社会的大事件と科学技術に伴う災害は出来事の性質が異なるとはいえ、昨日まで自明であった日常を全面的に崩壊させ、人々の精神的な危機を引き起こす点で被災者の側からすれば両者は別物ではない。コントが活躍した十九世紀前半のフランス社会は革命とナポレオン戦争を経て、カトリックと王権が否定され、社会の権威のあり方が政治的・宗教的に大きく転換した時代にあたる。そこに社会の再組織を掲げて登場したのがコントやその師サン＝シモンを起源とする実証主義思想である。

よく指摘されるようにコントやサン＝シモン主義者の多くはパリの理工科学校の出身であり、社会研究に実証的方法を提唱した始祖として学説史上まず彼らの名が挙がる。その古典的社会学の一般的なイメージはキリスト教や王権と手を切り、産業家と手を組んだ「科学技術を習得した専門家が人工物の設計による自然の制御と相似の発想で社会の設計[7]」に携わり、合理的な社会秩序の構築を目指した先駆的学問といったものだろう。この点で彼らが思想史上肯定的に捉えられることもあるが、他方でその批判も伝統的に根強いものがある。二十世紀初頭のマルクス主義からの「ブルジョワ社会学」という伝統的な批判を除けば、実証主義批判はおおむね次の二点にまとめられよう。

まずその社会科学の方法論の疑似科学的性格に対する批判である（科学主義批判）。例えば人類史を神学状態から形而上学状態を経て実証状態へ至る進歩の過程と捉えるコントの「三状態の法則」は、自然科学の法則を社会科学に無批判的に持ち込んだ、存在と当為を混同した目的論的な疑似科学にすぎない（ポパー、アロン、ベニシュー)。またこうした科学法則は人間の社会変革の志向を抑止し(マルクーゼ)、同時代の前近代社会の「野蛮人」や人間の情念に関わる信仰の問題を軽視させたともいわれる(コリングウッド)。

次にコントの実証主義は科学に名を借りた宗教的権威主義だとする批判である(権威主義批判)。コントは前期の主著『実証哲学講義』で神学から実証科学への社会研究の移行を唱えたにもかかわらず、晩年には自らがその大司祭を任じる「人類教」を宣言するに至った。宗教権威による社会の統治というそこでの主張を、J・S・ミルや弟子のエミール・リトレらは知的反動としてコントの生前からすでに厳しく批判し、ロシア革命以降は、科学による人民の支配を正当化する二十世紀の全体主義の起源だとする批判も現れることになった(イッガース、ハイエク)。もとよりこうした権威主義批判は一点目の批判と不可分であり、コントに先行してサン゠シモン主義者らもサン゠シモン教の創設に乗り出したように、実証科学からのこうした宗教的「変節」自体がそのまま彼らの科学論の「疑似科学性」を示す証左とみなされてきたからである。

だがその一方で、学説史の分野ではロバート・ニスベットが示したように、「権威」の問題は単に全体主義や盲信的科学主義の告発に収まらない、近代社会の個人と共同性のあり方をめぐる西欧社会学の起源から問われてきた伝統的なテーマの一つでもある。本章の問題意識も基本的にはこのテーマ設定に連なるが、しかし社会学の系譜を伝統主義や非合理主義に辿り、人類教が論じられる後期の主著『実証政治学体系』(一八五一―五四)を特に重視するニスベットの保守主義的なコント解釈からは、逆に前期コントの社会・科学論やその合理性に関する諸問題が考察の対象から外されているという憾みがある。(8) だが現代の権威・権力論研究も指摘するように必ずしも権威と合理性は相反するわけではなく、十九世紀の実証主義者たちが模索していたのもあくまで近代の社会生活に見合った合理的な権威のあり方であったからである。(9)

その典型的な事例の一つが科学（者）に対する人々の「信頼」という現象である。日常では権威はネガティブなイメージを帯びるが、信じる基盤が崩れた非常時の場合、それは不安を安心に変える信頼の源となることも確かである。非常時でなくとも、先述の通り多くの知識を外注に頼る現代社会では他者への信頼なしにはわれわれの生活も立ちいかない。知識や職能の現代の専門分化の起源を辿れば、産業革命に起因する分業や階級の問題を扱った十九世紀のフランス社会学（ル・プレー、デュルケム）や大衆社会論（ル・ボン、タルド）、あるいはトクヴィルやプルードンらが程度の差はあれ権威の問題に関心を払ってきたのは偶然ではない。[10]

近代以前ではそうした権威＝信頼を社会にもたらす役目は洋の東西を問わず宗教であった。だが十九世紀の科学の進歩と産業社会の世俗化という流れのなかで、その役割の多くは事実上、宗教から科学へと移行した。かつての宗教的権威の源泉が神や教会だったとすれば、近代社会の権威は誰が担い、何によって保証されるのか。コントの社会学も広くいえばこうした問題関心から生まれている。以下では彼の社会学の創設を、民衆（社会）と科学者（司祭）をめぐる十九世紀の新たな信頼関係の構築の試みとしてとらえ直したい。

二　実証哲学と社会学

実証哲学と三状態法則

コントは実質的なデビュー論文「社会再組織のための科学的研究の趣意書」（一八二二年、二四年に「趣意書」を「プラン」に改題）で「三状態の法則」をはじめて打ち出し、社会を再組織する政治学の実証科学化

（＝社会学）[11]を主張した。だがその八年後に今度は、十二年の歳月を費やして社会学を含む自然科学全般を考察の対象とした主著『実証哲学講義』（全六巻、一八三〇―四二年、以下『講義』）を出版し、実証哲学を宣言する哲学者として登場する。ここでは社会学と実証哲学の関係について、コント思想全体の基本構造をまず押さえておきたい。彼はその第一巻冒頭で、最初に自らの「実証哲学」に次のような定義を与えている。

> 古代人、特にアリストテレスは人間の観念の一般体系を表現するために哲学という言葉を用いたが、私も同じ意味で使うつもりである。だがそこに実証の語を添えて私が主張したいのは、どんな観念の次元の理論でもそれを検討する固有の思考様式は、観察された諸事実の整合的な秩序づけにあると考える点にある。これは〔…〕第一の神学状態、第二の形而上学状態に続く、第三の最後の一般哲学の状態を指している。[12]

このようにコントはアリストテレスに倣い、まず各状態を支配する「人間の観念の一般体系」を広い意味で「哲学」と呼ぶ。「観念の体系」とは人間が現在の世界を説明し、生活するうえで必要な自然現象から社会現象にわたる知識の総体であり、哲学とはその世界全体を認識する際の各時代の思考様式にあたる。神学哲学は超自然的存在（神）という世界の第一原因から想像力によって、形而上学哲学は神の代わりに擬人化された実体（自然）という抽象概念によって、そして実証哲学は神や実体といった第一原因の探究を断念し、「観察された諸事実の整合的な秩序づけ」、つまり現象間の法則を通じて、それぞれ世界を説明する。三状態の法則とはこうした知性の発展に応じた各時代の世界観を根底から規定する人々の認識＝知識の一般的な観念体系の相対的な変遷過程を示している。

確かに三つの哲学は知性の状態に応じてその内容を異にするが、コントによればどの時代の知性も一様に世界の秩序を説明したいという人間の知的欲求に起因している。例えば神学哲学は事物に生命が宿っているとか、造物主が世界を遍く支配している等の考えを創出したことにより、天文現象から物理、化学、生物、社会現象まで世界や歴史をトータルに説明することに成功した。確かに現代の実証科学からすればこの説明は観察ではなく想像に基づいてはいる。だが「現象を説明する」とは結局のところ諸現象の関係づけであり、その一貫した関係を表現したものが法則だとすれば、実証科学による世界の説明づけも、その動機の点では違いはない。つまり、混沌たる世界と歴史に整合的な秩序を与えたいという人間の根本的欲求がそれである(CPP. 1/52)。

神学的哲学がこの欲求を満たせなくなる時、つまり世界秩序をトータルに説明できなくなる時、この理論体系は崩壊する。コントによれば、自然研究の領域に実証科学が姿を現した中世末期に始まったのがこれであった。十一世紀のアラビアの観察科学の西欧への流入から宗教改革までの一連の運動とその後の数々の科学的発見により、政治的には教皇制に基づくヨーロッパ普遍主義が解体し、知識の面では聖職者の精神的権威も失墜した。そして既存の知識への懐疑は同時に社会秩序に決定的な打撃を与え、最終的にはフランス革命という破局を迎えることになる。三状態の法則でいえば、約七世紀に及ぶこの時代が「形而上学状態」にあたる。それゆえ秩序を回復させるためには、人間の知的進歩が求める欲求に見合った「実証的な観念体系」を再び構築する必要があるが、コントによれば、神学と実証科学の折衷から生まれた形而上学哲学（プロテスタンティズム、理神論、啓蒙思想）はいわば神学体系の解体を専門とする批判哲学であり、この任に堪えることはできない。そこで十九世紀以降の実証状態の観念体系、すなわち実証哲学を創始することがコントの課題となる。

実証状態においては、全現象の法則の確立を引き受けるのは当然科学である。「実証的観念体系」とは、数学、天文学、物理学、化学、生物学の諸科学の総体であり、われわれが生活する現実は、複雑で重層的に織りなされた諸現象がそれらを観察対象とする諸科学を介して（模写ではなく）近似的に表象された世界にすぎない。言い換えれば、外界に生起する全現象は結局は諸科学が定立する法則で説明され、そのどのような説明も知識の全体が収容されたこれらの科学のどれかに属する現象について語っていることを意味する。[13] だがコントによれば、人間の知的欲求は自然現象が慣習的な秩序に従わない際の「驚き」の回避に起因する以上、恐怖心を持つ古代人や野生人にも存在する。「当時すべてが奇跡だと思われたなら、奇跡は存在しない」（CPP. 4/538）とすれば、人間がある現象に「驚き」、「奇跡」を感ずるには逆説的にある程度の法則秩序が前提されていたはずだからである。[14]

人間は時空のカオスの中で生きてきたわけではなく、常に世界に秩序を見出す欲求が科学を育んできたのであり、自然研究は「自然を前にした人間の行動の真の合理的基礎」、つまり「予見」を人々に提供することにその本来の目的がある――「予見は科学から導かれ、予見から行動が導かれる」（CPP. 1/52）。このように法則から得られる予見の可能性は、コントにおいて産業や技術の便益以前に、世界秩序に対する人間の精神的な足場を築く役割を担っているのである。[15]

しかし、数学から生物学までは実証化されているにもかかわらず、現在までまだ取り残されている研究領域がある。それこそ社会・政治現象であり、実証哲学は自然現象だけでなく「社会現象の研究を含めた、人間精神が働きかけるあらゆる対象に適用可能な一様の推論法」（CPP. 1/ xiv）を示すことがその課題とされるのである。いうまでもなくこの課題こそ社会学の創始であり、端的にいえば実証的観念体系を構成する六科学の最後のピースを埋めるこの社会学の創始がそのまま実証哲学の完成を意味するのである。

社会の再組織と実証政治学

このようにコントにとって社会学の創始は、単に社会現象を対象とする一実証科学の創設にとどまらず、十九世紀以降のいわば知のパラダイムともいうべき実証哲学の完成という壮大な事業の一環をなしていた。しかしコントの究極的な課題は、社会学や実証哲学の創始自体というより、あくまでフランス革命とナポレオン戦争後の混乱からフランス、ヨーロッパをいかに救い出すかという社会の再組織の問題である。

彼が活躍した十九世紀前半のフランス社会は、大革命から第一共和政、ナポレオン帝政、百日天下、王政復古、七月王政、そして四八年の二月革命まで激しく政体が変遷する一方、共和派、リベラル派、ネオ・カトリック派、復古王党派、中庸派といった多種多様な思想的・政治的立場が乱立していた時代にあたる。コントによれば、現在の社会的混乱の原因は、大局的にはかつての神学体系に依拠する神学的政治学（退歩派＝カトリック、王党派）と十八世紀啓蒙思想に依拠する形而上学的政治学（革命派＝共和派、リベラル派）が互いに意見を戦わせ、人々の政治的見解の一致が不可能となっている点にある。

ところで各状態の一般観念体系（哲学）はその時代の知識の総体に基づいた人々の生活基盤を提供する一つの世界観であった。逆にいえばその体系が解体する時、人々が信じるべき生活の基盤は崩れ、そのまま社会秩序全体の崩壊へとつながっていく。特に社会的・政治的領域で観念体系を操作する知識人の見識が疑われ始めると人々は彼らの言うことを信じなくなり、まさに革命後の社会のように政治的意見の氾濫から社会秩序の危機を招くことになる。それゆえ一般観念の体系とは、正確にいえば知の担い手の語る言葉＝意見の総体であり、現実にはそうした意見の信用の可否が社会秩序の直接の成否を握っている。

> 観念《イデー》は世界を支配し、転覆もさせる。言い換えれば社会構造の全体は最終的に意見《オピニオン》に基づいている〔…〕。現代社会の途方もない政治的・精神的危機の原因は結局は知的アナーキーにある。実際、原則的な方針を固めることが真の社会秩序の第一条件なのに、われわれの最大の害悪はどんな方針にも現在すべての才人たちの間で意見の一致が一切見られない点にある。個々の知性が完全な同意のもと、共通の社会学説を生み出すある程度の一般的諸観念に従わない限り、諸国民の現状はどんな政治的弥縫策が採用されようと、どこまでも革命的なものにとどまり、一時的な制度にしかならないのはごまかしようがない。だが同じく確かなことだが、もし原則の一致に対して才人たちの賛同が一度得られれば、深刻な動揺もなく適切な制度がそこから生まれ、最大の無秩序はそれだけで一掃されよう。
>
> （CPP. 1/40）

コントが「知的アナーキー」と呼ぶのは政治的意見の不一致、つまり神学的・形而上学的な異質な精神の政治学が現在の社会研究を支配していることを指しており、それを克服するために彼が青年期から一貫して主張するのが、政治学の実証科学化（＝社会学）という主張なのである。コントによれば、政治理論を策定できるのは行政を司る統治者でも、「願望」（自由、平和、歳出削減等）を表明する被治者でもない。願望の実現手段を統治者に「意見」できるのは専門の政治理論家だけである。「世論は願望を述べ、政治理論家は実行手段を提案し、そして統治者は実施すべきである」（App. 3：上＝二〇）。なぜなら物理学も天文学も研究したことがない人がその専門の任に堪えないのと同様に、「政治学の最も抽象的な原理について思索をめぐらしたことも、確固とした研究の対象にしたこともない人でもみな政治学に習熟し、しかも確固たる鋭敏な意見を持っているはずだと考えるのは〔…〕奇妙なこと」（App. 1-2：上＝一七―一八）だからである。

ところが実際にはこの三者関係は守られておらず、統治者や被治者がそれぞれ自分に都合のよい「意見」を互いに戦わせ、革命後の社会秩序の混乱の原因となっている。だがこの混乱の原因は、文明の状態を無視した彼らの非見識だけでなく、そもそも政治学自体が人々からあまねく「社会的同意」（consensus social）を取りつける実証科学になっていない点に原因がある。逆にいえば天文学や医学が信頼されるのはそれが実証科学化しているからであり、どのような学問も観察と推論に依拠しない限り、もはや人々から信頼を得られないとコントは考える。

政治学が実証科学になった暁には、公衆は自分たちが天文学において天文学者に、医学において医者に今日寄せているのと同様の信頼《コンフィアンス》を政治学において〔…〕政治理論家に認めるべきであり、また間違いなく認められていくことだろう。こうした信頼は、政治学が曖昧模糊として神秘的かつ判断不能、要するに神学的であった限り重大な欠陥を抱えていたわけだが、政治学が実証科学、つまり観察科学になった暁には、われわれが日頃当たり前のように医者に寄せている信頼〔…〕と少なくとも同程度のものにはなるであろう。

（App. 3 : 上＝二〇）

コントは生涯を通じて政治学の実証科学化を繰り返し主張し、実証政治学、社会物理学、そして社会学へと概念を洗練させていくが、このように社会学の創設という彼のプロジェクトは、当初からその方法論の探求自体というより、それを根拠づけている学問と学者への人々の「信頼」が社会の再組織の基礎にあるという原理的な認識に由来していた点をまず押さえておきたい。それでは十九世紀の産業社会を組織するために、科学と社会の新たな信頼関係は具体的にどのように構築され、担保されるのか、次にこの点についてみていこう。

三　精神的権力と「信」の問題

精神的権力と神学的哲学

すでに述べたようにコントにとって形而上学的体系は批判哲学であり、秩序の原理とはなりえなかった。形而上学的政治学（彼が念頭に置くのはルソーやモンテスキューのそれ）は個人という抽象的実体（コギト）から社会を演繹するアトミズムにすぎず、そうした人間は生物学的「個体」だとはいえても「社会的諸関係の総体」（マルクス）として織り上げられる歴史を背負った「人間」ではない。現実の「人間の発達はどこから見てもすべて社会に負っている」からであり、「もし社会という観念が依然として知性の抽象的産物のように思われるとしたら、それは主として古い哲学体制の影響のせいである。なぜなら、少なくとも人類にあっては抽象的性格を持っているのは、実は個人の観念の方だからである」[16]。この認識からコントが実証状態の社会—人間関係のモデルとして考察の対象に据えるのが、個人を社会全体の中に有機的に包摂していた中世社会なのである。

ところで前節の結論からすると、近代以前のキリスト教が学問全体を支配していた中世の時代はまったくの信頼なき状態だったのだろうか。コントによればもちろんそうではない。中世にも知識人と民衆には確かに信頼関係が存在した。その関係を社会全体にわたりこれまで築いてきた組織こそカトリック教会という精神的権力（＝霊的権威、pouvoir spirituel）である。中世社会では、民衆から信頼を受ける知識人はいうまでもなく教会の司祭であった。神と民衆の間の媒介役となり、文盲の民衆にラテン語聖書を読み聞かせ、洗礼から埋葬まで日常生活の全般を取り仕切っていたのが教会組織であった。要するに司祭や教会に対する民衆の全幅の信頼が社会秩序の要だったのである。

それゆえコントは、十八世紀の啓蒙主義者のように司祭が民衆支配の道具としてキリスト教という「迷信」を利用し、民衆はそれに騙されていたとは考えない。なぜなら、かつての神学体系は当時の紛れもない知識体系であると同時に、神の観念を中心に民衆を纏め上げる教会組織を基盤とした社会秩序を体現していたからである。その典型こそローマ教会という普遍的な精神的権力が世俗の政治権力を教導していた中世の二重権力体制であった。なるほど、キリスト教の教義は現在から見れば多くの欠陥があるが、これまで何も信じられることなく社会秩序が維持されていた時代があっただろうか。懐疑主義が現れるのはいつの時代も、教義の変更を迫られる過渡期にすぎない。かつては自然災害、社会的大事件、社会理論（普遍史、天動説、教皇制、王権神授説等）に至るまですべて神学体系が説明し、西欧中の人々がその教義を信じ、それを紐帯にして社会生活を営んでいたというこの事実こそ、コント——そして彼が参照しているド・メーストル——にとってまさに「奇跡」だったからである（Cf., App. 183：下＝八七）。

以上をまとめれば、第一に、知識人と民衆の信頼関係は各時代の知識や一般的観念の体系に応じて常に相対的な関係の上に築かれてきたということ。第二に、それは単に学者や学問への個人的な信用だけでなく、社会の制度や秩序自体を根底から支える一つの「信仰」体系でもあったということである。これらの考えを歴史的に定式化したのがあの「三状態の法則」であった。それゆえ知識の状態に見合った相対的な信頼関係（＝社会秩序）が各状態にあるとすれば、例えば啓蒙主義者が絶対的な立場から神学状態を「暗黒時代」と批判したところで、それは歴史の各期を無視した知性の越権行為にすぎない。なぜなら「いつの時代の制度も学説も、文明の現状として可能な限り完璧であったとみなすべき」（App. 115：上＝一九七）だからであり、コントは十八世紀哲学の「浅薄さ」を批判したうえでこう述べる。

経験が我々に教えるところによれば、神学的哲学はそれが社会現象にまで広がった結果、外的物体と人間の現象をすべて説明したことでまず獲得した支配力のおかげで、もっぱら〔社会の〕組織的手段となることができたのである。すべての現象のこの説明づけこそ、神学体系が獲得した一般的支配力の根本的淵源であり、その基本条件である。（App. 155：下＝二三九）

すでに指摘したように、「現象の説明づけ」こそ中世社会で神学的哲学が支配力を獲得することのできた淵源であった。この「神学状態」を解体——もちろんこの過程は一挙に進んだわけではないが——させ、最終的にフランス革命という破局を迎える「形而上学状態」を信頼関係の点から一言でいえば、もはや民衆が司祭や教会組織の言葉を誰も信じなくなっていった過程として表現できよう。信頼関係が成立するには、コントが「公共の理性」と呼ぶ人々の知的常識がその時代の観念体系と調和している必要があるが、この状態においては人間の知性の進歩が司祭の知識体系を乗り越えてしまったからである。だがそうだとすれば、精神的権力などという科学の発展を妨げる過去の遺物は実証状態にはもはや不要ではないのか。しかし、ここでのコントの答えもそうではない。彼が実証状態に新たな精神的権力の必要性を訴える理由を探るために、彼が「旧精神的権力」と呼ぶカトリック教会と、その民衆―司祭関係に関する議論をもう少し掘り下げよう。

合理的論証と「信」の根拠

中世を通して世俗の皇帝権力に対する優位性と聖職位階制を確立してきたカトリック教会は、宗教改革の激震後も各君主国を超越した一定の精神的機関の役割を担うとともに、教皇庁を頂点に各国に司教座を配し、十八世紀までに農村社会の隅々までキリスト教の知的ネットワークを確立してきた。先に触れたように司祭が民衆と接する日常の機会は教会のミサや修道院教育を通じて設けられ、地震や津波、火山の噴火、疫病や飢饉など自然災害から日食、彗星の飛来、戦争・革命の原因まで、神の加護によって得られる強い安心感から民衆が常にその伺いをたてる先こそこの教会組織だったのである。

ところでコントがまず着目するのは、民衆は決して天災や社会的事件の神学的解釈やラテン語聖書を自ら理解したうえで司祭や神学者の言葉を受け入れてきたわけではない点である。啓蒙主義者が言うように火刑や迫害等の物理的恐怖で信じ込ませた面もあっただろう。だが日常生活を生きる民衆の大多数はキリスト教の伝統的権威、つまり司祭や教会が古来より同意してきた見解を信頼しているがゆえに受け入れてきたにすぎない。逆にいえば、民衆が司祭の言葉を信じなくなった理由もこれと同じ理屈に基づいているとコントは考える。

例えば約百年前から民衆は天動説を誰も信じなくなり、こぞって近代天文学を受け入れ、かつての宗教的信仰に彼らが与えていた確かさを今では天文学に認めている。民衆の見解がかくも変化した原因は何だろうか？　民衆が地動説の論証に精通するようになったからだろうか？　もちろんそうではない。こんな論証はフランスの全人口のうち三千人にもおそらく理解されていないからである。ではなぜ民衆はこの論証を信頼するかと言えば、それはこの学説に関する学者たちの見解がすべて一致していると彼らが認めたからに他ならない。（App. 40：上＝七八―七九）

つまり、民衆は決して実証科学的な論証に精通したから神学的教義を信じなくなったのではない。「実際には、事実は論証抜きで承認されている。その理由は単純で、その真実性を証明する〔学者の〕論証は難しくてとてもついてゆけない」（App. 41：上＝八〇）からである。それゆえ民衆が神学的教義を信じなくなったのは、その誤りや神の不在を論証したからではなく、単に科学的論証を一致して認める科学者組織の権威の方を信じるようになったからにすぎない。「なるほどアポロやミネルヴァの不在を〔…〕論理的に論証した人はいない。だがそのことは、人間精神がやがてその状態に合わなくなった古い教理を決定的に捨て去ろうとするとき少しも妨げとならなかったのである」(DEP. 43：一八〇)。
だがその一方で、コントが「全人口の三千人」と呼ぶ科学者はもちろん事情が異なる。彼らは地動説ならその学説の合理的論証を行い、新たな証拠が発見された場合の「厳しい反論の権利」も科学者同士には常に担保されている。それゆえ彼らの間の信頼は「どこまでも暫定的」にすぎず、「論証を理解できる人であれば盲信も、信頼さえも必要ない」(App. 8：上＝二九)とすらコントは述べる。つまり科学者共同体の内部では啓示はもちろん、実証的能力が有する「真の論証が生み出す圧倒的な力」の前では、原理的には「信じること《クロワイヤンス》」(＝信頼、信仰。英語 belief に相当)はもはや不要となるのである(例えば2＋2＝4の論証に「信じる」要素は介入しない)。

だがこの「実証的論証の力」は科学者共同体の外部＝民衆との関係でいえば既述の理由により、信頼＝信仰《ビリーフ》の次元をなおも必要とする[17](単純な算術の論証なら民衆も理解できようが、ここでは地動説やニュートン力学を想定されたい)。この事態を民衆側から見た時に、科学者共同体が持つこの「論証の力」、「論理の一貫性」こそ、科学の権威として現れる。なるほど論証の力さえ民衆が認めなければ、もちろん科学に対する信頼は生まれない。さらには、のちにデュルケムが述べたように「民衆が科学に信仰をもたなかったら、あらゆる科学的論証は人々に対して何の影響も及ぼさないであろう」[18]。合理性と「信」の領域は必ずしも相反するわけではなく、実証主義に対する科学主義信仰という非難以前の一面の真理がここにはある。

実際、コントによれば、この科学の権威はすでに実証状態にある大多数の人々が自らの行動でその力を承認している一事実にすぎない。例えば、占星術師と天文学者、錬金術師と化学者、呪術師と医者がいればわれわれはどちらの意見を信用するだろうか。教会史が失墜してもなお堕落史観と終末を信じることができるだろうか。つまり実際問題として人々は病気や貧困、天災といった日常生活の苦難の原因をもはや神義論的な説明には求めなくなったのである。なるほど、呪術師や司祭の方をなおも信じる人々がいることをコントも否定しない。科学への信頼を得るには、それゆえ事物の論理や合理性に関する知識（＝実証精神）をある程度民衆自身が身につけておく必要がある。「呪術師に対する信頼が厚く、重要な案件について彼らに言われるがままに従うような国民は、もっと知識ある人々によって積極的に精神を鍛えてもらう必要がある」（App. 36：上＝七一）。

コントにとって、民衆教育の社会内での位置づけはかつての修道院教育に相当し、労働者の生活の改善に資するとともに実証精神を広める重要な役割を担っている。彼自身、一八三一年から十五年以上、パリの区役所で女性や労働者を対象とした無料の天文学講座（その序論が一八四四年の『実証精神論』である）を開講し続けたが、彼が民衆教育として数学でも社会学でもなく、誰でも身近にその「論理の効力」を実感できる天文学を選んだ理由がここにある（DEP. 106：二三一）。

しかし、知識の与え手と受け手の間には乗り越えられない知識の落差が厳然と存在するならば、専門家と民衆の間の最後の一線は必ず残るとコントは考える。「というのも大衆の教育レベルがどこまで上昇したとしても、常識となるべき一般観念の大半は信頼によってのみ大衆に受け入れられるのであって、決して論証によってではないのは明白だからである」（App. 53：上＝一〇〇）。ここでも「信頼」の問題が議論の要石となっていることがわかる。コントの基本的な考え方は、民衆―司祭（科学者）の信頼関係を前提としたかつてのカトリックのヒエラルキー的主従関係をモデルとしており、そこにはプロテスタンティズムのような万人司祭主義（＝万人科学者主義！）の発想はまったく見られない。コントが能力の点（貧富の点ではない）で対等な人間関係（＝平等）を認めない理由も実は、万民が知識の点で科学者と肩を並べることなどありえないという、ある意味では当然ともいえるこの認識が前提となっているのである（CPP. 4/50）。

四　社会学から人類教へ

近代神学としての社会学

このようにコントにとって「信頼」とは知識内容にかかわらず、いつの時代も人々の間にある知識の落差から生じる権威と表裏一体のものとして理解されていた。それは「何も信じられない」という革命後の精神的不安を克服するための、民衆と知識人を媒介する紐帯原理であると同時に、現実の社会秩序を支える民衆教育の前提をなすものであった。革命以降カトリックの聖職団に人々がもはやかつての信頼を寄せていないとすれば、実証状態でそれに代わる組織としてコントが指名するのがすでに明らかなように科学者組織である。

社会全体を一瞥してすぐにわかるのは、こうした精神的影響力を今日主として握っているのは学者たちである。〔…〕彼らだけが新しい組織理論を形成する能力を持っているのだが、それに加えて、その理論を認めさせるために必要な精神的権威を持っているのもやはり学者である。〔…〕個別の理論的観念に関しては学者の決定にすべて従うというのは、実証科学の成立以来、社会が徐々に身につけて

きた習慣である。　（App. 73：上＝一三二）

習慣、つまり実証科学の社会的受容は抽象的理性の単なる押しつけではなくその背後に歴史を持つ（科学史）。実証科学に依拠する学者の集団は政府や産業等の世俗の利害関係とは無縁であり、カトリック組織と同様に全ヨーロッパ規模で活動し、社会再組織の立案能力を有する唯一の階級である。多くの人々は天文学、物理学、化学、生理学ではすでに実証的な思考を受け入れ、社会制度としても十七世紀以来科学アカデミーが各国で創設されてきた。ところが、政治社会現象を扱う社会学がまだ存在していないとすれば――コントの課題は明白である――「今日の学者は政治学を観察科学の域に引き上げなければならない」（App. 77：一三七〔強調イタリック〕）

　ここにおいて、神学体系が破綻した革命後の世界に天文学から社会学までを貫く新たな実証科学体系を、観察と推論に依拠して創始することが課題とされるのである。だがコントの最終目的を改めて確認すれば、社会学の創設それ自体というよりも、革命の混乱を長引かせている人々の不毛な議論に終止符を打ち、社会に秩序を回復させるために社会学を創始することで、まずは民衆の信頼を獲得することにあった。民衆は科学的論証それ自体ではなく、それを提示する科学者組織の権威に信を置くからである。だがそうだとすれば社会学という学問は、実証状態ではどのような役割を担うことになるのか。それは、確かに学者に対しては「三状態の法則」等の社会学法則を論証する学説《ドクトリン》であるには違いない。あくまで科学の権威は論証の力に基づいており、ここには信頼も信仰も必要ない。だがその一方で、科学者共同体の外部の民衆に対しては、社会学それ自体が必然的にかつての教会神学に代わる社会全体の信頼＝信仰の対象となるべき教義《ドクトリン》として現れるほかはない。

天文学や物理学、化学や生理学では、権威ある人々が証明した原理を信用しないのは誰が見ても愚かなのだから、その意味でこれらの学問に信仰の自由はない。政治学の場合、事情が異なるとすれば、それは古い原理が失墜したのにいまだ新しい原理が定まっておらず、端的に言えばこの過渡期には証明された原理がないだけである。（App. 53：上＝一〇〇―一〇一）

確かにコントの主張は極端に見える。かつてレイモン・アロンはヴェーバーに依拠して、政治的自由を無視するフランス実証主義の「暗黙ないし公然の信条《クレド》」[19]と呼んでこの主張を批判した。だが先の神義論のところでも触れたように、例えばわれわれは日々の生活の中で（無）意識的に何を根拠に判断し、行動しているのか。天体の運行から気象予報、医者の診断、食品衛生、自動車や建造物の設計に至るまで、もし専門家の意見を一切信用しないなら、ルーマンの言葉を借りれば「人は朝に寝床を離れることすらできない」[20]だろう。人間の生活がまず行動なしには成立せず、その行動指針の決定も個人の能力の限界を超えているとすれば、専門家が定める原理や法則は、日常生活を生きるわれわれにとって社会全体の信頼関係の複雑性をいわば縮減させ、予見がもたらす行動の可能性を人々に保証してくれるものだからである。E・H・カーがいうように、歴史家も人間の行動がそうした指針や原因に従っていると前提しなければ、日常生活の人間関係はもちろん歴史を描くことさえ不可能となるであろう[21]。

なるほどコント自身も認めているように、自然諸科学に比肩する確固とした社会理論はまだ存在していない。彼が唱えた社会学法則も、学者の一致した同意が得られなければ信頼も得られないだろう。先述したようにこれまで彼の歴史的決定論やその疑似科学的性格に対して多くの批判が寄せられてきた。実際、コント自身も社会学が現象の複雑さの異なる自然科学と同じレベルの厳密性《プレシジョン》を獲得できるなどとは考えていない。しかし彼によれば、各現象の複雑さのレベルに応じた確実性《セルティチュード》（＝実証性）はどの科学にも存在する（CPP. 1/84-85）。例えば生物学は物理学よりも厳密性が劣るからといって、生物学が不確実な学問ということにはならない。社会学にも同様の確実性のレベルがあり、彼の意図を換言すれば、自然科学の合理性とは別の次元で、人間の行動が依拠する社会的な合理性というものが存在するのである。

そうであれば、自然現象に対峙する時と同様に人間が（無）意識的に求める法則や合理性の秩序《オーダー》を社会現象や歴史の領域から排除すべき理由はない。ここまでの議論で明らかなように、神学体系に対する信頼の崩壊という現実を前にコントが「社会学」という名で追求しようとしたのは、方法や理論の厳密性というより、科学とその制度に人々が寄せる信頼をどのように社会内に担保することができるのかという民衆と（科）学者の信頼関係（＝社会秩序）の問題であった。もし社会現象を扱う科学が信頼を得られなければ、民衆は知識の専門分化が進行する日常生活で信じるべき指針を失わざるをえないだろう。そうなれば、信仰から政治的意見まで意見の一致は不可能となり、彼らの「願望」の肥大化が暴力装置を伴う行政的集権化をさらに加速させ、最終的には形而上学的「自我」を唯一の拠り所とする利己的個人へと社会全体が解体していくよりほかないというのがコントの近代社会の診断であった。

不断の専門分化から、各個人や各国民が日頃からますます視野の狭い観点に立てば立つほど、それだけ私的な利害に突き動かされることが結果的にどうしても起こってくる。〔…〕これにより一個人であれ、一国民であれ、個々の活動が並行してますます複雑化していく社会活動の全体とどのように関係しているのかが自分自身の能力ではだんだん把握できなくなっているのである。

(App. 199 : 下＝一一三―一一四)

それゆえ社会的教義といっても、コントは利己的個人を前提とする議論(人民主権論、無制限な信仰の自由、政治経済学)の一切を認めなかった。これらに共通する発想は、すべての判断と責任の根拠を究極的に個人に還元することで、信頼の源泉である精神的権威を否定するからである。コントに社会学の到来の必然性を語らせたのは、政治的混乱と功利主義の支配、そして学問を含む分業の弊害が露呈し始めた十九世紀の産業社会のこの現実であった。社会学の到来が「必然」であるという意味は、革命後の無秩序社会《アナルシー》が決して「正常な状態」ではないというコント自身の価値判断が当然働いている。

周知のようにその後の社会学は社会問題の価値判断を放棄し、一つの「職業」へと姿を変え、厳密な学としての社会学の確立へと向かうが、[22] 革命後の時代を生きたコントにとって、社会学者は未来の「あるべき事柄」、つまり将来への精神的不安を取り除く社会の進歩を人々に提示するいわば近代の聖職者の役割を引き受けねばならなかった。なぜなら人々が信じるべき共通の指針や科学への信頼を失うことは、そのまま「社会」自体の解体へと直結するからである。「進歩の信仰は決して自動的な不可避的な過程を信じるという意味ではなく、人間の可能性の漸次的発展を信じる」[23](E・H・カー)という意味において、コントが創始しようとした社会学《ソシオロジー》とは、皮肉抜きでかつての神学《テオロジー》の社会的役割を実証状態で引き受けるいわば近代の世俗的な神学だったのである（Cf., DEP. 71：二〇三）。

「人類の司祭」へ

フランスの啓蒙思想家フォントネルは『世界の複数性についての対話』（一六八六年）で月に住む人間の可能性を主人公に語らせている。もし地球と同様に人間が住む惑星がほかにもあるなら、アダムとイヴの末裔はどうやってそこに行ったのか。彼はキリスト教を皮肉ってこの本を書いたが、当時は地球から見えない月の裏側に住む月星人の存在を信じる者は少なくなかった。だが二十世紀にロケットが飛び、月全体の正確な知識が知られると、それを信じる者はいなくなった。物事はその全体が知られれば信じようがないが、一部だけが知られている中間的な状態の時に人は未知のものを信じる。キリスト教徒も「神の痕跡」（啓示や預言、奇跡）がなければ神の存在自体を信じる手立てもなかっただろう。

社会的な結合力としてジンメルが信頼について語る時も、この知識と無知の「中間状態」が念頭に置かれている。「信頼は、実際の行動の基礎となるほど十分に確実な将来の行動の仮説として、まさに仮説として人間についての知識と無知との間の中間状態なのである。完全に知っている者は信頼する必要はないであろうし、完全に知らない者は合理的には決して信頼することができない」[24]。例えば気圧や湿度、等圧線さえ完全に知らない人は気象予報士Aの言葉を信用できないが、同僚の予報士Bもデータさえわかれば Aに伺いを立てる必要はない。義務教育が当然の現代ではほとんど意識されないが、Aの言葉を信用できるのは論理的には両者の中間に位置する人だけであり、コントの民衆教育も現代でいう科学教育の「啓蒙」以前の原理的な次元に属している。

しかし、コントが主張するように民衆は「論証の力」に裏打ちされた学者の見解の一致に信を置くとしても、仮に科学者やその組織全体が政府・産業といった世俗の権力と利害関係がある場合、彼らが意見の一致をいくら力説したところで、そうした科学者の意見を民衆は信用することはないだろう（例えば原発事故以降の市民と科学者の関係を想起されたい）。確かにコントも若いころから世俗的権力からの精神的権力の独立を強調していたが、政治権力の腐敗は指弾しても科学者組織自体の腐敗の可能性はそこでは考察の外に置かれていたからである（Cf., App. 187-188：下＝九五—九七）。これは、青年コント自身も人類の進歩への科学者の持つある種の使命感や高潔性に無条件の素朴な信頼を寄せていたことを示している。

この点でいえば『講義』第四巻（一八三九年）で、彼は社会の再組織への協力をこれまで科学者に期待していた自分の態度を「素朴な幻想」（CPP. 4/169）であったと認め、これ以降、狭隘な専門化に徹する既存の科学者組織の政治的無関心や物質的腐敗の厳しい批判へと転じていく。科学の専門分化はその応用として社会全体の分業関係とパラレルだとすれば、社会関係は単に経済的（物質的）なつながりだけでなく、能力はもちろん道徳的な「誠実さ」によっても維持されているからである。

> この関係は単に実務的な従属だけでなく、それまで普遍的であった機能を今後独占する特殊機関の能力なり、誠実さなりに対する一定の信頼も必要とする〔…〕。私たちの一人ひとりは毎日、現代の分業の結果として、多くの点で自己の生命の維持すらも、ほとんど無名の無数の行為者の能力や道徳性に自然に依存している。もしこれらの行為者が無能であったり、不誠実であったりしたら、多くの場合、かなりの数の大衆が重大な被害を受けるだろう。
>
> （CPP. 4/488：二七四）

こうした認識から腐敗した既存の学者集団やアカデミーに見切りをつけ、それとは無縁な若い科学者や社会の一般的観点に立つ知識人、つまりコント自身を筆頭とする「実証学派」が科学者共同体の外部に宣言される（CPP. 4/28）。彼らの役割は社会的教義の樹立とともに、専門分化によって民衆から乖離した科学的知識の普及にあるが、これはすでに指摘したように、たとえ民衆が皆科学者になる必要はなくとも、科学の論理を知らなければ決して社会組織の土台とはなりえないというコントの根本的な認識に由来している。[25]

この認識の転換は七月王政以降の大ブルジョワの登場とともに、産業の利益や功利主義の論理に呑み込まれていく科学者組織に対する彼の失望の表れであった。『講義』から五年後に人類教（la religion de l'Humanité）を宣言し、その大司祭を自任するその後の実践的軌跡は、知性に基づく「論証の力」以上に、人類を代表してその言葉を語る哲学者自身の人間性（humanité）が民衆の最終的な信頼の拠り所なのだとする倫理の問題が彼のなかで大きな比重を占めていったことを示している。ここにおいて科学者から哲学者へ、そして哲学者から本物の「人類の司祭」[26]へと昇格するに至るのである。

科学を社会組織の要とするコントの社会科学論は、科学を信じる民衆を常に前提している点で、社会の権威＝信頼の問題を科学者共同体の外部（民衆）まで含めた総合的な視点から一貫して考えようとした思想であった。科学の提示する客観的認識が民衆の信じる主観的世界と結びつかなければ、決して社会秩序は成立しない。「その場合、結局のところ考えられるのはたった一つの科学、すなわち人間科学、さらに正確に言えば社会科学だけである」（DEP. 24：一六五）。コント自身は社会学、さらには晩年の人類教の創設を通じて秩序自体が人々に自明となるような平和な世界を目指したが、そのユートピア的な外観にもかかわらず、人々の精神的支柱の失われた危機の時代にこそ、その真価が問われる思想であったといえるのである。

ニヒリズムの時代の「預言者」のゆくえ

コントが活躍した十九世紀前半は、ポール・ベニシューによれば「預言者の時代」と形容される。彼によれば、この時代の思潮は教会権力の失墜と世俗社会の誕生を背景にブルジョワ社会への同化を拒否する作家や思想家らが懐いた世俗的聖職者階級の形成という、政治的相違を越えたロマン主義的意識によって特徴づけられる。[27]帝政期にナポレオン批判で名を馳せたスタール夫人の次の言葉は、この時代の精神的特徴の一端を正確に代弁している。

私は、私たちが何を信ずべきであるのかを正確には知らない。だが私たちは信念を持たなければならないと信じている！　十八世紀は、否定のほかには何もしなかった。人間の精神はその信念を糧に生きるものである。キリスト教を通して、あるいはドイツ哲学を通して信仰を持て。あるいは単に熱狂を通してでもとにかく何ものかを信ぜよ。[28]

王権＝カトリック体制の崩壊後の世界で自由主義者は啓蒙理性に、プロテスタントは宗教感情に、伝統主義者は再びカトリックの伝統に、保守主義者は偏見に、それぞれ「信」の根拠を求めていった。政治的立場に違いはあるが、その共通した問題意識は人々が信じるに足る精神的拠点の模索であり、実証主義がそれを求めたのがまさしく科学の権威だったのである。

二十世紀の全体主義の特徴をコントやサン＝シモンの著作からかき集めた自由主義者たちが批判したように、科学の権威による社会統治というエリート主義的なその議論は確かにその後の全体主義社会の起源に見えなくもない。コントの生前からその権威主義を批判していたミルは、それを戦時状態の軍紀になぞらえ、そうした社会が人間の理想状態のはずがないと厳しく指弾している。[29] 知識人論の文脈でも、コント、サン＝シモン（主義）からマルクス主義に至る広い意味でのテクノクラート思想はキリスト教的メシアニズムの再来としてたびたび批判されてきた。[30] だがこうした論難に一理あるとはいえ、それでもなおかくもエリート主義的・権威主義的な教義になぜ多くの弟子たちが集まり、時には大衆までも動員するほどに人々がそれに従ったのか、その理由はこれらの批判からはあまり見えてこない。[31]

単純に、傲慢な思想家《インテリ》に盲従する民衆という多少とも戯画的な構図にその理由を帰すのでもなければ、おそらくそれはコントの社会学が人々の信じるべき精神的支柱が失われた時代の産物であったことと関係している。その意味で社会学はまさしくフランス革命の産物であった。権威はそれを担う人物や制度が一方的に自称するだけではもちろん無意味であり、それを受け取る側（民衆）の「信じたい」という時代の要求がなければ何の影響も与えないからである。民衆のこうした要求が科学者やその制度に権威を与え、聖職的性格を纏わせるとすれば、それとまさに同じ理由から、世紀末にニーチェが予告したようにニヒリズムの時代には、〝預言者たち〟は幻滅と嘲笑の的となるよりほかはないだろう。

終章では、ベルクソンの神秘主義思想を取り上げ、二十世紀の「預言者」の変容とそのゆくえの一端を見届けることにしたい。

註

（1）マイケル・ポラニー『科学・信念・社会』中桐大有・吉田謙二訳、晃洋書房、一九八九年、二一頁。
（2）中村征樹編『ポスト3・11の科学と政治』ナカニシヤ出版、二〇一三年、三六頁、一二五頁。
（3）西山哲郎編『科学化する日常の社会学』世界思想社、二〇一三年、九頁。
（4）藤垣裕子『専門知と公共性——科学技術社会論の構築へ向けて』東京大学出版会、二〇〇三年、一三—三〇頁。
（5）中谷内一也『安全。でも安心できない…——信頼をめぐる心理学』筑摩書房、二〇〇八年、六三—六四頁。
（6）Cf. ウルリッヒ・ベック『危険社会——新しい近代への道』東廉・伊藤美登里訳、法政大学出版局、一九九八年。小林傳司『トランス・サイエンスの時代——科学技術と社会をつなぐ』NTT出版、二〇〇七年。
（7）松本三和夫『知の失敗と社会——科学技術はなぜ社会にとって問題か』岩波書店、二〇〇二年、二二四頁。
（8）「三状態の法則や科学の分類は実際にはコントの構想した体系的社会学とはほとんど無関係である。〔…〕彼自身が体系的社会学だと考えていたものに関心があるなら、『実証哲学講義』ではなく「社会学概論」の副題を持つ『実証政治学体系』に着目すべきだろう」（R. Nisbet, *The sociological tradition*, Basic Books, 1966, p. 56.〔『社会学的発想の系譜I』中久郎監訳、アカデミア出版会、一九七五年、六六頁〕
（9）カール・フリードリッヒ『伝統と権威』三辺博之訳、福村出版、一九七六年、一〇頁。スティーヴン・ルークス『権力と権威』伊藤公雄訳、アカデミア出版会、一九八九年、五三—六二頁。
（10）ルークス、前掲書、特に第二部を参照。
（11）コントが sociologie を使用するのは『実証哲学講義』第四巻（一八三九年）からだが、若きコントが実証政治学や社会物理学と呼ぶものも便宜上社会学と総称する。
（12）A. Comte, *Cours de philosophie positive*, in *Œuvres d'Auguste Comte*, Anthropos, [1830]1968, t.1, p. xiv（以下、『実証哲学講義』全六巻からの引用は、本文中にCPPと略記し、巻数と頁数を記す。次の邦訳があるが、抄訳のため、訳文がある場合だけ漢数字で頁数を併記する。『コント、スペンサー』清水幾太郎編、霧生和夫訳、一九七〇年、中央公論社。
（13）安孫子信「A・コント」『哲学の歴史8　社会の哲学』伊藤邦武編、中央公論新社、二〇〇七年、一五二頁。
（14）いわゆる驚愕の議論はプラトン、アリストテレスにはじまり、近代ではアダム・スミス『天文学史』（一七四九—一七五三年？）からヒューム、ド・ブロス、コントを経て、デュルケム『宗教生活の原初形態』（一九一二年）にまでみられる原始・野生社会の知識起源論の基本的発想である。デュルケムは、こうした因果関係を「普遍的デテルミニズム」と呼び、「実証科学が立脚する公準」とした（É. Durkheim, *op. cit.*, [1912] 1991, pp. 76-77.〔前掲訳書、上巻、五四—五五頁〕）。コントの驚愕論については次も参照。Cf., G. Canguilhem, « Histoire des religions et histoire des sciences dans la théorie du fétichisme chez Auguste Comte », in *Études d'histoire et de philosophie des sciences*, J. Vrin, 1964.〔「オーギュスト・コントのフェティシズム論における宗教史と科学史」『科学史・科学哲学研究』金森修訳、法政大学出版局、一九九一年〕

(15) J. Grange, *La philosophie d'Auguste Comte*, P.U.F., 1996, p. 68.

(16) Comte, *Discours sur l'esprit positif*, in *Œuvres.*, t. 11, [1844]1970, p. 74.〔『コント、スペンサー』清水幾太郎編、霧生和夫訳、一九七〇年、中央公論社、二〇六頁〕（以下、『実証精神論』からの引用は本文にDEPと略記し、頁：訳頁を併記する）。

(17) 信頼＝信仰の社会的役割を論じた古典文献としては、関東大震災と二・二六事件の体験から生まれた清水幾太郎の『流言蜚語』（一九三七年）を挙げたい。ただ、コント研究から出発した清水がそこで一度もコントに触れず、その生涯にわたるコント研究でも、歴史的方法と啓蒙思想批判にその関心を特化させたせいか、信頼や信仰の問題から論じる視点をほとんど持たなかったのはむしろ奇妙にさえ見える。

(18) Durkheim, *op. cit.*, [1912] 1991, p. 368.〔前掲訳書、上巻、三七六頁〕

(19) アロン、前掲書、一九八二年、一二八頁。

(20) ニクラス・ルーマン『信頼——社会的な複雑性の縮減メカニズム』大庭健・正村俊之訳、勁草書房、一九九〇年、一頁。

(21) Cf., E・H・カー『歴史とは何か』清水幾太郎訳、岩波書店、一九六二年、一三六—一三七頁。カーによれば、いわゆる歴史の決定論とは、歴史の問題ではなく人間の行動の問題に属する。「人間の行為が原因を持たず、したがって決定されていないというそんな人間は〔…〕社会の外部にある個人と同様、一つの抽象的観念」にすぎないからである。

(22) 社会学史家のグールドナーいわく、国民国家と科学の制度化を実現する十九世紀末の社会学が〈価値自由〉となったのは「それがあるべき事柄についてではなく、あった事柄にのみ関心を寄せ、そのことによって自ら支配宗教と国家に対する懐疑を持たないようにしたためであり、ここから学者の職業的な役割が生まれたのである」（『社会学の再生を求めて』岡田直之・田中義久訳、新曜社、一九七四年、一八一頁）。

(23) カー、前掲書、一七六頁。

(24) ゲオルク・ジンメル『社会学』居安正訳、白水社、一九九四年、上巻、三五九頁。

(25) コントの教育思想が十九世紀後半の公教育制度の立役者J・フェリーやライシテ思想に与えたその後の影響については次を参照。ただそこで伊達も指摘するように、フェリーの教育論もデュルケムの社会学も、カトリック教会に比肩すべき実証主義の国際主義《インターナショナリズム》の側面は削がれ、ナショナルなものに改編された形で受容されていく。Cf., 伊達聖伸、前掲書、第Ⅱ部以降。

(26) Comte, *Système de politique positive, ou traité de sociologie, instituant la Religion de l'Humanité*, in *Œuvres d'Auguste Comte*, t. 7, Anthropos, [1851]1971, p. 332.

(27) Cf., Bénichou, *op. cit.*, [1973]2004, pp. 434-441.〔前掲訳書、五一四―五二三頁〕; Idem, *op. cit.*, [1977]2004, pp. 445-449.

(28) F. B. Artz, *Reaction and revolution 1814-1832*, Harper Torchbooks. [1934]1963, pp. 49-50.

(29) J. S. Mill, *Auguste Comte and positivism*, London, 1865, p. 142.〔『コントと実証主義』村井久二訳、木鐸社、一九七八、一四八頁〕

(30) 例えば桜井哲夫によれば、初期社会主義者たちのメシアニズムは「社会に受け入れられざる、社会的評価の低い「学者＝専門家階層」の社会的地位の上昇を望む心情」、要するにルサンチマンの産物だったとされる。Cf., 桜井哲夫『社会主義の終焉』講談社、〔一九九一〕一九九七年、二二三―二二四頁。

(31) 二十世紀の自由主義、とりわけプロテスタンティズムを背景に持つアングロ・サクソン系思想は冷戦時代に大きな影響力を持ったが、冷戦の崩壊以降、権威が人間の信頼と表裏一体の関係にあるという基本的視点をあまり考慮してこなかったように思われる。新自由主義や新古典派経済学の前提とする諸テーゼが社会の信頼関係を崩壊させるとする現代的議論は次を参照願いたい。組織の重要性や利己的個人（ホモ・エコノミクス）の虚偽性など荒井の新古典派批判の一連の主張は、モースやポランニーらの贈与論を含む経済人類学とともに、いわゆる初期社会主義と呼ばれてきた十九世紀の社会思想の現代的意味を考えるうえで示唆に富む。Cf., 荒井一博『文化・組織・雇用制度――日本的システムの経済分析』有斐閣、二〇〇一年。同『信頼と自由』勁草書房、二〇〇六年、ほか。

終章　ベルクソンの神秘主義思想とキリスト教

「宗教感情という観念が、なぜその纏う形態と独立に形成されるのか世人は問うだろう。確かにその感情は現実のなかには決して見つからない。だが魂の内奥に下降して行けば、思考によってそれを理解できるとわれわれは信じている」

バンジャマン・コンスタン『宗教論』（一八二四年）

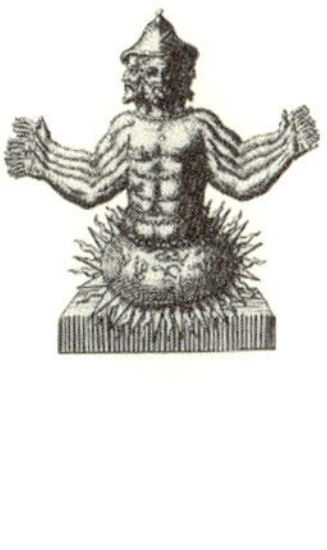

十九世紀前半にある種の世俗的な「教義」の役割を担って誕生したソシオロジーは、その世紀を通じて徐々に「非科学的＝教義的側面」を洗い流しながら、二十世紀に「科学＝学問としての社会学」として成立をみる。その世紀初頭に〝教義としての社会学〟に対していわば最終的な引導を渡したのは、後世への影響からみても『職業としての学問』（一九一九年）を嚆矢とするマックス・ヴェーバー（一八六四―一九二〇）の仕事であったといってよいだろう。専門人ではなく「全体的人間」の復活を宣教し、神秘的体験を売り歩く当時の「詩人預言者」や革命家サークルの新ロマン主義に対して大学ではなく教会の説教台へ戻るよう勧告し、実存的な問い（神々の選択＝価値判断）は学問の役割ではないとするその主張はあまりにもよく知られている。[1]

ヴェーバー以降、目的論的な歴史哲学、百科全書的な社会の全体的認識、そして近代の精神的権力たる世俗宗教の「教義」は社会学から一掃され、もっぱら社会認識の科学的方法論を確立することが「社会学」の役割とみなされてゆく。しかし、その教義としての側面を放擲したのと引き換えに、それまで「社会問題」の解決を目的とし、再組織する自明の対象であったはずの「社会」という概念までも、二十世紀の社会学は削いでしまったのではないかという印象を受ける。近年、新自由主義に抗して「社会的なもの」の復権を精力的に論じている市野川容考は、価値自由の原則を掲げ、社会政策や国民経済から「社会学」を切り離すヴェーバーの態度を「社会学的忘却」[2]と呼んでいるが、実際、これは十九世紀の社会学に対して当初冷淡であったヴェーバー自身が意識的に選択した立場であった。[3]

ヴェーバーがドイツで活躍した同時期に、フランスで同じように〝教義としての社会学〟を批判したのが、哲学者アンリ・ベルクソン（一八五九―一九四一）である。彼は『道徳と宗教の二源泉』（一九三二年、以下『二源泉』）のなかで「閉じた社会」に対して「開いた社会」を対置させ、社会学的決定論を乗り越えた地点に近代のデモクラシーと人間の自由を位置づけようとした。とはいえヴェーバーと異なるのは、ベルクソンは近代社会における「信仰＝信じること」の危機を「男らしく堪える」（ヴェーバー）というより、人々の新たな紐帯として独自の神秘主義思想を提起ながら、社会学的（宗教的）教義を批判した点にある。

実際、ベルクソンは『二源泉』でキリスト教の神秘家たちについて多くを語っているが、彼の議論のなかでキリスト教そのものが占めるべき位置については必ずしもそうではない。ここでキリスト教そのものと呼ぶものこそ、教義に基づく制度としての教会およびその司祭制度であり、またそれが果たしうる社会的な役割・機能の全体である。改めて十九世紀のフランス社会学の流れを概観すれば、革命が生んだ社会的無秩序からの再組織化を標榜したネオ・カトリック思想やオーギュスト・コントの実証主義を基点に、フュステル・

ド・クーランジュを介してデュルケムに至る学説が、もっぱら社会的紐帯としての宗教の制度的・儀礼的役割やその外的機能を中心に考察されてきたのに対し、宗教儀礼を「二番煎じの宗教生活[4]」と断じる同時代のウィリアム・ジェイムズ流の直観主義の系譜に立つベルクソンの宗教哲学に関してこの点を問うことは、改めて社会学的思考との相違を探るうえで一つの糸口になると思われる。

周知のようにベルクソンは宗教一般を野生社会や古代社会といった「閉じた社会」に見られる「静的宗教」と、文明社会に見られる「動的宗教」の二つに区分し、前者から後者への創造的な進化を考察の対象にしたとされる。したがってこの区分からいえば、民族宗教を超克した世界的・普遍的宗教たるキリスト教は、後者の「動的宗教」に分類されるものと考えることができよう。少なくともこの移行を歴史的に考えるのであれば、ベルクソンが文明社会と呼ぶ近代フランスの現実の産業社会は、この動的宗教たるキリスト教とともにあるということができる。

とはいえ実際に『二源泉』の内容に立ち入るならば、この問題はそれほど単純な構図ではないことがわかる。まず、「外面的宗教[5]」たる静的宗教と区別される動的宗教とは、ベルクソンにとってそもそも神秘家以外には存在しえぬ個人の「完全に内面的な宗教」(D.S. 1127, Cf., 1133) だからである。キリスト教そのものがベルクソンの学説において占める場所がないという先の問いの意味はこの点に関わっている。さらにいえば文明社会がキリスト教とともにあることを認めるとして、仮にキリスト教が動的宗教、つまり個人の内面的な宗教であるとするならば、社会学の立場から見ると、現実に存在する文明社会はいかなる社会的紐帯をその基盤としているのか、あるいはまったく紐帯を必要としない「社会」なのかが、逆に問われねばならないだろう。以下では、キリスト教そのものがベルクソンの『二源泉』のなかで与えられている理論的・実践的な位置を、彼が唱えた「開いた社会」や「動的宗教」といった基本概念を足掛かりにあらためて検討することとしたい。

キリスト教と神秘主義を分けるもの

ところでわれわれは、左記で「閉じた社会」に対するものとして文明社会を挙げるにとどめ、それを「開いた社会」とは述べなかった。というのも「開いた社会」という概念は、ベルクソンがそれに与える内容からして文明社会とは一定の隔たりがあるものと考えなければならないからである。社会の圧力たる「責務の全体」がその社会の構成員に常にのしかかる「閉じた社会」を説明した後で、ベルクソンは第一章の前半で文明社会について次のように述べている。「実際、われわれの文明社会にしても、これも閉じた社会なのである。〔…〕文明社会もやはりある一定数の個人を受け入れるだけで、他の人々を締め出すことを本領としている点に変わりはない。われわれはまえに道徳的義務の根底には社会的強要があるといっておいた。そこで問題とされたのはどういう社会だったか？　それは人類全体といえる開いた社会だったろうか？」(D.S. 1000)。

この問いに対する最終的な回答は結局、最後の第四章まで持ち越されることになるが、原理上からいえば人類全体を包含するこのような開いた社会の可能性に対するベルクソンの態度は第三章まで常に懐疑的である。全人類を包容する単一社会など「今日もまだ存在していないし、おそらくいつになっても実現はしないだろう」(D.S. 1055)。なぜなら開いた社会たる人類社会は、決して家族から祖国、祖国から人類へという同心円的な感情の連続拡大から生ずるものではないからである。他の共同体に対する自衛の必要に基づく家族及び国家（閉じた社会）と、外部の存在しない人類（開いた社会）の間には質的な断絶がある。ここからすると、さしあたり文明社会を「開いた社会」だと即断することはできないのである。

しかも、もしこのように文明社会さえも閉じた社会に属するとすれば、そこに見られる宗教も動的宗教ではなく静的宗教としてのキリスト教のはずである。確かに『二源泉』でベルクソンはキリスト教を静的宗教だとは述べていない。だがテキストを子細に検討してみても、それを動的宗教だと規定しているわけでもないのである。キリスト教が全面的に論じられるのは第三章「動的宗教」であるが、そこで問題とされているのはあくまでキリスト教の神秘主義であり、キリスト教そのものではない。これはキリスト教神秘主義の「先触れ」としてギリシア神秘主義が第三章で扱われるからといって、第二章「静的宗教」で論じられたギリシア宗教そのもの（つまり多神教）が動的宗教だとはいえないことと同じである。

実際、ベルクソンは意識的にキリスト教とその神秘主義とを区別している。彼は、完全な神秘主義を「世に対する勝利に向かって進みうる行動的神秘主義（un mysticisme agissant）」（D.S. 1179）と規定したうえで次のように述べている。「完全な神秘主義とはやはり偉大なキリスト教神秘家たちのそれである。ここではしばらく彼らのキリスト教は脇におき、質料を抜きにした形式〔神秘主義〕だけを考えてみよう」（D.S. 1168）。ここで脇に置かれている「質料」こそ冒頭で指摘したキリスト教そのものである。ベルクソンにとってキリスト教とは神秘家の母体であると同時に、「神秘主義が燃えたまま人類の魂のうちへ預けたものが知的冷却によって結晶化したもの」（D.S. 1177）であり、いわば神秘主義を通俗化させるものにすぎない。しかもこの通俗化の手段すらキリスト教が独自に生み出したものではない。「キリスト教はギリシア哲学の負荷を帯びるだけでなく、われわれが静的とか自然的とか呼んできた宗教からも、その儀礼や祭式、それどころか信仰さえも多く保存したのであった」(ibid.)。

ベルクソン自身、この静的宗教の諸要素と融合したこの宗教を「一つの新しい宗教」(D.S. 1178) と呼んでおり、確かにそうであるには違いないが、その役割は神秘主義の普及手段という狭い地位しか与えていないこともまた確かである。「偉大な神秘家たちがその漲るエネルギーを僧院や聖職団の設置に費やしたのはやむを得ずしたことであり、こうするほかにやりようがなかったからである」(D.S. 1176)。神秘家の母体である僧院や教団はあくまで手段であり、神秘家が目指すべき目的なのではない。いわんやキリスト教最大の神秘家と目されるイエス自身、その死後に弟子たちが創り出したキリスト教というこの母体には、当然にもその出自をなんら負ってはいないのである。

「歴史的」静的宗教と「原初的」動的宗教

キリスト教と神秘主義の関係を確認したところで、次に静的宗教と動的宗教の関係を検討することにしたい。これを経ることでキリスト教と静的宗教、神秘主義と動的宗教との繋りも、より一層明白となるからである。まず動的宗教の概念が最初に登場する文章から見ていこう。

静的宗教は「知性があるために人間が犯す恐れのある諸々の危険を防ぐためのもの、つまり知性以下のものであった。加えてわれわれは静的宗教は自然的だったと言おう。人間種は生命進化の一段階を印づけるものであり、この段階でかの前進運動は一時停止したからである。人間なるものはまさにここで全体として措定されたのだが、この時にその結果として知性も、知性が惹起する危険も、さらにその危険に備える仮構機能もすべて一緒に背負い込んだのだった。〔…〕だが後になって、なさずに済ますこともできた努力により人間はその場旋回から身を引き離した。つまり人間は改めて進化の流れのうちへ踊り込み、この流れをさらに伸ばしていった。これが動的宗教であった〔…〕」(D.S. 1133〔強調筆者〕)。

したがって静的宗教を生み出す、かの仮構機能の働きはその前に生命運動の停止を前提とする。この停止が終わるとき動的宗教が再び始動するのである。だが何か始動すべき存在や形態があるわけではなく、この動きそのものが動的宗教の本質をなしており、動的宗教の「動的」たるゆえんである。先に検討した「閉じた社会」から「開いた社会」への質的大転換は愛の跳躍《エラン・ダムール》を充満した神秘家により行われるが、彼は前進運動が停止して措定されたこの「人間なるもの」ではない。「なぜなら、そうした恵まれた人は実は人間を超えているからである」(D.S. 1156)。

だがこのように動的宗教を一つの「動き」として捉えるのであれば、その出現は「閉じた社会」から「開いた社会」への独特な愛の跳躍に限られるものではない。閉じた空間を突破できずにその場で静かに「旋回」しているとはいえ、この動きは静的宗教の内部でも看取されることをベルクソンは指摘している。

> 真に始原的な宗教表象が《効験ある現前》(présence efficace)の表象であり、ある存在者や事物というよりむしろ一つの動きの表象だとすれば、精霊信仰の位置は始原に非常に近いことになる。神々が出現するのはもっと後のことであり、その時にはじめて精霊の持つ単純な実体性が精霊のうちの幾つかで人格性にまで高まるにすぎない。こうした神々は精霊に付け加わるのであって取って代わるのではない。前述のように精霊崇拝は民間信仰にはまだ存続している。だが国民の啓蒙部分はやはり精霊よりも神々を選ぶのであり、多神教への歩みは文明への一歩前進だといってよい。

（D.S. 1134-1135〔強調筆者〕）

宗教を誕生させた危険が科学によって消滅した後も、仮構機能によって静的宗教が形態を変えながら存続する理由を、ベルクソンがその宗教の根底に残存するエラン・ヴィタル、すなわち「生命をある一定の方向で、ますます複雑度の高いものへと運んでゆく内面的衝動」（D.S. 1071）に求めているのはこのためである。静的宗教たる野生・原始諸宗教に関するベルクソンの叙述は具体的であり、かつ多岐にわたっている。ギリシアの多神教はもちろん、ローマの守護神、メラネシアのマナ信仰、日本の神道、各種のトーテミズム信仰、エジプトの動物崇拝など枚挙に暇がない。しかし彼は原初の崇拝、宗教の起源については具体的な叙述を明らかに避けている。というのも《効験ある現前》とはあくまで動きであり、なんらかの宗教的存在や形態を持つわけではないからである。生命運動の流れのなかでエランが冷却され、いわば小休止の状態になったときにそれは静的宗教の各種の形態を纏うにすぎない。逆にいえばエランが熱せられて生命の運動が再始動する際には、自然がいつでもどこでも出現をゆるした「傑出した人間」（D.S. 1120）、「恵まれた個人」（D.S. 1203）が存在する。こうした賢者たちは固定した儀礼を信者に押し付ける静的宗教の司祭たちに先んじて再始動するのである。

エラン・ダムールに包まれた完全な神秘家ではない彼らは再び静的宗教へと振り子のごとく連れ戻されるが、それでも以前と同じ宗教形態をもはや纏うことはしない。[6] 精霊信仰から霊魂信仰・動物崇拝その他を介して多神教へのこの「旋回」は、それゆえ決して前進運動でも、質的な大転換でもないが、ベルクソンにおいて家族や古代都市（シテ）、そして祖国といった共同体や文明の拡大とパラレルな関係におかれていることとは容易に見て取ることができる。「複雑度の高いもの」への移行は幾何学から生物学へのベルクソンの科学史の見方だけでなく、このように宗教史のそれのうちにも看取できる。[7] すなわち静的宗教は歴史を持つといわねばならないのである。

静的宗教としての一神教

しかし、ベルクソンが宗教史家たちに付き合うのはここまでである。彼は多神教からさらに一神教への移行を真正面から論じようとはしない。これは神々の争いを本質とする多神教に依拠するシテの社会から、同心円的な感情の連続拡大によって全人類的な社会を導き出す考え――かつてフェティシズム、多神教、一神教、そして人類教への社会秩序の同感的進化を構想したオーギュスト・コント流の考え――に対する批判と対応しているからである。例えばコントにおいては多神教から一神教への、すなわち複数の観念（神々）から単一の観念（唯一神とその延長たる人類概念）への歴史的進化は、一般観念を社会的紐帯とした信仰体系としての共同体が同心円的に拡大してゆく道程として描かれている。「この同感的進化《エヴォリユーション・サンパテティック》は神学主義の主領域である〝祖国〟に長くとどまることなく直ちに〝家族〟から〝人類〟へと上昇するであろう」[8]。この社会学の創始者にとって宗教の源泉は常に一つ（フェティシズム）であり、フェティシズムの領域たる「家族」から実証主義の領域である「人類」への進化の間に質的な断絶はありえないからである。

コントに限らず、十八世紀のド・ブロス、ヒュームから十九世紀末の人類学者フレイザーやタイラー、レヴィ＝ブリュールに至るまで、宗教史に進歩を認める理論は、それが単線的進歩である限りで原則的に宗教の起源は一つであり、一種類の宗教しか認めることはできない。すでに見たように、宗教進歩論は二つの宗教を認めるキリスト教や理神論（つまり宗教には真の宗教と誤った宗教があるという議論）をおしなべて論駁する形で、十九世紀の人間・社会諸科学の理論的基礎となった歴史的経緯があるからである。

だがこれに対して、その第一章末尾で主張されるように、社会的圧迫（閉じた道徳）も熱望（開いた道徳）もともに生物学へと包摂される――つまり個人を越えた人類を実体として考察する社会学へは進まない――とする『道徳と宗教の二つの源泉』の著者にとって、多神教の神々は予定調和的に一神教の唯一神（いわんやコントが唱えたような人類教の大存在！）へと収斂するのではない。この間には質的な分岐があるのであって、これは十九世紀の社会学的宗教論との分岐点をもなしている。

『二源泉』全体における一神教の身の置きどころの悪さは、[9] 当然にもそこでのキリスト教そのものに対する位置づけの不明瞭さと等しいものがある。なぜならギリシアの神秘主義と区別されるギリシア宗教そのものが多神教であるとすれば、キリスト教神秘主義と区別されるキリスト教そのものこそこの一神教にほかならないからである。それゆえ一神教は開いた社会の原理＝動的宗教たりえず、このことはキリスト教そのものがやはり静的宗教であることを示唆している。シテの市門をひらく「開いた社会」への移行があくまで質的に異なる動的宗教への移行、つまり宗教精神の「外面から内面へ」（D.S. 1127）の移行であるとすれば、それは今度は逆に非歴史的な突然の動きであるといわねばならない。

したがって動的宗教はそれが「動的」である限りで一神教という停止した形態を纏うことも、一神の観念へと固着することも許されないのである。宗教の起源と先端は歴史上に固定されておらず、常に開かれたままであり、種の両端にいる未開人と神秘家は素朴な存在という点において実は互いに類似している。[10] 神秘家、とりわけ「閉じた社会」から「開いた社会」への移行を実現する偉大な神秘家が常に複雑なものから反転して根源のエラン、生の素朴さ《サンプリシテ・ド・ヴィ》に立ち返るのはこのためである。動的宗教はそれゆえ起源への回帰という点において普遍的であり、形態を持たないという点で非歴史的なのである。フレデリック・ケックが「現在的」と形容するのもこうした動的宗教の属性の一つである。

ベルクソンの描く歴史は単線的ではない。むしろあらゆる表象を超えた一連の行動である。宗教は静的であると語ることは、それが歴史を持たないということではなく、その歴史は空間化された時間のなかで記述可能だということである。その一方で動的宗教は、われわれの行動に応じて変化する情動によって、唯一われわれの内面的持続のなかで再び見出されうるものである。動的とは歴史的ではなく、現在的である。[1]

動的なものを停止したものとして捉えようとする形而上学に対して、ベルクソン自身、アリストテレスの唯一神の観念に仮託しながらその批判を行っている。少々長い文章だが厭わずに彼自身の言葉に耳を傾けることにしよう。

その本質とは相容れない幾つかの属性で粉飾してまで形而上学が常に離れようとしなかった神はアリストテレスの神であった。だが形而上学はこの神をなぜその起源から捉えなかったのか！　そうしていれば形而上学は、アリストテレスの神はあらゆる観念を一つの観念へと圧縮して出来ていることがわかっただろうに。またどうしてこれらの観念を順繰りによく検討しなかったのか！　そうしていればまずこれら観念は事物に対する個人と社会の行動を準備する役割を負っており、このためにそれらは社会が個人に提供するものだということ、またこれら観念の本質を神格に仕立て上げることは単に社会的なものを神格化したにすぎぬことも形而上学には見てとれたろうに。〔…〕実在とは動いているもの、むしろ動きそのものであり、われわれに知覚されるのは様々な連続の変化だけである。だがこの実在に働きかけるには、特に人間知性に固有な目的である制作作業をうまく運ぶには、動く的を射るために減速や停止の瞬間を待つように、われわれは頭の中で幾つかの静止点を固定せねばならぬ。ゆえに運動が被る単なる偶然であり、見かけにすぎぬこうした静止がわれわれの眼には現実的なもの、本質的なものに映るようになる。〔…〕かくしてわれわれには静止が運動に先立つもの、優越したものであり、運動はこの静止をめざす足掻《あが》きにすぎぬことになる。〔…〕これこそアリストテレスの神観が含意する形而上学のすべてである。（D.S. 1181-1182）

ベルクソンにとって、いつの場合にも説明が必要とされるのは生命進化が「なぜ停止したのかであって、なぜ動くのかではない」（D.S. 1241）。宗教の本質（神秘主義）とはそもそも動的であり、[12] 説明の必要はない。むしろそれがなぜ停止して教義や教団を備える静的宗教というものを生み出してしまうのかを世人が問わないことの方が、彼には不思議なのである。「宗教とは本質的に魂の状態そのものである。だが世人は宗教が立てる定義やそれが宣する教義を議論しようとする。宗教はなんらかの形態を纏うために、たしかに形而上学を利用した。だがこの場合、別の形態をとることもできたろうし、いかなる形態も纏わないことさえ可能だったろう。誤謬は静的なものから動的なものへの移行〔…〕が拡大や完成化によって可能だと考えてしまうところにある」(D.S. 1203-1204)。

形而上学はここでは静的宗教の教義や学説と等価となる。知性に語りかける教義はあくまで「沸騰した素材が流し込まれる鋳型」(D.S. 1177)にすぎず、もはや冷却される前の沸騰した素材ではない。静的なものと動的なものの間に質的な差異を認めない思考は、この両者が同質のものだと誤認してしまう。これこそ形態を纏うために教義や学説を必要とする静的宗教と、それらを必要とせず、どのような形態も纏わない可能性を持つ動的宗教の区分を阻むものなのである。

動的持続としてのデモクラシー

先にわれわれは「開いた社会とは人類全体の社会か」という問いに対して、ベルクソンは第三章まで常に否定的な態度であったと述べておいた。それは祖国から人類への移行を感情の同心円的拡大とみなす「魂の完全に主知主義的な理解」(D.S. 1001)から解放されない限り、開いた社会への展望はまったく啓けないというベルクソンの強烈なペシミズムに依拠している。だが最終章において、はじめて彼は開いた社会の具体的なイメージとその希望を述べている。それは王政でも、社会主義でもなくデモクラシーの社会とその理念である。「あらゆる政治思想の中でデモクラシーこそ、自然から最もかけ離れたものであり、すくなくともその意図の上では「閉じた社会」の諸条件を越えている唯一のものである」(D.S. 1214)。

ここでわれわれは多神教の世界から、コントが一神教の時代と呼んだ中世・封建制社会を飛び越えて、ベルクソンが生きた十九世紀のフランス社会へと一気に連れ戻される。だがこの文明社会といえどもデモクラシーを実現した開いた社会なのではない。さらにいえばデモクラシーとはいつかその実現が予告されている何らかのプログラムでもない。それは、生命進化が常に予見不可能なものとして開かれた状態にあるのと同様、停止した完成形態を持たない究極的な「一つの理想」(D.S. 1215)、あるいはむしろ一つの動きとして理解されるべきである。なぜなら「理想とは、継続されると感じられたこの動きの究極的だとみなされる結果を、つまりわれわれをすでに駆り立てている運動の想定上の極限段階を表示する言葉にすぎぬ」(D.S. 1205)からである。

近代の動的宗教とでも呼ぶべきこのデモクラシーは、ゆえに社会的拘束のもとに諸個人を纏め上げる垂直的な社会的結合、いわんや「責務の全体」に依拠した一つの固定した社会体制のように理解することはできない。動きを持続するには努力が要る。デモクラシーが素材とする人間とは生命進化の一段階で停止したあの「人間なるもの」ではなく、カント流にいえば「律法者にして臣民」(D.S. 1215)である理想的人間、要するに超人たる神秘家である。最終章の目的は「神秘家の余波とその不在のなかで人間に残された可能なものの検討」[13]というより、むしろ近代社会における人間を超えた神秘家のあり方を問うことに、あるいは神秘家が未開人に比すべきものであるならば、あらゆる王政に永遠の別れを告げる二月革命前夜にミシュレ(あるいはユゴー)が敬愛の念を込めて「野蛮人《バルバール》」「素朴な人々《レ・サンプル》」と呼んで憚らなかった、あの誇り高き十九世紀のフランス民衆《プープル》が持つ「若々しく素朴なもの」への呼びかけにあるといってよい。[14]この理想的人間は従うべき権威も、頼るべき位階も持ち合わせておらず、他者を自己と同等に扱い、古代の正義観とは区別される自己の内なる絶対的正義に自らただ従うのみである。動的宗教が「内面的宗教」といわれるゆえんがここにある。そしてまさにこの地点に樹立されるのが理論上のデモクラシー、すなわち人民主権《スヴレニテ・デュ・プープル》である。

デモクラシーは自由を宣揚し、平等を要求して、仲の悪いこの両者を互いが姉妹だということを想起させ、またすべてを越えたところに友愛〔同胞愛〕を位置づけることにより和解させる。共和国の標語をこの角度から捉えるなら第三項〔友愛〕は、よく指摘される前二者〔自由と平等〕の相互矛盾を取り除くものであり、この友愛こそ本質的なものであることがわかろう。これこそ、デモクラシーが福音書的本質のものであり、その原動力は愛だといわしめるゆえんである。（ibid.〔強調筆者〕）

ルソーからコンスタンを経て、ミシュレへと至るフランスのリベラル・ロマン主義に対して、これまで反革命主義者や保守主義者が批判してきたように自由と平等は原理的には矛盾関係にあるにもかかわらず、この矛盾こそが開いた魂の道徳たる福音書の精神の特徴をなしている。「汝の敵を愛せ」、「狭き門より入れ」といった福音書で語られる数々の逆説が意図するところは人間に「ある魂の状態を誘発させること」（D.S. 1025）であり、動的なものを静的な言葉に翻訳しようとすれば、「矛盾すれすれ」（ibid.）の背理を呈するのは避けられぬからである。そうだとすれば、『二源泉』全体の議論の骨格をなす「開いた社会」や「動的宗教」という矛盾すれすれの概念――なぜならベルクソンがその本来の意味を問うた「正義」概念と同様、「社会」や「宗教」という概念も定義からいえばどこまでも静的な閉じたものだから――が、この『二源泉』という書物自体の福音書的性格を証言しているとしてもそれほど不思議ではない。福音書の戒めは、それゆえ知性に語りかけて誰もが近づきうるような教義（D.S. 1176-1177）、「鋳型」にはめ込まれた教義とはまったくの別物である。

感嘆に足る程度の賢人たちが単に人々に示しただけの理想と、愛を招く愛の福音となって世に送られた理想とはどこまでも別物である。実をいえば後者においては、格言の体裁で完全に定式化できるような明確な智慧はもはや重要ではない。ここではむしろ一つの方向が示され、一つの方法が持ち込まれたのである。せいぜい暫定的で、絶えず刷新する努力を要する目標が示されただけである。

(D.S. 1041)

この福音書の精神をキリスト教そのものと混同してはいけないだろう。なるほどベルクソン自身が述べているように、福音書の同胞愛の教えはそれが現実の力を持つには、つまりイエスの出現から千八百年かけて人権宣言に結実するまでには、キリスト教の教義や教団組織を通して普及されてきたことは疑いない (D.S. 1040-1041)。だがあくまで福音書の教えは、厳密にいえばユダヤ教徒とも、キリスト教徒とも呼ぶことのできないマージナルマン・イエスが山上で発した言葉そのもの、教義としての聖書とは区別される声であり、教団の司祭たちがその文字を上からなぞるような教義ではないのである。では『二源泉』におけるキリスト教そのものとこのデモクラシーの関係はどのように理解するべきであろうか。最後にこれを検討して結びに代えることにしよう。

神秘的共和国

宗教と政治の関係がその思想にいわばストレートに表現されていたかつてのコンスタンや、ペギーが「歴史家ではない」と語ったミシュレの時代に比べ、科学の専門化や制度化が進行し、厳密な専門用語と学術的な体裁を備えた二十世紀のベルクソンの宗教哲学は、確かに同時代の政治や社会の問題との結びつきは薄いようにみえる。しかし、本書の全体で明らかにしてきたように宗教や宗教史の叙述自体が政治と無縁でないとすれば、『二源泉』におけるキリスト教そのものとデモクラシーをめぐる問いに答えるのはさほど困難ではないはずである。なぜなら、フランス革命からうまれたこの人権宣言、そしてその申し子といえるデモクラシーこそが、社会的紐帯を制度化する教会組織としてのキリスト教とそれに依拠する絶対王政の地盤を揺るがした当の本人だからである。

元サン＝シモン主義者ビュッシェの「キリスト」図
「自由」と「平等」の二人の天使の間に立つ「友愛」のキリスト
（A. Cuvillier, *Hommes et idéologies de 1840*, Paris, 1956）

> デモクラシーが世に持ち込まれたのはまずは抗議としてであった。人権宣言はその一語一句が虐政へと突きつけられた挑戦なのである。〔…〕革命が公に宣言したのは確かにあるべき状態だったとしても、それはかつての状態から脱するためだったことは間違いない。
>
> （D.S. 1216〔強調筆者〕）

動きは静止を目指すのではなく、ま

ずは静止＝制止を振り切らなければならない。しかし、『二源泉』全体を通して革命以前の静止状態、このかつての状態が何を指すのかは結局語られることはない。さらにいえば革命後も、王政復古期から第三共和政期のドレフュス事件に至る十九世紀フランスの文明社会とて、せいぜい「開かれつつある社会」(D.S. 1220) にすぎず、ベルクソンが度々注意を喚起したようにいまだ完全に開かれた社会とはいい難いのである。ここにもやはり制度宗教としてのキリスト教そのもの、はっきりといえば『二源泉』が決して用いようとしない概念、カトリシズムに対するベルクソンの沈黙、恐らく最大の沈黙がある。[15]

この沈黙は、かつて革命の終結を謳って現れたコントのような社会学が理論・実践面で公然とカトリシズムに接近した事実[16]と比べるとまったく対照的な態度といえる。すなわち、「神秘主義とは閉じた社会の失われた結合への思慕の表れ[17]」であるどころか、近代の神秘主義たるこのデモクラシーが突破した閉じた社会と宗教がもたらす社会的結合(「権威、位階、固定制」D.S. 1215) にかえて、この文明社会のなかで圧迫と拘束ではなく招きと熱望を本質とする福音書の同胞愛の精神に、『二源泉』の著者がすべてを賭けようとしていたことを、それは物語っているのである。

註

(1) Cf. 上山安敏『神話と科学――ヨーロッパ知識社会』岩波書店、二〇〇一年。
(2) 市野川容孝「はじめに」『社会的なもののために』市野川容孝・宇城輝人編、ナカニシヤ出版、二〇一三年、iv頁。
(3) 橋本直人「ウェーバーはなぜ〈社会学〉者になったのか」『危機に対峙する思考』平子友長ほか編、梓出版、二〇一六年、一三六―一五二頁。

(4) ウィリアム・ジェイムズ『宗教経験の諸相——人間性の研究』岩波文庫、上巻、桝田啓三郎訳、一九六九年、上巻、一九頁。

(5) H. Bergson, *Les deux sources de la morale et de la religion*, in *Œuvres, Édition du centenaire*, P.U.F, 1963, p.1133. 以下、『二源泉』は、D.S と略記し、本文中にその頁数を記す。

(6)「進歩は二つの反対物の振り子運動によって行われたといえるが、だが振り子がその出発点に戻ったとき一定の収穫が実現されたとすれば、状況は最初とは同じではないということが確認されよう」(D.S. 1226)。

(7)『二源泉』におけるベルクソンの科学史観は、(D.S. 1241-1242) を参照。この科学史の見方は『二源泉』にとどまらず、安孫子信によればベルクソン哲学全体の背後に存在するものであり、さらにそれはコントの「分類法則」の影響下にあったという(Cf. 安孫子信「ベルクソン哲学と科学——ベルクソンとコントを比較してみる」『アルケー』関西哲学年報、二〇〇六年、五三—五七頁)。そうだとすれば、ベルクソンのうちに宗教史が見出されたとしても不思議ではない。なぜなら天文学から物理学、化学、生物学、社会物理学(社会学)へのコントの分類法則は、『科学と科学者の哲学的考察』(一八二五年)で論じられたように、「三状態法則」に裏打ちされた宗教史と常に連動するものとして理解されているからである。最終的にベルクソンの宗教史(科学史)は、以下で見るようにコントの社会学的思考から乖離してゆくが、カンギレームがベルクソン流の生命論を逆にコントの未開宗教論に見出したように、両者の宗教史と科学史の見方には確かに一定の対応関係がある(Cf., G. Canguilhem, *op. cit.*, pp. 81-98)。

(8) A. Comte, *Système de politique positive*, in *ibid.*, t. 2, p.147.

(9)「古代人がやったよりももっと論理を押してゆけば、精霊信仰以外には決定的な複数性というものは存在しないこと、そして神話を伴ったいわゆる多神教は潜在的な一神教を含意しており、ここでの数多くの神格たちは神的なものの表象として、二次的なものとして存在しているにすぎないことがわかるだろう」(D.S. 1145)。

(10) B. Sitbon-Peillon, « Bergson et Le Primitif : entre métaphysique et sociologie », in *Annales Bergsoniennes I*, 2002, p. 190.

(11) F. Keck, « Présentation générale de l'ouvrage », in *Les deux sources de la morale et de la religion- Henri Bergson*, (Éd.) A. Bouaniche, F. Keck, F. Worms, ellipses, 2004, p. 21.

(12)「およそ宗教は神秘主義によってしか存在せず、宗教はこの神秘主義を知的に定式化する一つの要約、つまりは一般化可能な要約物にすぎぬという宗教観」(D.S. 1177)。

(13) F. Worms, *Bergson, ou Les deux sens de la vie*, P.U.F, 2004, p. 318.

(14) J. Michelet, *Le peuple*, Paris, [1846]1866, p. xxxiii, p. 159, p. 162.〔前掲訳書、二八頁、一七〇頁以下〕。『二源泉』とミ

シュレについては次も参照。Cf., ジャンケレヴィッチ『アンリ・ベルクソン』阿部一智・桑田禮彰訳、新評論、一九八八年、二七〇頁。

(15) 最終章で彼は一度だけ使うがそれはプロテスタンティズムの概念とペアであり、後者の概念も同じく一度しか使われていない。逆に『二源泉』の神秘主義とカトリシズムの間を区別しない立場から、ベルクソンをデュルケムの宗教社会学の系譜に位置づけようとする試みは次を参照。Cf., 菊谷和宏「デュルケームとベルクソン——超越への実証科学的アプローチ」『日仏社会学叢書』第二巻、大野道邦編、恒星社厚生閣、二〇〇五年、一二〇—一三三頁。

(16) Cf., H. Gouhier, *op. cit.*, t.1, pp. 28-29; M. Pickering, *op. cit.*, t. 1, pp. 354-361.

(17) K. Popper, *The open society and it's enemies*, Princeton University Press, 1950, p. 468.〔『開かれた社会とその敵——第一部』内田詔夫・小河原誠訳、未来社、一九八〇年、一九六頁〕

あとがき

本書は、ここ十年あまりの間に筆者が発表した論文を一冊にまとめた論集である。出版に際して書き下ろした序章と第一章を除けば、初出の掲載誌とタイトルは次の通りである。

第二章　「啓蒙思想としてのフェティシズム概念――ド・ブロス、ヒューム、ヴォルテール」日本評論社『一橋論叢』第一三四巻、第二号、二〇〇五年八月

第三章　「ド・ブロスの宗教起源論と言語起源の問題」日本宗教学会『宗教研究』第八四巻第三六四号、六月号、二〇一〇年六月

第四章　「シャルル・ド・ブロスと一八世紀啓蒙――その思想と知的生活」『一橋大学社会科学古典資料センター年報』第二七号、二〇〇七年三月

第五章　「近代人の自由とフェティシズム――B・コンスタンの《自由な宗教》をめぐって」東京大学東洋文化研究所『グローバル化時代における現代思想』CPAG、Vol.5、二〇一五年二月

第六章　「《普遍史》とオリエント――ジュール・ミシュレ」『共和国か宗教か、それとも――

十九世紀フランスの光と闇』宇野重規、伊達聖伸、髙山裕二編、白水社、二〇一五年十二月（「古代宗教史と民衆――コンスタンとミシュレ」日仏哲学会『フランス哲学・思想研究』第一四号、二〇〇九年九月）

第七章　「民衆・宗教・社会学――サン＝シモンとコント」『社会統合と宗教的なもの――十九世紀フランスの経験』宇野重規、伊達聖伸、髙山裕二編、白水社、二〇一一年七月

第八章　「震災と社会学――オーギュスト・コントの実証主義再考」『危機に対峙する思考』平子友長、橋本直人、佐山圭司、鈴木宗徳、景井充編、梓出版社、二〇一六年一月（「権威と信頼の政治学――A・コントの初期論集を読む」日本社会学史学会『社会学史研究』第三六号、二〇一四年六月）

終章　「ベルクソン『道徳と宗教の二源泉』におけるキリスト教の位置」日仏哲学会『フランス哲学・思想研究』第一二号、二〇〇七年九月

各章はこれらの論文を土台に構成されているが、初出の際の字数制限がまちまちであったため、本書に収めるにあたり、全体のバランスを考えて加筆したものや、他の拙稿（第六章と第八章のカッコ内論文）から一部議論を補強したものもある。転載を許可してくださった関係各位には重ねてお礼申し上げたい。

自分の書いたものであるにもかかわらず、過去の論文を一冊の書物にまとめる作業は予想以上に難航した。収録した論文のタイム・スパンが十年以上に及ぶため、御覧の通り、各論文で扱われている思想家とテーマは多岐にわたる。多少弁明めいたことを言えば、修士課程の頃の私は、当初、キリスト教が失墜し科学と産

業が花開いたはずの十九世紀前半にコントが唱えた実証主義と人類教のある種矛盾した関係に関心があった。だがこの時代の社会改革者の多くが似たような宗教論を熱心に著していたことを知り、当時の社会思想の理解には宗教思想の理解が不可欠であることを痛感するようになった。

そこでこの時代に固有の精神的土壌を掘り起こすために、「フェティシズムの完成形としての実証主義」という深遠⁉︎　なコントの言葉に導かれて、十八世紀の異教思想まで研究の間口を広げることになった。その内容は本書の第I部で示した通りだが、留学先で多くの文献が入手できたこともあり、十八世紀研究に多少入れ込みすぎたために十九世紀に帰るまでに――しかもその帰途でコンスタンやベルクソンまで引き連れて――多くの時間を費やすことになってしまった。

時代区分や研究分野ごとに細分化が進み、大学院の教育カリキュラムも転換期にあったこの時期に、経済思想、社会学、哲学、政治思想、歴史学、宗教学のいわばゴッタ煮を「思想史」という名の箸でつまみ歩き、禁欲的な研究態度に徹しきれなかったことは今では自嘲するよりほかはない。ただ科学と産業の時代になおも百科全書的なジェネラリストたることを夢想したコントの研究に手を出した時から、ある意味でそれも必然であったと同時にやはり有益な時間でもあったと思っている。

本書の研究はいうまでもなく多くの方々の学恩に支えられている。博士課程の受け入れ先であった一橋大学大学院社会学研究科の森村敏己先生には日頃の研究から博士論文の指導まで大変お世話になった。

さらに一橋大学では、平子友長先生、深澤英隆先生、横張誠先生、故・古茂田宏先生、福島知己氏、修士課程時代の東京経済大学では、故・今村仁司先生、安川隆司先生、学部時代の明治大学では生方卓先生、金子光男先生、石塚正英先生、留学先のナンシー第二大学ではジュリエット・グランジュ先生といった多くの先生方から様々な研究の便宜と学恩を受けた。

学外では、法政大学の安孫子信先生はじめ長谷川悦宏、松井久、藤田英隆、ソニア・デルマスといったゼミの諸氏から、また東京大学の宇野重規先生のフランス政治思想研究会では工藤庸子先生、髙山裕二、伊達聖伸、金山準、片岡大右、古城毅、藤田尚志各氏から、それぞれ哲学と政治思想方面で新たな知的刺激を今も受け続けている。

そして深澤ゼミOBで発足した一橋宗教研究会の須藤孝也、御園啓介、清水由希江、馬場智一各氏にはその場の議論だけでなく公私にわたりお世話になった。すでに鬼籍に入られた先生もいらっしゃることを思うと、時の流れの速さにただ驚くばかりだが、紙幅の都合でここにお名前を記せなかった学会関係の方々にも改めてお礼申し上げたい。

最後になったが、今回の企画も白水社の竹園公一朗氏にお世話になった。これまで白水社からは二冊の共著と三冊の訳書を上梓していたこともあり、私の研究に興味を抱いてくれた氏から博士論文の出版を勧めていただいた。ただ大部の博士論文に新たに全面的な修正を施して一冊の本にまとめるだけの時間と労力を割ける環境にもなかったため、昨今の出版不況を思えばありがたいお話にもかかわらず当初はお断りした。それならば最近の論文も含めた論集の形ではどうかという勧めをいただき、今回の企画が実現する運びとなった。ただ不運なことに別の仕事と校了の時期が重なったため、一番大事な時期にこちらの仕事に手が回らず、竹園氏には本当にお手数をおかけしてしまった。ここに改めて感謝申し上げたい。

二〇一七年三月吉日

杉本隆司

*

ま行

ら行

た行

な行

は行

人名索引

著者略歴
杉本隆司（すぎもと・たかし）
一九七二年生まれ。一橋大学大学院社会学研究科博士課程修了。博士（社会学）。仏ナンシー第二大学ＤＥＡ課程修了。現在、一橋大学大学院社会学研究科特別研究員。著書に『社会統合と宗教的なもの』（共著、白水社）、『共和国か宗教か、それとも』（同）、訳書にマチエ『革命宗教の起源』（白水社）、コント・コレクション全二巻（同）、ド・ブロス『フェティシュ諸神の崇拝』（法政大学出版局、日仏社会学会奨励賞）他。

民衆と司祭の社会学
近代フランス〈異教〉思想史

二〇一七年 三 月一五日 印刷
二〇一七年 四 月一〇日 発行

著 者 © 杉 本 隆 司
発行者 及 川 直 志
印刷所 株 式 会 社 三 陽 社
発行所 株 式 会 社 白 水 社

東京都千代田区神田小川町三の二四
電話 営業部〇三（三二九一）七八一一
編集部〇三（三二九一）七八二一
振替 〇〇一九〇-五-三三二二八
郵便番号 一〇一-〇〇五二
http://www.hakusuisha.co.jp
乱丁・落丁本は、送料小社負担にてお取り替えいたします。

株式会社松岳社

ISBN978-4-560-09538-6
Printed in Japan

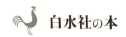